U0905707

国防科技大学人文与社会科学学院拔尖创新人才专项资助

空间政治学

——政治文明新高地的复合建构之道

徐能武 著

Astropolitics

The way towards complex construction in a new domain of political civilization

中国社会科学出版社

图书在版编目(CIP)数据

空间政治学：政治文明新高地的复合建构之道/徐能武著.
—北京：中国社会科学出版社，2015.12
ISBN 978-7-5161-7119-6

Ⅰ.①空… Ⅱ.①徐… Ⅲ.①政治学 Ⅳ.①D0

中国版本图书馆CIP数据核字(2015)第283361号

出 版 人 赵剑英
责任编辑 周晓慧
责任校对 无 介
责任印制 戴 宽

出 版 中国社会科学出版社
社 址 北京鼓楼西大街甲158号
邮 编 100720
网 址 http://www.csspw.cn
发 行 部 010-84083685
门 市 部 010-84029450
经 销 新华书店及其他书店

印 刷 北京明恒达印务有限公司
装 订 廊坊市广阳区广增装订厂
版 次 2015年12月第1版
印 次 2015年12月第1次印刷

开 本 710×1000 1/16
印 张 17.25
插 页 2
字 数 309千字
定 价 66.00元

目　录

前　　言

作为当代社会科学研究的一个主题领域，政治学是一门相对古老和基础的学科。自从古希腊亚里士多德对于研究人和人组成的社会方面的知识进行学科分类开始，政治学就是社会科学最重要的学科之一。亚里士多德指出，各科技艺都追求某种目的，而在这些目的中，最高的目的应属政治学。它包容和规定了所有其他实践科学的目的。“实践科学”包括三个分支：伦理学、家政学和政治学。伦理学研究的是一个人如何通过自我修养的社会化过程，成长为一个符合社会要求的“正常的人”的学问，研究的是“个人之善”。家政学研究的是当时社会自然形成的最基本的社会单位——家庭的组织和管理问题，研究的是“家庭之善”。作为奴隶社会细胞的家庭，因奴隶在当时只是会说话的工具，并不被当作正常人来看待，所以家庭的组织和管理主要是指奴隶主怎样役使奴隶和牲口进行生产的问题，由此，这一“家政学”后来逐渐演变为关注社会生产和分配的经济学。而政治学则是研究当时人们社会活动中组成的最大社会共同体——城邦的组织和管理问题，有关城邦学问的政治学研究的是当时最大最高的学问，研究的是“城邦之善”。[①] 政治学作为研究人类社会活动的“至善”的科学，即如何组织和安排人类社会生活的问题。政治学所关注的政治是人类社会生活的核心组成部分，是人类社会现象不可或缺的一部分，也是人类本质属性的一种体现。

广义上的政治“是人类集体生活的一种组织和安排，在这种组织和安排之下，各种组织、团体和个人通过一定的程序，实施对集体决策的影

① 亚里士多德：《政治学》，中国人民大学出版社2003年版，第95—101页。《尼各马科伦理学》，《亚里士多德全集》第8卷，中国人民大学出版社1990年版，第4页。

响”。[1] 因此，广义上的政治学关注的是人和人组成的社会怎样过上有组织的集体生活的问题。人类社会活动扩展到哪里，政治学研究就会跟踪到哪里，以一种全景的视野，思考如何通过在一定利益基础上的、内在化的强制性的社会关系——权力来构建最大社会共同体的政治秩序问题。当人类征服自然、改造自然的能力达到传统意义上的天际——地球大气层外的空间时，政治学也必然会从关注国内政治发展到关注国际政治，再到涵盖空间权力互动的“空间政治学”（Astropolitics）。空间政治学作为对空间政治活动进行综合、分析和批判的考察而形成的理论体系，既是人类政治活动空间拓展的现实要求，也是政治学自主成长的必然产物。因此，国内外学术界正在出现越来越多的有关空间政治学的研究成果，其中尤以国际期刊《空间政治学》（*Astropolitics*）登载的文章为代表。国内对这一问题的研究主要有探讨空间技术发展与空间安全的互动影响、相关国家的空间政策、空间攻防的军事航天准备、外层空间法与空间安全建构、国际军控与空间安全等。国外研究则大多从空间力量建设角度谈空间安全问题、空间国际军控、国内政治与空间政策，以及有关空间政策资料信息方面的智库、网络杂志和年鉴[2]等。从国内外研究现状来看，有关空间政治学各主要领域的研究成果呈现出与日俱增的态势，但是在厘清其内涵、范式和价值的基础上对空间政治学进行系统、科学的研究的成果尚未出现。因此，当人类政治发展随着空间探索利用的步伐延伸到这一新的高地之际，如何科学地构建空间政治学的研究体系是学术界面临的重大而紧迫的问题。恢宏的视野和前瞻的使命感驱动着作者抱着“吾侪所学关天意，潜心苦思求道真”的探索勇气，从空间技术的现实应用和影响出发，就空间政治学方面做些基础理论性的探讨，其涵括的学理意义和创新努力主要体现在以下几个方面。

一 空间政治学探讨应先明晰其研究对象、主要命题和硬核边界

在空间探索、利用实践中，征服空间、利用空间的能力决定着空间主

---

① 燕继荣：《政治学十五讲》，北京大学出版社2004年版，第5页。

② 如荷兰的《空间政策》（*Space Policy*）杂志、美国的《今日军控》（*Today Arms Control*）杂志和网站、瑞典的《*SIPRI*年鉴：军备·裁军和国际安全》。

体之间的交往关系，而空间主体的互动关系对空间“生产力”——空间技术的发展具有反作用。“一切历史冲突都根源于生产力和交往形式之间的矛盾。”① 国际政治是生产力和世界交往发展的产物，当不同国家进入空间展开探索利用的社会实践活动时，各自利用空间技术为自身安全和发展服务，在国家间的互动交往中形成了特定的空间政治关系。

（一）空间政治学主要研究围绕权力展开的空间活动、形式和关系及其发展规律

由于不同情况下人类对政治本身的理解并不完全一致，政治学在不同的时空背景下所提供的政治知识和研究方法也就随着政治内涵本身的变化而不断发生变化。空间政治学研究的空间政治作为人类社会实践活动的一部分，是人类进入空间展开探索、利用实践活动以来逐步出现和成长的。从某种意义上说，空间因其自然环境特征和人类空间技术的特点，是唯一真真切切、完完全全的全球公域。为什么这样说呢？其一，海洋并不是整个海洋都是公海，各国领海基线 12 海里内是领海。此外，200 海里内是专属经济区。其二，空中公域也只是大气层内空间的一部分，因为各国领土、领海之上是其领空。其三，网络空间严格地来说，只是虚拟空间，是与实体空间迥然有别的，从物理学的角度来说，它是不是与海洋、空间并列的空间，也是高度存疑的。各空间主体在最纯粹的全球公域——空间展开的社会实践活动中，凡是围绕主体间的权力而展开的社会活动、形式和关系就是这里所说的“空间政治”。空间政治作为人类政治文明延伸的新高地，既是人类征服自然、改造自然能力发展的必然结果，也是人类空间活动中不可或缺、不可替代的一类社会活动、形式及其关系。

在世界各国探索利用空间的社会实践中，各空间主体都有自己不同的利益，而且利益是多方面、多元化的。各空间主体的利益是在社会关系中实现的，因此，结成特定的社会关系就成为必然。利益是社会关系生成的出发点，也是社会关系维系和发展的归宿。各空间主体由其经济社会基础和空间技术能力的不同，反映在空间社会关系上，出现了不同空间主体之间，既有对立与斗争的关系，又有协作与联合的关系。这些不同关系的维持需要靠权力进行调整、控制和支配。没有权力的作用，就会出现关系的

① 《马克思恩格斯选集》第 1 卷，人民出版社 1995 年版，第 115 页。

混乱状态，从而影响空间开发、利用活动的正常进行。因为在空间社会关系运行过程中，利益不是自行实现的，冲突与矛盾不可避免。一般说来，解决矛盾的方式有两种：一种是矛盾双方自行解决问题；另一种则是需要通过权力的介入来解决，或者以权力为中介，或者由权力支持其中的一方压倒另一方面使矛盾得到解决。空间政治所指的正是后一种情况，即通过权力强行调节空间利益关系，保持空间主体间共同秩序的社会活动、形式及其关系。

空间政治形成和发展是地缘政治扩展与空间战略竞争态势演变的必然产物。按照现有空间国际法的有关规定，各国空间开发利用活动都是在其中央政府的有效管辖之下的，也就是说，各国需要对自身国内不同空间主体的空间活动在国际层面上承担统一的主体责任。由于国际社会至今仍然缺乏类似国内政治中的中央政府权威体系，而各国之间在空间活动领域的互动所形成的利益关系中也难免出现矛盾和冲突，由此引起的战略安全和合法权益的维护问题同样需要权力强行介入来解决，这类围绕国家间权力而展开的空间社会活动、形式和关系，是人类空间社会活动的核心组成部分，即对作为空间政治学研究对象的空间政治，进行科学研究既事关各国的国家安全，又事关世界和平，更事关人类的前途命运。

（二）空间战略利益博弈是空间政治学研究的主要命题

如果从广义上把空间政治学的研究对象界定为研究各空间主体如何在空间社会活动、形式和关系中，通过权力这一建立在一定利益关系基础之上的内在化强制性社会关系来构建有组织的集体生活，那么思考主体间围绕冲突与合作、战争与和平这一主题展开的空间战略利益博弈，则是空间政治学研究的主要命题。世界交往是国际社会形成的基础，国际政治中矛盾无时无处不在，矛盾的解决过程也是国际政治发展的过程。空间政治的成长是空间主体在互动实践中建构的结果，空间战略利益博弈的实质是国家间利益博弈在空间的延伸，而这一过程取决于以空间技术为支撑的空间实力。空间技术作为各国征服空间、改造空间能力的标志，是空间探索、利用中最活跃、最革命的因素，它的发展进步从根本上制约着空间政治中的权力关系。

认识到作为人类征服空间的“生产力”——空间技术对各空间主体交往方式的决定性作用，以及空间技术的全球化本质，既可洞悉空间政治演化中的客观规律，又能切实理解空间冲突、空间战争没有真正的胜利者，而是同归于尽的严重后果。因此，合作是空间安全的唯一坦途。空间技术及其应用在愈来愈大的程度上将上亿的个人纳入地球村相互依存的生活中，与此同时，也改变和塑造着个人观察分析国际政治，尤其是空间政治问题的眼界和方式。在信息时代，各种“信息高速公路”若没有“空间段”的衔接，信息的流动将不可能畅通，也就无法构成真正意义上的数字化空间和数字化生活。“生产力决定生产关系，科技的逻辑决定国际政治的逻辑，航天科技国际合作的内在要求必将克服越过国界的限制，从而为空间合作提供现在看来仍感遥远，但最终可期的美好前景。”①

空间技术“天使”、“魔鬼”兼具的特征，使得空间战略筹划尤显重要。对空间技术决定的空间能力增长的理性分析，引出权力相互依存的客观现实性，要求空间战略谋划，既要考虑自身利益，又要着眼于全人类的共同利益。如何构建一个从空间技术的高度相互依存的特性出发，确保空间的战略稳定性、拓展性和可持续性的分析模型，既是对空间战略制定者智慧的考量，也是空间政治学进行理论创新的关键和重点。美国在空间技术和航天管理上是一流的，但在空间战略的推进上却出现了短板：“阿波罗”项目结束以来在载人航天方面缺乏明确、一贯的目标和坚定的政治支持，其直接后果就是载人航天的大起大落和一系列项目的半途而废。这种政治支持的动摇本身又是美国向信息化、多元化的技术—社会转型的历史过程的反映。美国航天飞机项目的终结和载人航天的未来发展问题，既集中反映了美国空间战略的动向，也对空间政治学研究具有重要的现实启示。

空间政治学对空间战略利益博弈这一主要命题的研究，需要从空间技术的现实效应和效能出发，在战略的层面研究相关政策、法律、外交、文化、哲学问题。② 如何将技术动力与政治—社会目标结合起来，实现航天事业的可持续发展，是上述提到的美国问题，同样也是世界其他国家面临的问题。譬如，2010 年 6 月 28 日，奥巴马总统公布了新的国家空间政策。该政策与布什政府的政策相比，更加强调通过国际合作维护空间安全，倡

① 徐能武、彭舒帅：《混沌理论视野下外层空间安全利益博弈与汇聚研究》，《求索》2013 年第 8 期。

② 黄嘉：《外空伦理研究》，国防科技大学人文与社会科学学院 2006 年硕士学位论文。

导负责任的空间行为，在空间军控与裁军的立场上明显松动，单边主义倾向明显减弱。军事上更加注重空间态势感知、定位与侦察等空间力量的非作战应用，注重对先进发射技术等方面的研究，加强快速响应能力建设。强调商业航天力量的建设，载人航天运输也实现商业化，通过政府采购等措施，培育商业发射市场，以强大的航天工业基础支撑航天事业。再如，美俄空间合作，尤其是在载人航天领域的合作（国际空间站），很多方面可能会给未来的中美空间合作提供范例。

（三）空间政治学研究应围绕空间政治的实质明确其硬核和边界

澄清了空间政治学的研究对象、主要命题之后，就应在把握其硬核的基础上，明确空间政治学的研究边界。“空间政治学作为一门政治学的分支科学，它应该符合政治学的学术发展方向（或该领域）的要求。”① 一般来说，政治学主要研究一定经济基础之上围绕公共权力而展开的社会活动、形式和关系及其发展规律。由此可知，空间政治学就应该研究在空间开发、利用过程中，围绕公共权力而展开的社会活动、形式和关系及其发展规律。具体来说，这种含义上的空间政治学主要研究“航天在国际社会发展历史中的作用和地位，组织开展航天活动及将航天活动用于国际关系的方式方法，各国为了达到政治、军事、经济、科技、信息、生态及其它目的而在国家内政外交中对航天活动的利用方法。”② 诚然，这一定义大大拓宽了空间政治学的内涵和外延，而不是狭义的利用空间权力的“空间控制论”。空间政治学所研究的这一人类政治文明延伸的新高地，与其他空间社会活动、形式和关系区分开来的是，同任何层面的政治一样，空间政治这种社会活动、形式和关系是围绕权力特别是国家间权力进行的。空间权力是决定空间政治活动发展状况的根本因素。因此，与空间实践活动相关的权力是空间政治学的硬核。围绕空间政治中的权力展开研究，不难发现在空间政治中权力扩张的帝国逻辑与空间技术民主融合实际功效之间的悖论，从而认识到空间政治进化合作是构建包容、普惠、和谐的空间政治秩序的必经之途。

---

① ［俄］E. 切尔托克：《21世纪航天——2101年前的发展预测》，张玉梅、杨敬荣主译，国防工业出版社2014年版，第21页。

② 《21世纪的天缘政治学和航天发展预测》，党政、宋尧译，《载人航天信息》2013年第4期。

空间政治学作为政治学延伸发展的前沿，其硬核定位了其研究边界的原点。这就是说，空间政治学主要研究围绕权力特别是国家间权力而展开的空间社会活动、形式和关系。因此，不与权力直接相关的空间技术研发本身或空间开发、利用的技术方案，以及围绕市场展开的纯粹的空间经济活动等，都不属于空间政治学关注的范围。但如果是从权力的视角研究空间产业化、商业化对主体间社会活动、形式和关系的建构和影响，则又可包含进空间政治学研究的范围中。空间政治学研究的边界涵括关涉空间探索、利用中所有利用权力来强行调节、控制，以建立一定政治秩序的社会活动、形式和关系。随着空间政治的形成和发展，空间政治学的研究边界也必然是不断浮动、扩展的。从横向空间来看，人类在空间能走多远，边界就会延伸多远；从纵向深度来看，空间技术在人类社会实践中的应用和影响有多深入，边界就会拓展多深。这种人类社会实践有可能发生在空间，有可能发生在大气层空间，也有可能发生在地球表面或深层，甚至是在网络电磁空间等虚拟空间。当然，也有可能几者兼而有之。只要是围绕空间活动中权力展开的，就处于空间政治学研究的边界之内。

从根本上来说，围绕权力展开的空间政治作为人类空间社会实践的核心组成部分，它的运作范围是由空间技术和空间能力所决定的，因此，它会随着空间技术及其应用的发展而发展。从 1957 年苏联发射第一颗人造卫星开始，早期的空间系统主要运用于侦察与核查，仅仅服务于核威慑战略，基于空间实力的权力主要在美苏核恐怖威慑中起着微妙的平衡作用，如曾被吵得沸沸扬扬的“导弹差距”威胁和“星球大战”计划等。空间政治的主体主要限于美、苏两家。这是空间政治形成的第一阶段，即起步阶段。在 1991 年爆发的海湾战争中，空间系统被广泛运用于现代战争支援，意味着有限空间战的开始。其后，在伊拉克战争与阿富汗战争中，空间已完全纳入联合作战。从空间多个行为体、空间技术规模和空间博弈成为国际政治主要矛盾之一来看，“世界政治（全面）进入空间政治时代几乎与人类迈进新世纪（几乎）是同步的。大致是在进入 21 世纪以后，基于先进空间技术的大国之间空间竞合构成了一种空间政治的结构关系。……因此，21 世纪的门槛不仅表明一个新世纪的到来，更标志着世界政治迈入了空间政治时代。”①

① 胡键：《天缘政治与北斗外交》，《社会科学》2015 年第 7 期。

二 空间政治学研究应把握空间政治复合建构中的范式转换

空间技术及其应用已成为世界高新技术发展水平的集中展示，是衡量一个国家科技、经济和国防现代化水平乃至综合国力的重要标志，也是大国地位的重要支柱。空间政治起源于国家对安全利益的关注，而基于空间系统特点出现的进化合作远超进化冲突的特征，决定着空间政治发展的进化取向。这就要求空间政治学研究应摆脱西方国际关系理论诸范式的误导，把握空间政治多样权力和共同观念复合建构的特征和规律，积极构建符合空间政治和平融合发展本质特征的全新范式。

（一）空间政治学研究应摆脱西方国际关系理论诸范式的误导

社会存在决定社会意识，不同的政治实践需要不同的理论范式作指导。“范式也可以称为大理论，是一个理论群，是关于世界政治性质的一组假设。不同的范式关注不同的问题，运用差异的概念。”[①] 西方国际关系理论的主流范式包括新现实主义、新自由主义和建构主义等。不难发现，在将以新现实主义和新自由主义为代表的西方理性主义国际关系理论用于探讨人类活动拓展到空间这一全球公域中不同空间主体（特别是国家）在国际互动中所产生的空间政治问题时，其理论假定的局限性。新现实主义虽然丢掉了古典现实主义的人性论假说，但认为只要国际体系的无政府性质不变，国际体系中的行为体就会围绕权力这一轴心运转，这是不可更改的客观规律，所以也被简称为“权力范式”。这种围绕着权力争斗思考相关问题的方式必然会陷入循环论的怪圈。如果以权力政治活动为目的的情况持续下去，人类是永远没有希望的。从本体论的角度看，新现实主义具有客观唯心主义的特征，从方法论的角度看，则具有明显的循环论色彩，因此，新现实主义无法适用于空间政治的分析。例如，作为当今空间的唯一超级大国——美国的前中情局情报分析员和美国空军学院教授艾弗里特·多尔曼将空间政治学界定为关于空间的地缘政治研究，赤裸裸

---

① 王帆、曲博主编：《国际关系理论：思想、范式与命题》，世界知识出版社 2013 年版，第 6 页。

地提出“空间控制论”。[1]这实际上仅是现实主义“制权理论”的一个机械翻版而已。

与之相对应，新自由主义是进化性理论，它认为制度是人为的社会事实，制度可以促成国家间的合作行为。若将人在建立制度方面的能动性考虑在内，就是人通过努力可促成合作，国际政治的整体发展可以走出循环圈，不断向更趋合理的方向发展。但是，各种形式的新自由主义也是以先入为主的国际无政府状态作为第一重假定的，其哲学基础具有明显的客观唯心主义色彩。新自由主义认定国际政治中各国为了追求自身利益的最大化，会围绕权力进行理性的博弈选择。诸如在相互依赖程度不断提高的国际关系中不对称的相互依赖成为国家间权力的一个新的重要来源，或者由霸权建立的国际制度在霸权之后，仍应维持其为“隐形霸权”服务的功能，等等。显然，这一范式并没有摆脱“权力范式”的窠臼。尽管上述新现实主义与新自由主义这两种理论都属于理性主义，但是，它们却给出了互相对立的结论。这种现象表明，现有的理性主义理论并不是完备的理论，也就是说，现有的理性主义理论的基本假定（无政府主义、国家行为体、国家利益最大化等）存在着自身难以克服的局限性，从而导致相关理论无法恰当描述或者有效预测空间政治中的国家互动。

建构主义的兴起与发展无疑为西方国际政治的研究范式带来了深刻的影响。[2] 建构主义认为，由观念和话语构成的结构至少具有与物质结构同等重要的地位，而结构与行为之间并非理性主义所探寻的因果关系，而是一种相互构成的关系。如果说新现实主义和新自由主义构成的理性主义容易陷入客观唯心主义，建构主义则具有明显的主观唯心主义色彩。因为建构主义中所谓“朋友”或“敌人”的共有观念，总体说来，都是一种主观判定。西方建构主义国际关系理论将观念作为国际政治的根本原因的论断导致严重的因果解释错位，与社会存在决定社会意识的观点明显相悖。另外，建构主义否认世界的物质统一性，认为社会世界与自然世界判然有别，“社会世界中的一切皆因人们的施动性活动而建构，人们在建构世界

---

① Everett Dolman, *Astropolitik: Classical Geopolitics in the Space Age*, (London: Frank Cass., 2002), p. 15.

② Jeffrey T. Checkel (1998), "The Constructivist Turn in International Relations Theory," *World Politics*, Vol. 50, No. 2, pp. 324 - 348.

的过程中同时也深刻理解了所生活之世界。”[①] 建构主义强调社会实践是主体活动的建构过程，但否认其同时是一种物质运动的客观过程，并不承认人类的实践活动是主体与客体、主观与客观所构成的矛盾运动，看不到在实践中人与自然或物的关系。因此，建构主义作为一种分析框架，并不适合于用来探讨人类社会实践扩展的空间政治问题。

相比之下，以实践作为国际政治分析的逻辑起点，重新界定了政治演变中物质与观念的辩证关系，“观念的东西不外乎是移入人的头脑中改造过的物质的东西而已。”[②]“感觉是客观世界，即世界自身的主观映像。”[③]在实践过程中强调物质与观念的辩证关系，以二者的“决定”与“反作用”来解释体系冲突/合作的进程选择，进一步澄清了物质结构与观念结构的互动关系。空间政治的复合建构与持续进化取决于对两个核心变量的考察，即空间技术发展程度与空间政治权力结构。

（二）空间政治学研究应把握空间政治物质权力和共有观念复合建构的特征和规律

空间政治学研究应从支撑空间技术的社会经济因素入手，分析空间技术的安全功效，洞悉空间政治关系的演变和空间政治运作过程。在诸多影响因素之中，作为人征服自然、改造自然能力集中表现的科学技术变革与扩散，对于空间这样高度依赖科技发展的新兴战略空间而言，扮演着举足轻重的角色。现代生产力最前沿的代表者——科学技术对空间主体互动关系具有决定作用，将科技本身的变革与发展纳入空间政治演变的分析框架中，将有助于理解作为征服空间能力标志的空间技术如何对行为体和整个体系施加影响。空间技术实力是空间权力最直接、最主要的来源，空间技术实力差异决定着空间权力结构，物质权力决定共有观念，共有观念对物质权力变化具有反作用。一般来说，具有战略意义的技术变革或扩散容易催生分离性政治认同，而当技术发展均衡稳定时，聚合性政治认同较易形成。

因此，空间政治学研究着重关注空间政治演化的特征和规律，显得尤

---

① 董青岭：《复合建构主义——进化冲突与进化合作》，时事出版社 2012 年版，第 26 页。

② 《马克思恩格斯选集》第 2 卷，人民出版社 1995 年版，第 112 页。

③ 《列宁全集》第 18 卷，人民出版社 2007 年版，第 118 页。

为重要。尽管目前国际上有一系列条约和文件，禁止在空间部署和使用大规模杀伤性武器，然而随着世界上少数国家致力于发展空间武器，空间军事化的势头正不断发展。美国制天权理论家詹姆斯·奥伯格就曾指出，几乎可以肯定，有人会在21世纪的某个时候部署天基武器，其理由将是防御的需要，其方式将与20世纪后半叶核武器的发展情况十分相似，与核武器不同的是，空间武器一旦部署就可能被使用。但是，也应该看到，空间开发、利用缘起于对国家安全和大国地位象征的追求，空间武器自杀伤效应所导致的军备逆序和空间系统越依赖越脆弱的特点，决定了空间攻防对抗准备得不偿失。空间政治中的多极化趋势和极易形成的非对称和平反制的态势，决定了空间冲突和战争没有真正的胜利者，而空间技术发展中非对称抗衡的局面则很容易出现，因此，聚合性政治认同较易形成，“合作共赢”必将成为主体间最理性的选择和共有观念。当然，前提是各国空间技术不为强权所限制，得以自由发展，特别是那些作为非对称的和平反制手段的技术应获得宽松的发展环境。空间技术覆盖全球、跨越各域、连通民心的特征，使空间作为最典型的全球公域是人类新型政治文明孕育、发展的最佳场所。空间政治和平融合发展的本质特征，决定了包容、普惠、和谐的空间政治文明建设是全球融合、世界大同的必经之途。

由此，研究空间政治学应从空间政治的技术缘起着手，探讨空间政治中单一主体试图利用空间优势控制他国的帝国主义企图与空间技术在客观上会促进不同主体民主融合趋势之间的权力逻辑，强调指出帝国逻辑与民主融合的基本矛盾构成了推动空间政治发展的内在动力。或者说，仅从空间技术的战略意义层面上看，空间国家更易围绕安全利益博弈进行攻防对抗准备。但是，当空间主体间出现势均力敌的状态，由于空间极易进行非对称反制的特点和空间技术跨越沟通的强大功能，又使得暂时或长久的空间合作成为可能。这从空间政治的早期表现形态——美苏空间政策分析中研究各国在空间政治中的进化冲突与进化合作的规律中可窥见一斑。在对各国空间政策的本质和内涵进行严谨的重新评估基础上，不难发现空间政治多样权力和共同观念复合建构的特征和规律。因此，围绕空间政治学研究的主要命题——空间战略安全问题逐个展开，从不同的角度剖析空间政治中的空间武器化与军备控制、空间行为准则与环境安全、空间资源利用与合作机制、空间产业化商业化与复合依存等问题，就可构建起一个较为清晰明了的空间政治学分析框架。

（三）空间政治学研究应坚持和发展国际关系理论的进化取向

对国际社会的总体思考和人类历史的深层认知，即政治关系在国际范围内的延伸与放大，本质上它是由生产力与生产关系的辩证历史运动向全球范围扩展所必然带来的。政治文明的发展和人类的解放需要在生产力极大发展的基础上，准确地定位自己的历史使命，并根据人类社会发展的总体进程来制定自己的战略目标和行动方案。空间政治说到底，是表现为空间技术的人类社会生产力发展的必然结果。空间作为当代最先进的生产力综合集成所作用的领域，空间技术被主要大国广泛应用于国际安全互动领域，空间技术发展的程度决定着空间政治的状态和方式。在空间政治互动中，相关空间主体要目光远大，善于从全人类解放角度去寻找价值坐标，为全人类共同利益的实现做出应有的贡献。

从空间国家利益与全人类共同利益这一基本矛盾推动的空间政治发展的现状出发，切实维护空间战略安全和合法权益，既事关国家发展大计，也是人类空间事业发展的必然要求。随着世界各国空间开发、利用的不断深化，维护空间战略安全和各国合法权益日显重要。为此，在把握空间政治实质的基础上，有关国家制定一个什么样的空间战略，既是一个重大的学术问题，也是一个非同小可的现实问题。与一般从战略或技术的角度探讨世界各国空间探索、利用问题不同，空间政治学的研究视野应更多地关注空间政治作为人类在空间开发、利用中形成的复合体系所特有的内在结构和演变规律。从空间无疆域性和各国进入空间寻求的国家利益实质上是一种技术性级差空租的特征入手，通过全面分析空间政治的起源、动力、本质、演进、问题、前景等主要内容，运用系统思维方法把其作为由诸多要素构成，按一定运行规律存在、发展的有机体，从而极力寻找提高其整体效能和优化参与的方法。

人类探索、利用空间是前无史例的艰巨事业，仅依靠任何一国的单独力量都是相对有限的，空间技术作为最前沿科学技术的集大成者之一，其高度的社会化要求在全球范围内按照市场规律进行优化组合，才能最有效地配置资源，促进发展。因此，世界各国空间开发、利用应坚持共同发展的大方向，坚持平等互利、合作共赢，结成利益共同体，把技术的互补性转化为发展的互助力，不断扩大利益交汇点，实现互惠共存、互利共赢。同时，实现空间探索、利用中的共同发展，其根本出路在于空间技术的交流融合。创造空间政治的美好未来，要靠各国的自身发展，更要靠各国的共同进步。各国要在切实维护现有国际空间法框架下各自拥有的相关权益的基础上，深化空间领域务实合作，积极推进技术的深入交流，促进产业的深度合作、优势互补，在开放中融合，在融合中发展，构建空间融合发展的大格局，形成命运共同体。人类空间探索、利用事业的进步倚赖于空间的战略安全，空间战略安全是空间活动顺利开展的基础保障。空间战略安全是指在空间探索、利用过程中相关国家安全互动的任何一方不会受到他方人为的系统性伤害，它并不包括空间技术限制或不足所造成的安全问题。维护空间战略安全，需要相关国家凝聚共识，积极作为，共同担当起应尽的责任。各国应维护空间战略安全，打造责任共同体，推动空间安全对话与磋商，积极推进空间国际军备控制，探讨建立和完善空间国际安全合作机制。

三　空间政治学研究既是全球融合的现实命题，也是人类空间拓展的未来需要

空间探索、利用、开发的“高边疆”区域特征，对地球上的民族国家，乃至整个人类发展都有着难以估量的影响。从空间技术的效应和效能分析入手，对空间技术鲜明的军民两用性、高方位所带来的全天候性等特征进行战略思考。从空间政治围绕权力复合建构的实质出发，构建一个空间技术发展与战略稳定性关系的空间政治学研究体系框架，既可开拓人类政治文明的新高地，又能寻求人类和平融合发展之道，更是探讨人类社会向何处拓展的宏大课题。

（一）空间政治学研究是拓展政治文明内涵和外延的理性努力

在把握空间政治学中国际政治权力的主要功能和特征的基础上，可以看到大力推进空间政治文明建设，既是全球融合的现实命题，也是人类社会空间拓展的未来需要。政治文明指人类社会政治生活的进步状态和政治发展取得的成果。在空间政治形成和发展的过程中，立足于权力基础上的合作，以一种地球之上的国际政治很少见的方式出现，正是空间政治学不同于现有一般政治学理论的地方。当在空间活动中相关国家间各种权力类型相互作用、相互强化，使得空间政治发展既出现惬意的合作，也难免平

添不安的冲突。从空间政治的历史实践和基本类型来看，除共同利益、权力结构这些核心要素外，共同的基本理念和道义准则、外部强制力、认知要素、国内政治乃至制度惯性等，都对空间政治文明建设产生着不可忽视的影响。如何理性地认识和利用其积极因素，防止消极因素的负面影响，趋利避害、蹄疾步稳地推进空间政治文明进步既是空间政治学研究的旨趣所在，也是人类政治文明建设的必然要求。

包容、普惠、和谐的空间政治文明追求反映了人类社会政治空间拓展的趋向。政治文明所要解决的基本问题可以概括为：一是努力将人类对美好政治生活的构想付诸实践；二是通过科学合理的制度安排和技术设计，提高非暴力状态下解决政治矛盾和冲突的有效性；三是使所有社会成员在一种文明祥和的政治状态下各得其所，互爱互信，共存共荣。[①] 当人类文明发展到能真正“上天”的高度，理应从理论上充分把握空间政治多样权力和共同观念复合建构的本质，从而以理性而睿智的态度引导空间政治朝着安全、美好、幸福的方向发展。空间技术的跨域互联性和空间战所导致的同归于尽的必然结局，迫使理性的空间主体在空间政治利益博弈中，采取越来越平和、越来越合理、越来越能够有效地解决主体间矛盾和冲突的方式和手段，从而也越来越有利于国际社会形成综合、共同、全面的安全观，互利、合作、共赢的发展观，开放、包容、互鉴的文明观，仁爱尚德、兼怀天下、同舟共济的道义观。

（二）空间政治学研究是促进全球和平融合发展的现实命题

科学技术研究对象的客观性、认知规律的共同性和科研成果的普适性，决定着现代科学技术的全球化本质。因此，具有全球化本质的空间技术的发展和扩散，有利于人类在地球村中的和谐相处与共同繁荣。随着空间技术的深入发展，空间探索、利用正由主要是一种国家行为向非国家行为扩散，各种开发主体间呈现出高密度利益博弈与汇聚的状态。这种高密度利益博弈与汇聚是空间技术开发、利用中个人对个人、个人对公司、公司对公司、个人对国家、公司对国家、国家对国家等高度交叉、串联、并联、平行等异常复杂的依存关系，并且这一“关系团”将继续增大、复

---

① 桑玉成：《现代政治文明的源起及其演进——桑玉成教授在复旦大学的讲演（节选）》，《文汇报》2003年12月29日。

杂化为真正意义上的混沌世界，然后发展到你离不开我、我离不开你，最终形成你我不分的共同体。空间政治的复合建构与持续进化不仅有助于和谐世界的建构，而且有利于推动国际社会走向自由人联合体的美好未来。

空间高科技鲜明的全人类共通的逻辑从根本上决定着空间政治中以合作为主的政治逻辑，但这一切诚然不会自动到来，它需要理性的人类在充分领悟科技的这一社会本质的基础上，利用一切政治智慧，包括均势政治导致秩序的原理来寻求空间开发、利用中全人类共同利益的如期实现。[①]当前，美国作为空间安全领域的唯一超级大国，其社会制度、意识形态与中国迥异，在作为典型高阶政治的空间政治领域，极力防范、限制乃至施压于俄罗斯、中国等其他国家。2011 年美国“奋进”号航天飞机携带着中国科学家付出心血的阿尔法磁谱仪在肯尼迪航天中心发射之际，中国记者竟被所谓的“沃尔夫条款”拒之门外。2013 年美国 NASA 禁止中国人参加讨论开普勒（Kepler）空间望远镜探索太阳系外星体的研究计划的天文会议。美国以外的其他空间主体大力发展空间技术，就可以非对称和平反制手段威慑、遏制美国空间霸权的企图，从而确保空间政治的良性发展。

空间政治学研究既要探讨各国人民为探索空间、利用空间、征服空间而奋斗的内在动力机制，也要寻找各国按照和平融合发展的空间政治时代的要求处理国与国之间矛盾和问题的基本准则。这既不会是单纯的所谓鸽派观点，也不是所谓鹰派的谋略，而应该是直面现实的真心思考。在空间中传统地理位置上的国界不复存在，有着理性智慧的人类不得不面对空间全新环境，甚至外星智慧物种的挑战。地球上的人类利用空间技术，想从相互冲突中获利，这极易导致同归于尽的局面，因而急需协调，国际政治一体化既有明显的可能性，更具有紧迫的现实性。事实上，世界各国只有真正认识到空间技术发展的内在逻辑要求，并在空间探索、利用的实践活动中将其付诸实施，才能从社会的层面实现人类的共同的利益。由此不难推出，空间政治中合作共赢的实践必然会引领全球和平融合的深入发展。

（三）空间政治学研究是探讨人类社会向何处拓展的未来需要

人类冲出地球，进入空间标志着人类开始可以以天的方式俯视大地

---

① 徐能武著：《外层空间国际关系研究》，中国社会科学出版社 2010 年版，第 268 页。

了。探讨人类向何处去，是资本主义或共产主义两途，抑或是自由民主社会，这更多的是从时间——人类社会发展历史的角度所做的思考。而从空间来说，则应探讨人类在完全支配地球时如何抓住机会进一步向空间拓展的空间问题。[①]“人类未来将在空间中生存，这点是毫无疑问的。因为人类即将耗尽全部生存资源，所剩的时间已经不多了。在这方面，天才的预言家克·埃·齐奥尔科夫斯基有句名言，‘地球是人类的摇篮，但人类不能永远生活在摇篮中’，这是绝对正确的。未来的人类是属于整个宇宙的。”[②]

空间政治学研究必然要探讨人类社会向何处拓展的空间政治演进的趋向和前途问题。经过较深入的探究，不难认识到当人类冲出地球进入浩渺沉寂的空间时，“现代国际社会的发展条件，保障国际和国家安全这一任务的特殊性，形成和保持一个国家必要的空间能力，制定和开展国际和国家航天计划的原则，为了政治、经济、军事及其它目的而利用航天活动的成果，这一切都要求在新学科（学科方向）范围内进行专业的研究”[③]。空间政治是典型的多样权力和共同观念复合建构的政治社会，它的出现有其历史必然性，而它的存在和发展更受其内在规律的支配和作用。空间政治建构源于国家对空间技术性级差空租的追求，由各个国家空间技术发展所决定的国家间权力分配结构直接影响到空间政治的内部组成，而空间交往实践中形成的共有观念，特别是作为“类”的人在空间面对严酷的自然环境和其他可能出现的挑战，所必然出现的同类相助的合作观念要远强于地球这一狭小的摇篮之内，人类在空间的共有观念对空间政治活动中治理体系的进化有着不可避免的作用。

空间政治实践正在探索和预示着人类社会光辉灿烂的文明前景。2015年7月24日美国航天局宣布，从开普勒空间望远镜中发现，一颗1000多光年外的行星——开普勒—452b可能是迄今为止最像地球的宜居的行星，被誉为地球2.0；虽然其遥远的距离使地球上的人类深感遥不可及，但空间技术的发展及其应用预示着人类社会空间拓展的方向。“人类始终是理

---

① 王岳川：《空间文明时代的中国文化身份》，《学术月刊》2006年第7期。

② ［俄］E. 切尔托克：《21世纪航天——2101年前的发展预测》，张玉梅、杨敬荣主译，国防工业出版社2014年版，第61页。

③ 《21世纪的天缘政治学和航天发展预测》，党政、宋尧译，《载人航天信息》2013年第4期。

智的，这一点是不容怀疑的。可能正是为了能使理智在宇宙得以孕育，每个人可以发挥各自的想象，大自然或超级力量在宇宙深处选定了一个被遗忘的角落——地球，创造了人类。……未来的人类将是整个宇宙中的人类。为了这一未来，现在就应着手准备。”① 由此不难理解，从终极意义上说，空间政治学研究是探讨人类社会向何处拓展的未来需要。

通过对空间政治学的内涵、范式和价值的研究，不难得出以下结论：一是空间技术是空间政治进化的根本动力，各国和平利用空间的技术应不受限制地得到最好最快的发展。从某种意义上说，空间政治学就是各国空间活动中关于权力分配方式和权力运行机制的研究，更直白地说，空间政治学也就是各国空间活动中有关权力的学问。空间政治中权力的基础是多元化的，但其最主要的来源则是空间技术形成的实力。空间技术作为空间开发利用中的第一生产力，推动着人类对空间探索和利用的不断深入。由此，各国在空间领域的互动实践也必然会不断加深，空间国际关系逐渐成形，空间政治应运而生。空间作为最真切的全球公域，各国和平探索、利用空间活动不应受到限制，任何国家、任何势力均无权以所谓“敌国”的名义，不让他国自由、和平地探索、利用空间。二是空间战略安全是空间政治运作的核心目标，国际社会必须旗帜鲜明地反对空间武器化和军备竞赛。从空间政治发展的现状来看，国际社会在空间非军事化上虽然形成了一定共识，但对于如何推动空间军备控制以及推动何种类型的军备控制并未形成有效规范。现有空间国际安全机制仍然是以禁核（禁止天基部署核武器）不禁天（即各类对天武器和天基常规武器）为总体框架。美国不顾国际社会的反对，大力发展天基和地基反卫星武器、反导系统和全球快速打击系统，推动了空间领域攻防平衡向进攻占优转化，加深了空间战略安全的不稳定性，同时也使空间武器化和军备竞赛威胁日益加剧。因此，针对日益临近的现实威胁，国际社会必须旗帜鲜明、千方百计地反对空间武器化和军备竞赛，以维护空间战略安全和各国合法权益。三是和平融合发展是空间政治的本质特征，决定包容、普惠、和谐的空间政治文明建设是全球融合的现实需要。空间的探索、利用是国家的事业，也是人类的追求。进入 21 世纪以来，技术的发展降低了人类探索空间的门槛，拓

---

① ［俄］E. 切尔托克：《21 世纪航天——2101 年前的发展预测》，张玉梅、杨敬荣主译，国防工业出版社 2014 年版，第 64、69 页。

展了开发、利用空间的规模、广度和深度，有利于全人类共同利益的增进和发展。然而，由于国家及其管辖下的企业探索、利用空间的基本动因是为了追求自身利益，往往以非合作甚至对抗的方式处理相关矛盾，也引发了许多国际社会关注的问题。在当今各国讲求实力政策、争取空间优势、提升军事水平的时代背景下，空间军备逆序和极易实施非对称反制的特点，必然迫使各国认识到，积极参与推动空间国际安全合作是维护和拓展空间安全和发展利益最理性的选择。空间技术覆盖全球、跨越各域、连通民心的特征，使空间探索和利用不但有利于推动一国内部各种资源的统筹利用和各产业的协调融合，而且有利于推动世界各国的和平、融合和可持续发展。

本研究具有重要的学术价值和现实指导意义。笔者试图在继承、发展已有学界相关成果的基础上，从现有空间技术发展的实际能力和功效出发，以新的体系、新的方法丰富和发展空间政治学的学术研究，构建恰当的空间政治学理论分析框架、拓宽其理论研究的深度和广度，从而加深对人类未来发展空间走向的理论把握，进一步理清空间开发、利用的理念追求与实践要求的互动关系，为中国更好地把握住空间探索、利用这一难得的历史新机遇，实现中华民族伟大复兴的中国梦，做出应有的贡献。三尺龙泉万卷书，学林跋涉意如何。作为国防科技大学人文与社会科学学院的一名从事政治学教学和科研的教员，谨遵“厚德博学、强军兴国”的校训，依托我校空天技术和信息技术的优势平台，矢志于空间政治学领域的长期探索和研究。蓦然回首，从激情勃发的青葱岁月步入发际后收的天命之年，怀揣着“学术本是天下之公器”的精神，从对中国军事政治问题的思考起步，再到对国际安全问题的关注，后来逐步聚焦于空间政治学研究，筚路蓝缕，辛苦耕耘二十余载，苦心孤诣，“为伊消得人憔悴”，作为勿需扬鞭自奋蹄“孺子牛”的真心书写，既是对前辈老师和同行贤者的感恩之作，亦是对这个时代和社会奉献的微薄之品。

第一章　空间政治的权力逻辑与复合建构

2015年5月26日，中国政府发布的《中国军事战略白皮书》指出："太空是国际战略竞争制高点。有关国家发展太空力量和手段，太空武器化初显端倪。中国一贯主张和平利用太空，反对太空武器化和太空军备竞赛，积极参与国际太空合作。密切跟踪掌握太空态势，应对太空安全威胁与挑战，保卫太空资产安全，服务国家经济建设和社会发展，维护太空安全。"① 空间被誉为是继陆地、海洋、大气层之后人类生存和发展的第四环境。伴随着人类对空间的探索、开发和利用，空间对主权国家的生存和发展具有多方面的意义。空间是一个主权原则无法延伸去划清国界的"无缝"世界，这决定了各国开发、利用空间的收益递增是一种典型的技术性级差空租。空间国际关系是人类进入空间的各种主体之间由于交往实践所形成的社会关系。追求技术性级差空租是各国空间活动的根本动机和空间国际关系成长的起点。在空间探索、利用中，全人类共同利益和国家空间利益总体上是一致的，但由于利益主体的不同，在实践中难免会出现矛盾，这一矛盾构成了空间国际关系的基本矛盾。对于进入空间的主体而言，唯一适用的根本性原则就是"人类共同遗产"原则。依据这一根本原则可引申出禁止据为己有原则、非军事化原则和共同利益原则。由联合国主导，各国自由、平等参与和倡导国际合作的国际管理机制是空间国际关系构建的保证。寻求解决矛盾的关系安排，空间国际关系成长中权力结构和共同观念的复合建构决定着空间国际关系成长的方向和路径。

---

① 中华人民共和国国务院新闻办公室：《中国的军事战略》，新华网北京2015年5月26日电，http://news.xinhuanet.com/politics/2015-05/26/c_1115408217.htm。

一 空间国际关系形成的权力逻辑①

鉴于一个国家开发、利用空间的能力在某种程度上决定着它在国际政治斗争中的政治地位以及国际事务中的发言权，空间的和平开发、利用在当今国际政治中具有重要的战略意义，空间国际关系也愈益引起世人的高度关注。随着人类在空间里社会活动的不断增多，空间国际关系已成为国际关系研究的一个重要领域。空间国际关系研究的意义表现在这样三个方面：为空间国际关系探讨提供理论框架；为空间军备控制提供理论基础；为人类拓展空间活动提供理论认识。

（一）追求技术性级差空租是空间开发利用的根本动机

空间作为人类活动逐渐进入的前沿地带，由其自身的特点与人类利用方式所决定，空间开发利用的价值具有跟地球表面乃至大气层完全不同的特性。众所周知，自从威斯特伐利亚体系确立了现代主权国家原则以来，人类在地表活动的空间，以划分“国界”的方式明晰了领土、领海、领空等概念。各类空间价值的产出，主要表现为地租与空租（以土地的地租概念推论，在上空可称之为“空租”）。在传统经济学中，土地的地租，以其物产的丰度来计算。而人文空间的空租，则以其容纳功能所获取的效益来计算。其价值的产出也就是人力、物力、信息力的投入，经过空间容纳力的转换，重新得到还原，并获得增值。

由于地表、领空具有“国界”明晰的国别所有权，对地表、领空的任何开发和利用都必然会带来地租与空租。绝对地租与空租是人们利用地表、大气层所获得的使用功能的价值。这与人们在社会生产中，利用自然生产力而获得材料和能源相类似。绝对地租与空租带有普遍性，只要利用地表、领空，就可以获得这份价值。同时，它也是后述两种级差地租和空租的基础性价值。级差地租和空租是它的叠加价值。

天然性级差地租与空租是由于地表肥沃程度的不同和领空给航线带来的距离远近不同而形成的。地表级差地租与领空空租也是人们利用地表、

---

① 本节内容部分以“论军事技术与冷战后国际安全机制的成长”为题发表了《东南亚纵横》2009 年第 6 期上。

领空获得的价值。但是，其多寡则取决于所处的位置。物质资源产出丰富的地区，其价值要高于贫瘠地区。人口稠密的地区，其价值要多于人烟稀少的地区。美妙景观、名胜古迹、奇特的游乐场所，其价值要高于平淡无奇的地区。生态环境良好的地区，其价值要多于环境恶劣的地区。交通枢纽的地区，其价值要多于交通阻塞的地区。市场的价值要多于其他地区。人们开发空间，之所以要进行选择，并愿意投入选择费用，就是因为通过这种合理选择，能够充分利用空间的功能用途，取得较多的天然性级差地租和空租。由于主权原则对空间产权的清晰界定，由于经营权的垄断，这些地租和空租的归属，在原则上也是明确的，甚至大气层也以"领空"的方式规定了由谁支配的归属问题。这种按主权原则划分的产权或延伸的经营权，事实上促进了各个国家对地表、大气层的合理、有效利用。与此同时，由主权原则所决定的国家间的无政府状态亦成为这些空间领域国际关系理性主义研究的逻辑起点。

技术性级差空租则是指在同一地表或空间因连续追加的技术性投资不同而形成的。它是指人们通过物质设施和技术的投入，加深开发空间内涵的容纳功能，形成良好的群落环境与优质的生态环境，使之同天然级差空间形成人文的差异，以提高其空间的质量等级，从而获得更大的经济效益。"开发空间的价值投入"，就是指增大人文空间利用效益的行为。

很显然，远离人类居住的地球空间是一个主权原则无法延伸去划清国界的"无缝"世界。正是空间对于人类活动所具有的这一根本特性，决定了各国开发、利用空间的收益递增是一种典型的技术性级差空租。各国竞相进入空间，追求技术性级差空租，导致空间国际关系朝着有别于地表和近空的特征而演化。

空间经济学的领军人物保罗·克鲁格曼所强调的主流经济学研究的三大问题——生产什么？为谁生产？怎样生产？忽略了"在哪里生产"，即生产活动的空间定位问题，这是应该加以弥补的。在空间技术已今非昔比之际，这或许尤为令人振聋发聩。空间的无限广阔和丰富的资源，不仅为新科技的发展提供了一个巨大的"科学实验室"，而且为解决人类日趋紧张的"资源危机"提供了新的途径。自 1957 年苏联发射第一颗人造卫星以来，航天科技不仅促进了天文、高能物理、材料、信息、制造工艺等新科技的不断发展，形成了大批高科技工业群体，而且还产生了巨大的社会和经济效益。据资料统计，近年来，与空间有关的产业每年以 20% 以上的速度增长，到2010年，该数字至少增至两倍——1600亿美元以上。伴随着空间时代的到来，空间技术越来越广泛地深入现代人类生产和生活的各个领域并在人类社会的可持续发展过程中发挥着重要的作用。

在民用产业方面是如此，在军事方面也不例外。作为新军事思想中的战略制高点，空间对于一国的军事安全也有着极其重要的地位。有的军事专家甚至预言，哪个国家要是控制了空间这个制高点，哪个国家就能夺取制天权、制信息权、制空权和制海权，进而控制整个地球。在过去的几十年中，谋求研发和部署空间武器系统的努力在一些国家从未停止过，只是受特定的历史条件限制而未能成为现实。目前，世界一些军事大国纷纷为组建天军、建立空间军事基地、争夺“制天权”做着积极的准备。

人类开发、利用空间的递增收益既然是一种技术性级差空租，那么，从根本上说，各个国家对这种技术性级差空租的获得，取决于本国空间技术水平的高低。空间是广阔无垠的，利用它所获得的技术性级差空租会随着空间技术的进步而成正比地增加。与此相联系的是，空间对于某个特定国家而言，其价值取决于它有多少高科技投入。现代空间技术系统是空间技术、通信技术、信息技术和新材料技术的结合体，是世界高精尖技术之一，在信息时代它体现着一个国家在高新技术领域的综合实力。空间技术在促进经济发展，带动科技进步，增强国防实力，提高该国的国际地位等方面正发挥着愈来愈大的作用。

（二）空间国际关系成长中的人类共同利益理念

空间无“国界”，对于各主权国家而言，也就无所谓绝对空租；空间的广阔无垠，也就意味着没有明显的天然性级差空租，各个国家竞相进入空间寻求的是技术性级差空租。随着现代科学技术特别是航空空间技术的发展，世界各主要国家都努力进入空间，拓展自身的国家利益，由此引发了各国对空间国际关系问题的积极关注。“空间安全与空间武器化发展是当前国际社会高度关注的重大战略问题，也是国际军控和裁军领域出现的新课题。”① 确实，空间国际关系能否顺利

---

① 杨乐平：《国际外空安全与外空武器化评述》，《2006：国际军备控制与裁军报告》，世界知识出版社2006年版，第189页。

成长已成为一个日益凸显的复杂而敏感的国际社会问题。因为空间国际关系的演绎、生成急需一套安全、有效的原则，以保证人类对空间的真正和平利用。

追求技术性级差空租是以各种形式进入空间，对其加以开发与利用的人类组织活动的根本动机，也是空间国际互动行为的逻辑起点。非有限的广阔空间及其各种天体资源是国际社会主权原则无法延伸，同时也无须延伸的地方，对于进入其间追求技术性级差空租的人类力量而言，唯一适用的根本性原则就是“人类共同利益”原则。就月球和其他天体及其资源而言，“人类共同利益”这一原则意味着对月球和其他天体的勘探和利用必须对全人类开放，是全人类开发的范围。除此之外，该概念不具有任何进一步的含义。

在空间时代初期，很多国家都希望空间应仅用于实施和平的目的与实施全人类的利益，《月球协定》的真正存在理由是该协定的第十一条第一款所宣告的内容：“月球及其自然资源均为全体人类的共同财产，这将在本协定的有关条款，尤其是本条第五款中表现出来。”在人类开发与利用空间的实践活动中，正如苏联空间司原司长迈约斯基所指出的，人类共同遗产与人类开发范围是两个既相互联系又相互区别的概念，前者适用于物质对象，后者适用于人类的开发活动。由于人类开发活动追求的是技术性级差空租，即人类开发范围的空间无疑是“人类共同遗产”原则已确定的整个空间的一部分，因此，对于人类空间活动而言，“人类共同遗产”是一个先验而永恒的原则。对空间和其他天体及其资源而言，“人类共同遗产”意味着空间资源属于全人类共同所有，每个国家均具有从开发空间的活动中取得利益的权利。

依据“人类共同遗产”原则，为了规范人类在空间的活动，1966年联合国大会通过了《关于各国探索和利用包括月球和其他天体在内空间活动的原则条约》（简称“外层空间条约”）。该条约为规范人类在空间的活动，规定了各国在空间的活动应遵循的原则，主要体现在如下几个方面：（1）“不得据为己有”原则：任何国家都不能在空间划出一块地区作为私有领域，空间不是无主地，任何国家不得通过占领、使用或任何其他方式提出主权要求。（2）“自然探索和利用”原则：不能把空间变成军事竞技场，探索和利用空间要坚持非军事化原则。（3）“共同利益”原则：空间对所有国家都是敞开的，到空间进行科研、旅行等活动的机会是均等的，但目的必须符合全人类的福利和利益。[①]

确实，仅从“人类共同遗产”原则的字面含义就可引申出“禁止据为己有”原则。《月球协定》第十一条第二款重申了1967年《外层空间条约》第二条所规定的“国家不得将月球的任何部分据为己有”原则。《外层空间条约》不仅禁止延伸国家主权，而且也禁止对空间或天体的任何区域主张财产权。同时，第十一条第三款规定，月球的表面或表面下层或其任何部分或其中的自然资源均不应成为任何国家、政府间或非政府国际组织、国家组织或非政府实体或任何自然人的财产。在月球表面或表面下层包括与月球表面或表面下层相连接的构造物在内，安置人员、空间运载器、装备设施、站所和装置，不应视为对月球及其任何领域的表面及表面下层取得所有权。

1967年《外层空间条约》的第四条第二款规定，“月球应供全体缔约国专为和平目的而加以利用”，此条款应与其从属的《外层空间条约》具有相同的法律效果，这意味着月球的全面非军事化和在其上禁止一切军事活动。1979年通过的《月球协定》第三条第二款重复了这一规定：“在月球上使用武力或以武力相威胁或从事任何其他敌对行为或以敌对行为相威胁概在禁止之列。”由于人类的生存主要依赖于包括空间环境在内的自然环境，资源争夺已经成为国家间冲突的一个主要动因。因此，适用“人类共同遗产”原则，有必要对国家管辖范围以外的空间这一地区实施厉行禁止一切军事活动的做法：禁止试验军事武器和设立军事基地，禁止使用武力或以武力相威胁，借此对国家单方面的利益扩张加以限制，对各国开发资源的活动进行国际管制，公平分配各国权益，尽力避免和化解冲突，防止战争的发生并促进和平进程，为造福人类而开发空间各种资源。[②]

---

① 1958年12月13日，联合国大会秉承“探索和利用外层空间应为所有民族谋福利”的崇高信念，在第1384（XII）号关于外空问题的决议中提出了“人类的共同利益”概念；1963年12月13日通过的《关于各国探索和利用外层空间活动的法律原则宣言》第一条规定：“探索和利用外层空间，必须为全人类谋福利和利益”；1967年生效的《外层空间条约》第一条第一款提出了“共同利益”原则。关于该原则的产生、法律效力、法律内容及补充和发展，详见黄解放《空间法的“共同利益”原则——〈外空条约〉第一条第一款再探讨》，《中国国际法年刊》1987年卷，第179—196页。

② 李燕妙：《试析人类共同继承财产的概念与基本内涵》，《中山大学学报论丛》2004年第2期。

在开发空间资源活动中适用“人类共同利益”原则，要求一个国家或主体的自由不损害其他国家或主体的同等自由。因此，为了保证对于空间开发遵循“共同性”原则的要求，必须强调空间活动是为了所有主体谋福利而进行的，需要一个对自由进行限制的机制。正如迪特迈林所认为的，根据该原则，包括商业利用在内的各种空间活动只能在被确认为是可能使全人类受益的情况下，才能被允许。在现实的空间国际关系中，“人类共同利益”理念的核心在于，发达国家不能仅仅为了自身的利益而利用空间，它们还必须对国际社会承担某种负责任的义务。这些活动“应为所有国家谋利益和福利”，应“充分注意到这一代和后一代人类的利益”①。王铁崖先生指出，“人类共同遗产”制度是“以人类为主体，以财产为对象”的制度，其共同性就是所有权和利益的共同性。② 因此，将“人类共同利益”理念和“人类共同遗产”原则适用在开发空间资源的活动中，就要求将通过这些活动所带来的任何实惠和利益平等地由所有人类公平分享。

（三）空间国际关系复合建构的实质③

空间探索是人类向自身经验和知识边缘以外不断拓展的航程，这是一个永恒的旅行。尽管人类在50多年前就已开始进行空间探索，但到目前为止仍处于此航程的初级阶段。④ 随着空间人类社会活动的不断增加，日益复杂的空间国际关系越来越引起世人的瞩目。空间国际关系是人类进入空间的各种主体之间由于交往实践所形成的社会关系；由于空间探索与利用的实践活动到目前为止均是在主权国家规范下进行的，因此，人类在空间活动中所形成的复杂社会关系主要表现为空间国际关系。

1. 空间国际关系的基本矛盾

空间作为人类活动逐渐进入的前沿地带，由于其自身特点与人类利用方式所决定，空间开发利用的价值具有跟地球表面乃至大气层完全不同的

---

① 秦晓程：《外层空间商业化活动的国际法问题》，《中国国际法年刊》1993年第145期。

② 王铁崖：《论人类共同继承遗产的概念》，《中国国际法年刊》1984年第22期。

③ 本节内容部分以“试论外层空间国际关系权力建构的实质”为题发表于《哈尔滨工业大学学报》2010年第4期上。

④ 美国战略与国际问题研究中心（CSIS）：《沉寂的外外空——21世纪外空探索的全球准则》，《载人航天探索计划报告》，2005年2月15—16日于布鲁塞尔发布。

特性。空间无疆域性是指空间无法像领土、领海和领空一样划分疆域边界，空间广阔无垠，进入其间的物体遵循着空间飞行动力学的相关规律运动。追求各种利益是以各种形式进入空间，开发、利用的空间人类组织活动的根本动机，也是空间国际互动行为的逻辑起点。非有限的广阔空间及其各种天体资源是世界各国主权原则无法延伸，同时也无须延伸的地方，对于进入其间追求各种利益的人类力量而言，唯一适用的根本性理念就是"人类共同利益"理念。"人类共同利益"理念意味着对空间的勘探和利用对全人类开放，这是一个先验而永恒的理念。对空间和其他天体及其资源而言，"人类共同利益"意味着空间资源属于全人类共同所有，各个国家均可从开发空间的活动中取得物质利益对象。

在世界各国所进行的空间探索与利用中，各国追求的国家空间利益，从根本上来说，是与人类在空间的共同利益相一致的。只有世界各国加大对空间开发、利用的投资力度，扩大相关项目的规模，才能加速人类对空间探索利用的实践进程，为人类空间共同利益的实现提供可能。"人类共同利益"的理念追求与国家空间利益实现之间的矛盾作为空间国际关系中的基本矛盾是非对抗性的内部矛盾。

空间国际关系的基本矛盾是推动其发展的内在根本动力。一个国家开发、利用空间的能力，在某种程度上决定着它在空间国际关系中权力的大小。在空间开发、利用的大多数时候，国家追求的空间利益与全人类的共同利益是根本一致的，国家间会沿着权力关系的引导形成合作共赢的空间国际关系。在国家追求的空间利益与全人类的共同利益出现差异时，更需要各国通过交往实践，寻求解决矛盾的关系安排，在空间国际关系成长中权力因素尤为关键。空间国际关系的实质是空间多样权力的社会建构。分析空间权力类型及其互动，既可正确把握空间国际关系的基本特征，也可现实地探讨培育空间国际关系合理成长的路径。

2. 空间国际关系的政治基础

人类在空间展开的探索与利用活动，由于空间的无疆域性和各国对技术性级差空租的不断追求，长期单靠一国的力量是无法得到持续、深入发展的，因此，必须进行国家间的交往实践。不同国家在空间开发、利用中结成了各种各样的社会关系。从复合建构主义视角探讨各国在空间各种复杂关系上的权力和观念建构问题，当两个国家基于空间探索与利用的特定利益关系进行交往实践时，空间实力的差异极易导致内在化的强制性权力。空间行为体进一步扩散的互动交往，会形成对其他行为体施加间接控制的制度性权力。或者，空间行为体在相互制约的复杂权力关系基础上，由于权力的建构作用，会形成对空间行为体身份与利益界定和塑造的结构性权力。制度性权力扩散和结构性权力建构作用相汇合，就会对空间行为体形成具有一般、间接社会化影响的生产性权力。各种权力类型的交互作用和强化，事关各空间主体的身份如何被建构、规范如何被社会化，空间国际关系最终朝着何种方向进行现实建构与演化。①

“权力作为一种社会关系，它总是权力关系双方互动作用的结果。”② 空间技术的诞生和发展，不仅提供了进行科学探索的有效技术手段，而且使人类进入空间新环境，直接开发和利用其资源成为可能。世界各国凭借空间技术进入空间追求技术性级差空租，一方面，探索利用实践的深入必然会驱使各国相互交往；另一方面，空间技术实力的差异，使基于某种利益诉求进行交往的双方关系在更多的时候是不对称的。在这种不对称的利益交换关系中，强制性权力便应运而生了。③ 这种强制性权力可理解为“一方支配他者的意志和行动的控制力”④。强制性权力是空间国际关系现实的建构起点，是一种建立在一定利益基础之上的内在化的强制性的双边互动关系。

“什么因素构成一国相对于他国的权力？我们所称的国家权力组成部分是什么？如果我们想要确定一国的权力，我们要考虑哪些因素呢？”⑤ 在空间探索与利用中，虽然各种力量依然是在主权国家管辖的名义下进入无疆域性的空间追求各种形式的利益的，诚然，这些实质意义不同的众多利益获得构成了空间国际关系中权力的来源，但在空间探索、利用中所获得的每种利益既是各种空间力量活动的直接动机，同时一旦获得，这种利益便转化为相对于他者的权力。

研究空间国际关系的社会建构，需要探寻是哪些因素影响了行为体采取以更快的速度和更多的资源去共同建构空间国际关系。了解这些因素，不仅有助于改进决策，以更好地控制空间国际关系建构的进程，而且也便

---

① 参见董青岭《现实建构主义与自由建构主义：一种研究纲领内部的分化》，《世界经济与政治》2008 年第 12 期。

② 孙关宏、胡雨春、任军锋主编：《政治学概论》，复旦大学出版社 2003 年版，第 46 页。

③ 徐治立、殷优优：《航天科技对人类社会的影响》，《科学学研究》2006 年第 24 卷增刊。

④ ［美］汉斯·摩根索：《国家间政治——权力斗争与和平》，［美］肯尼思·汤普森、戴维·克林顿修订，徐昕、郝望、李保平译，王缉思校，北京大学出版社 2006 年版，第 56 页。

⑤ 同上书，第 122 页。

于从全人类共同利益着眼的高度，推进空间国际关系的社会建构，以追求人类社会在一个全新的空间领域尽可能塑造一个更美好、更理想的人类政治社会。①

权力对空间国际关系的影响，在很大程度上是指各个国家的权力差异性，即权力分配。在空间领域，行为体之间的权力分配极大地影响着空间国际关系的建立，况且空间国际关系的维持、发展及改变也受权力的影响。② 权力分配中的强制力一方面会改变空间国际关系行为体的行为，另一方面这种强制力本身并不能保证空间国际关系的持续。正如奥兰·R. 杨所指出的："机制参与者之间的权力分配实质性的严重失衡限制了机制的社会建构。"③ 这就提出了一个十分重要的规范性问题：如何发挥权力在建制中的作用，而又摆脱空间国际关系中的权力阴影。

为此，根据约翰·伊肯伯里（G. John Ikenberry）发展的一种更加"胶粘性"的理论，可认为空间国际关系是根植于更广泛的政治秩序中和限制行为者活动"场景"的正式和非正式的组织、规则、惯例和实践，在具体环境里可以把国家"锁定"在稳定和持续的社会联系中，对国家的权力运用加以某种限制。对权力的审慎态度换来了同伴对其权力的认同。④ 权力对空间国际关系社会建构的影响，从空间国际关系运行的背景看，是一种外生变量。但权力对空间国际关系作用的发挥无疑具有决定性的意义，权力构成了空间国际关系运行的结构框架，空间国际关系的社会建构受到权力因素的根本性制约。⑤

（四）有效国际管理机制是空间新型国际关系建构的保证

"人类共同利益"理念不仅是人类在月球和其他天体上活动的最重要

---

① Oran R. Young and Marc A. Levy, " The Effectiveness of International Environmental Regimes," in Oran Young (ed.), *The Effectiveness of International Environmental Regimes: Causal Connections and Behavioral Mechanisms*, 1999, pp. 4-5.

② 王明国：《经济自由主义，经济民族主义与外层空间国际关系论》，《世纪中国》2003 年 6 月 13 日，http://www.cc.org.cn/zhoukan/guanchayusikao/0306/0306131008.htm。

③ ［美］奥兰·R. 扬：《国际制度的有效性：棘手案例与关键因素》，詹姆斯 N. 罗西瑙：《没有政府的治理》，江西人民出版社 2001 年版，第 208 页。

④ 慕建峰：《新秩序，还是老制度——〈制度、战略约束和美国战后秩序的持续〉评介》，《美国研究》2002 年第 1 期。

⑤ Andreas Hasenclever, Peter Mayer and Volker Rittberger, *Theories of International Regimes* (London: Cambridge University Press, 1997), p. 182.

原则之一，同时也是保护和开发其他诸如公海海底资源和人类文化遗产等有限资源的重要原则。它直接引导出“禁止据为己有”原则，并意味着全面非军事化和禁止一切军事活动。为了保证开发的福利在所有国家之间进行公平分配，应该对所有使用空间资源的国际管理机制的创设活动进行规范，而该创设活动必须以“人类共同利益”理念为指导方针。事实上，这些理念还远没有达到准确的程度，现实的做法是将其转化为包含以下主要内容的国际管理机制，只有这样，才能规范空间新型国际关系沿着对人类而言真正“正确”的方向成长。

第一，联合国主导空间和平开发、利用。尽管世界各国在空间和平开发与利用问题上存在着共同利益，但实际中的空间和平、合作和发展却并不顺利。原因就在于各国开发、利用空间的收益是一种技术性级差空租，谁的技术投入大、技术水平高，谁的收益就大。空间开发、利用是一项典型的大科学工程，它需要一个国家雄厚的综合国力作为后盾。冷战后，国际格局中大国权力结构发生了明显的新变化。这个变化的一个突出表现就是国际战略力量的严重失衡。各国综合实力对比的严重失衡，对空间开发、利用的直接影响就是造成新型空间国际关系构建受挫，追求绝对霸权与和平开发、利用的矛盾和斗争更加错综复杂。

个别国家追求技术性级差空租的能力远远超过其他国家，这就更需要共同协商所产生的机制来确保空间开发、利用的合理和有效。如果任凭某些国家倚仗其强大的综合国力，无与伦比的空间技术去谋求空间的绝对安全和绝对霸权，那么，空间国际关系成长中的“安全困境”就难以得到缓解和消除。世界各国日益认识到，空间开发、利用中技术性级差空租的特点和冷战后国际权力格局的“一超多强”，决定了由联合国这唯一的全球性综合国际组织主导空间和平开发、利用是维持空间长期稳定与和平的必由之路，只有通过联合国主导下的有效国际合作寻求空间和平共处，才能确保空间真正成为人类发展的新空间。①

1963 年，联合国通过了《禁止在大气层和外层空间进行核试验的条约》，包括美、苏在内的 117 个国家签署了该条约。1966 年 12 月，联合

---

① 有关国际安全机制的意义，参见朱阳明主编《国际安全战略论》，军事科学出版社 2000 年版，第 134—135 页；任晓《从集体安全到国际安全机制》，任晓主编：《国际关系理论新视野》，长征出版社 2001 年版，第 182—193 页；陈峰君《两种不同的安全概念与安全战略》，《世界经济与政治》1997 年第 11 期。

国大会通过了促进空间和平利用，防止空间军事化的《外层空间条约》（关于各国探索和利用包括月球和其他天体在内空间活动的原则条约）。《外层空间条约》于1967年10月10日无限期有效，目前已有96个国家批准、加入了该条约。该条约规定了探索和利用空间的一些基本原则，其中有空间自由、空间不得占有、空间活动为全人类谋利以及空间不得用于军事目的等。1979年第34届联大通过了《指导各国在月球和其它天体上活动的协定》，即《月球协定》，该协定宣布月球是全人类的共同财产，各国不得以任何方式据为己有。这些外层空间条约和有关文件既是指导各国空间活动的依据，也是空间国际关系框架的主要组成部分，空间国际关系正依此框架而全面成长。

第二，各国自由、平等地参与空间的开发、利用。空间技术性级差空租的获得，要求各国以强大的综合国力为基础，它是不可能按主权原则硬性“分割”的。目前，越来越多的国家纷纷通过发展自己的航天事业，试图在空间中强化其优势地位，从而不断增强军事实力和经济实力，以便在国际政治斗争中争取更多的发言权。而部分发展中国家也正积极努力，意欲或已经参与到空间领域的竞争之中，进而提升本国在国际政治方面的影响力。

在空间开发、利用方面，并不存在绝对的利益冲突，国家间的竞争也并不是完全的“零和博弈”。但空间国际关系的和平成长，由于事涉国家核心利益而与权力的分配紧密相关。现实主义学者认为，在很多情况下，权力大的国家拥有更大的发言权，而“弱一些的国家可能就没有自主选择”①。对空间国际关系成长的影响力，正是按一定比例在成员国中分配的权力结构的反映。“权力可改变由选择途径的不同而产生的结果（收益矩阵）。”② 从这个意义上说，空间国际关系能否和平成长，取决于在空间开发领域能否彻底打破各国固有的权力结构，坚持各国自由、平等地参与空间的开发、利用。

空间没有国家所有权的问题，空间开发、利用的收益也不是绝对空

---

① Stephen Krasner, “Structural Causes and Regime Consequences: Regimes as Intervening variables,” in Stephen Krasner (ed.), *International Regimes* (Ithaca: Cornell University Press, 1983), p. 15.

② Sephen D. Krasner, “Global Communications and National Power: Life on the Pareto Frontier,” *World Politics*, Vol. 43, 1991, p. 340.

租。任何国家进入空间追求的都是技术性级差空租，为了防止技术先进国家捷足先登并擅自垄断空间技术性级差空租，就需要制衡任何称霸空间的企图。冷战结束后，苏联在空间的势力突然消失，俄罗斯又难以为继，美国趁势扩张，成为在空间具有压倒性优势的唯一超级大国。2006 年 10 月 6 日，美国公布的新空间政策更为突出地强调美国享有绝对的自由行动权；拒绝就任何可能会限制其进入或使用空间的协议进行谈判，反对与这一原则相违背的任何形式的空间协议或规定；如有必要，美国有权不让任何“敌视美国利益”的国家或个人进入空间。这一政策体现了美国不容他人“染指”空间，追求空间霸主地位的意图。

第三，倡导国际合作的空间和平开发、利用。空间不同于领空，不存在天然性级差空租。因此，任何国家在开发、利用空间的过程中，都没有“经营权垄断”的问题，不能擅自独占技术性级差空租。目前，空间开发实践中有关各国对军备竞赛威胁的“共同厌恶”使各方在安全问题上拥有一系列的共同利益要求，大多数国家希望对空间武器化的趋势加以抑制，这就导致倡导国际合作的空间和平开发、利用的呼声日益高涨。但在过去的几十年里，谋求研发和部署空间武器系统的努力在一些国家从未停止过，只是受特定的历史条件限制而未能成为现实。目前，世界上一些军事大国纷纷为组建天军、建立空间军事基地、争夺“制天权”做着积极的准备。随着科技的不断成熟，空间面临着武器化的危险。这种趋势的发展不仅会阻碍对空间的和平利用，还会引发空间的军备竞赛，进而对国际安全格局造成严重的消极影响。由此可见，防止各国在空间活动的武器化已是十分现实和紧迫的问题。

个别国家以强大的实力做后盾，调整空间政策，明目张胆地试图垄断空间技术性级差空租，既增加了空间开发、利用中的冲突与危险，也暴露出现有空间国际关系成长中的缺陷。空间武器化的威胁，应该引起国际社会的重视。空间武器化严重影响了对空间的和平利用，国际社会应尽快采取有效措施遏制这一势头的发展。重视防止空间军备竞赛问题主要基于空间是全人类的共同财富，支持和平利用空间的各种活动，积极探索和利用空间，有利于人类的和平与发展。

这个问题正引起国际社会的高度关注。2002 年 6 月，中国、俄罗斯、白俄罗斯、印度尼西亚、叙利亚、越南、津巴布韦联合向裁谈会提交了关于“防止在空间部署武器、对空间物体使用或威胁使用武力国际法律文书要点”的工作文件，得到了许多国家的支持。在2005年10月召开的联合国大会上，160个国家投票赞成《防止空间军备竞赛》（PAROS）条约之必要性的决议，只有美国一票反对。2007年3月，联合国和平利用空间委员会第46届法律小组委员会会议讨论了如何利用和完善相关的国际法框架，促进国际和平利用空间事业的发展。除美国外的各国代表认为，早日制定禁止空间武器化的国际条约是国际社会面临的共同任务，联合国和平利用空间委员会及其法律小组委员会应发挥应有的作用。

随着空间技术的快速发展，世界各国竞相进入空间发展阶段，纷纷从经济、军事以及信息的角度出发，寻求自身国家利益的拓展。一方面，应该肯定人类对空间进行和平开发、利用，具有巨大的进步意义，也是历史发展的必然趋势。但另一方面，也应考虑如何在共存共赢的目标牵引下，探求人类怎样通过开发和利用空间维护世界和平，促进世界的发展。这就需要从空间技术性级差空租追求的特点出发，加快促进空间国际关系的成长，以确保人类对空间的和平开发、利用。

二 空间利益关系构成空间政治的基础

追求特定的国家空间利益是任何国家都具有的价值取向，无论是大国还是小国，无论是发达国家还是发展中国家，都是如此。国家作为一个政治主体有自己特定的国家空间利益。任何一个国家要生存和发展，它首要的追求目标必然是国家空间利益。国家空间利益从内容上来说，是一个复杂的综合体。凡是能给国家主体带来安全满足的事物都是国家空间利益。比如战略威慑，对国家而言，通过这种威慑的存在使别的国际政治势力不敢轻易冒犯，这种安全预期就是一种国家空间利益；对一个国家来说，在国际社会中国家地位的上升能给国家带来安全感，那么，国家在国际社会中的地位，就是一个国家的空间利益问题。

（一）国家空间利益源于国家空间需要

需要是国家本性的表现，是国家作为国际政治主体的本能，因此需要具有自我性的基本特征。所谓自我性，是说一国需要的产生与其他事物无关，不是其他事物引起的，而是自身存在的必然性。国家空间需要是在国家交往实践中得到满足的。这里的交往实践是广义上的交往实践，包括物质方面的交往实践和精神方面的交往实践，马克思主义认为，没有国家间的交往实践，就无所谓国家安全问题。由国家间交往实践所形成的安全关系满足着国家的安全需要，同时又刺激着新的需要的产生，从而导致需要和交往实践成为一个永无止境的发展过程。

各国的空间活动从20世纪50年代发轫，六七十年代得到迅速发展，到20世纪70年代末空间国际关系基本形成，当然也涵盖了空间活动中所遇到的主要安全问题。从维护各国安全利益的基点出发，逐步出现了一个调节体系，这个体系是以联合国的空间法条约和有关的原则为基础的，通常称之为5个条约、5个原则。其中，具有法律效力的就是5个条约，分别是《外层空间条约》（1967）、《责任公约》（1968）、《营救协定》（1972）、《登记公约》（1974）和《月球协定》（1979）。这些条约规定了从事空间活动的原则、规则和制度，涉及空间的法律地位，在从事空间活动中出现问题的时候如何承担责任，空间物体如何登记，在营救宇航员方面应当如何做，在月球上的活动应如何进行。

这些条约是各国从事空间活动的准则。从参加国的基本情况看，这些条约在国际社会的影响力是很大的。截至2007年初，《外层空间条约》的缔约国达到98个，《营救协定》的缔约国89个，《责任公约》的缔约国84个，《登记公约》的缔约国49个，换言之，基本上主要的空间活动国家都是这些条约的缔约国；《月球协定》的参加国比较少，到目前为止仅有13个。根据条约法的规则，通常条约仅对缔约国产生效力，对于非缔约国则无益无损，不产生效力，除非它同意受条约的约束。但是，根据国际法关于国际习惯的理论，对于已经形成的国际习惯，除非某国明确提出不受其约束，否则，习惯法是具有法律约束力的。公约的规定得到国际社会广泛接受的情况，也可以在一定程度上作为习惯法存在的证据，从而使公约所反映出来的构成国际习惯的法律原则产生超出缔约国的效力。

国家空间活动应当考虑国家利益、立足国家利益，根据需要采取行动，只要不违反国际空间法的法律义务，就都是可以的。国家的政策取向不可能不考虑本国利益。根据国际空间法的规定，探索和利用空间应当本着为所有国家谋福利和利益的精神进行，这当然也包含着从事空间活动的国家为自身谋福利和利益。换言之，从事空间活动的国家在活动中包含着自身利益的考虑，并不与空间法的精神相冲突。在国际法中，国家的实践是形成国际习惯的前提，而国际习惯是具有法律约束力的。国家实践和法律确信是国际习惯的两个构成因素。只有存在着国家实践，才可能确认在实践中所反映的规则的法律效力（即法律确信）。

（二）需要在各种社会关系中转换为国家空间利益

一个国家在空间的生存、发展，已越来越离不开其他国家的分工合作。各国对空间的探索与利用必然会在越来越大的程度上成为一种共同的社会行为，离开了世界范围内的开放交往，就谈不上真正为全人类的和平而探索与利用外层空间。空间的各种国际交往行为使国与国之间结成了各种各样的社会关系，其中包括政治关系、经济关系、法律关系；人与人之间的关系、组织与组织之间的关系、国家与国家之间的关系，等等。国家的安全需要也是在这样的关系中得以实现的。

各种各样的社会关系满足着国家不同层面空间的需要，同时制约着需要的取向，并且国家与国家之间必然会依据一定的标准（大多数时候是权力）对需要进行分配、分割、配置。为什么要对国家的需要进行分配呢？这是因为在现有的空间技术条件下，能满足需要的利益是相对有限的，具有稀缺性。由于空间技术的发展水平，国家能力的局限性，或者自然条件的限制等，可得到的空间利益总处在一种稀缺的状态。这样，国家需要的满足实际上是在国家与国家之间的社会关系中实现的。这就是说，需要具有自我性的特点，但需要的实现却是社会性的。也就是说，当国家的安全需要在空间的国家间加以满足时，国家的空间需要就转化成国家的空间利益，即自我安全需求被赋予了社会特性，就是安全利益。需要是自我性的，需要的实现是社会性的，于是需要就转化为利益。一个国家为了生存和发展的需要，必然会追求各种各样的国家空间利益，会在国际关系中追求自身的国家空间利益。国家空间利益成为一种价值并具有了普遍性的意义。

从上述关于国家空间利益与需要的关系中可以看出，国家空间利益的本质就是主体的自我需要。在空间国际关系中，这个主体就是主权国家，对一个国家而言，国家空间利益既是国家安全的需要，也是国家生存和发展的需要。但这个需要不能自行实现，而是在国际关系中实现的，这就决定了国家空间利益本身存在的矛盾，这就是内在矛盾。其表现之一是需要的自我性与实现的社会性。表现之二是国家空间利益形式的主观性与内容的客观性，所谓形式的主观性，就是说国家空间利益是主体的自身需要；

所谓内容的客观性，就是说国家的安全需要反映了特定的物质和精神内容。表现之三是国家空间利益的目标性与手段性之间的矛盾。追求特定的国家空间利益，是一个国家的目标。但是从国家的生存和发展来说，国家空间利益追求又是手段，是为生存和发展的目标服务的。表现之四是具体的国家空间利益的有限性与国家空间利益发展的无限性之间的矛盾。所谓具体的国家空间利益的有限性，是说对空间技术发展的特定阶段而言，它们的需要是有限的、特定的。国家空间需要不可能超出当时空间技术发展的水平。但对于整个国际社会的发展而言需要又是无限的。空间安全问题的真正出现是在苏联人造地球卫星上天之后。

国家空间利益是国家普遍追求的价值，因此，国家空间利益的追求推动着空间国际关系的成长，推动着国家自身的发展。但是，国家与国家之间的安全利益是有差异的，国家空间利益也有重合的部分。正是这种差异和重合，形成了国际社会主体之间不同的空间利益关系。

（三）空间安全利益关系

空间利益关系就是不同国家之间安全利益的相互关系，国家是这种安全利益的载体，所以，空间利益关系说到底是国家与国家的关系。国家各方面因素的不同，也导致了空间利益关系的大相径庭。

国家主体的差异决定了国家空间利益的差异，这是由国家空间利益的内在矛盾所决定的。前面说到，国家空间利益具有自我特征，自我的差异性决定了国家空间利益的差异。正如国际社会有大国、有小国，有强国、有弱国一样，国家空间利益的差异是客观存在的，必须认识到这一事实。从外层空间领域来看，承认了国家空间利益的差异，才能形成安全权利意识，才能形成维护国家空间安全权利的空间国际关系。不承认国家空间利益的差异，就不会很好地捍卫国家空间安全。总之，国家空间利益的差异是国家空间安全权利形成的依据，是空间国际关系构建的前提和条件。

所谓共同空间安全利益是指不同国际社会主体——国家的安全利益中相同的部分，或相互重合的部分。共同空间安全利益来源于“国家空间利益的国际社会性”。前面说到，任何国际社会主体的安全利益都是在特定的国际关系中实现的。正是国家空间利益实现的这种国际社会性，使不同主体之间的国家空间利益具有了部分重合，即产生了共同的安全利益。之所以叫第三种安全利益是指它是在两种不同的国家空间利益基础上形成的，又独立于这两种国家空间利益。比如，像避免空间碎片，安全出入空间的利益，那就很难说是属于哪个国家的安全利益，也不能说完全是空间大国的安全利益，只要哪个国家进入空间就会有这方面的安全利益问题。

空间安全利益矛盾是指空间安全利益的差异与不同，也是指国家空间利益的对立。一是横向矛盾的产生，其原因是多方面的：空间国际纠纷造成国家之间的差异；政治体制不同造成国家之间的差异；意识形态不同造成国家间的差异等。

二是纵向空间安全利益矛盾，即处在不同层次的国家空间利益矛盾。纵向矛盾实际上是特殊空间安全利益与共同空间安全利益、局部与整体之间的矛盾。纵向空间安全利益矛盾一般是由空间国际政治权力结构失衡所引起的。

横向空间安全利益矛盾、纵向空间安全利益矛盾是国家空间安全利益矛盾存在的两种基本形态。这些矛盾如何解决？在国际社会的发展进程中，不同性质的国家空间利益矛盾有不同的解决方法。一般说来，解决矛盾的方式有两种：一种是矛盾双方通过协调、合作，形成一定的空间国际关系，以自行约束矛盾或和平解决问题；另一种则需要通过政治权力的介入来解决，或者以政治权力为中介，或者由政治权力支持其中的一方压倒另一方而使矛盾得到解决，空间政治学要研究的是后一种情况，即通过国家间的权力来实现满足、调节、维护或破坏政治利益，及由政治利益决定的政治关系、体制、文化和行为。那就是说，政治学不是研究一切利益关系的，只研究政治利益关系，或者说与政治权力发生联系的利益关系。那些不与政治权力发生联系的利益关系由社会科学的其他学科来研究，比如外层空间国际法方面的学科。

三　空间国际关系研究体系的思考①

空间国际关系已成为国际关系研究的一个重要领域。研究空间领域的国际关系意义重大，构建全面的研究体系势在必行。

（一）权力建构是空间国际关系研究的实质把握

追求技术性级差空租是各国以各种形式进入空间开发利用的根本动

① 本节内容部分以“外层空间国际关系研究体系的思考：现实建构主义视角”为题发表于《中国海洋大学学报》2008年第5期上。

机，也是空间国际互动行为的逻辑起点。非有限的广阔空间及其各种天体资源是国际社会主权原则无法延伸，同时也无须延伸的地方，对于进入其间追求技术性级差空租的人类力量而言，唯一适用的就是“人类共同利益”理念。就空间而言，“人类共同利益”这一理念只意味着对空间及其天体的勘探和利用对全人类开放，是全人类的开发范围。除此之外，该概念不具有任何进一步的含义。因此，各国[①]进入空间追求技术性级差空租的能力和意图的综合，构成了空间国际政治的权力基础。很显然，这种能力和意图一方面由该国的空间技术水平所决定，另一方面则取决于该国空间开发、利用的战略设计。

复合建构主义关注两大基本问题：一是国际关系在多大程度上是由社会建构的？或者说，这种国际政治状态是否对国家行为产生决定性影响？二是权力和观念的复合结构如何在过程中“三位一体”地推进国际政治的演化？从空间这种完全不同于地表的全新国际关系的成长来看，复合建构主义的理论分析框架和方法为正确把握空间国际关系的实质与特征提供了一个较为恰当的视角和思路。复合建构主义的理论内核是“国际政治的复合建构”。复合建构主义不仅是现实主义与建构主义的融合，它也包含了建构主义与自由主义的融合，它既体现着建构主义的“社会建构”内核，又体现着现实主义的“权力政治”内核。因此，“国际政治的权力和观念的复合建构”是复合建构主义所占据的理论空间。复合建构主义认为，国际关系状态是由国家造就的，权力政治、共有观念在这一进程中复合作用于各种主体，共存共生，产生进化冲突或进化合作。因此，复合建构主义首先像现实主义那样以国际政治无法超越的权力政治作为研究起点；其次，它像古典现实主义那样承认权力是一个能以多种方式表现的多面体，同时承认每种权力都以不同的形式影响国际政治的行为与动力；最后，它像建构主义那样承认国际政治的每一种行为与动力都是社会建构的产物。[②]

在人类开发、利用空间的实践活动中，正如原苏联空间司司长迈约斯基所指出的，人类共同遗产与人类开发范围是两个既相互联系又相互区别

---

① 基于现有外空国际法的规定，可暂且把进入外空的私人力量也看成属于某一主权国家有效管辖下而隶属于某一特定国家的。

② Janice Mattern，“Power in Realist Constructivism Research,” *International Studies Review*, Vol. 6, No. 2, 2004, p. 345.

的概念，前者适用于物质对象，后者适用于人类的开发活动。由于人类开发活动追求的是技术性级差空租，即人类开发范围的空间无疑是“人类共同利益”理念已确定的整个空间的一部分，因此，对于人类空间活动而言，“人类共同利益”理念是一个先验而永恒的原则。对空间和其他天体及其资源而言，“人类共同利益”理念意味着空间资源属于全人类共同所有，各个国家均具有从开发空间的活动中取得利益的权利。但各个国家在空间国际关系中的权力根本上取决于各国在人类已开发范围里所拥有的空间技术能力和国家空间战略的影响力。

确实，空间新型国际关系的成长无法超越权力政治的起点，同时也应看到，每种形式的权力都以不同的方式影响着国际政治的行为与动力。在研究空间国际关系的现实建构中，主题应是考察国家行为体如何使用不同的权力形式从而建构起这一新型国际关系的事实。

各国开发、利用空间的收益是一种技术性级差空租，谁的技术投入大，技术水平高，谁的收益就大。空间开发利用是一项典型的大科学工程，它需要一个国家雄厚的综合国力作为后盾。冷战后，国际格局中大国权力结构发生了明显的新变化。这个变化的主要表现是，美国的综合实力得到了很大的恢复，巩固了它唯一超级大国的地位，其他几强的实力和美国相比都不在一个等级上。由此，在空间开发、利用上，美国也一直保持着高投入，来维持它的绝对领先地位。

各国综合实力对比的严重失衡，对空间开发、利用的直接影响就是造成合理的空间国际关系的构建受挫，追求绝对霸权与和平开发、利用的矛盾和斗争更加错综复杂。个别国家追求技术性级差空租的能力远远超过其他国家，这就更需要共同协商所产生的机制来确保空间开发、利用的合理和有效。但美国凭借其强大的综合国力，无与伦比的空间技术，总想谋求空间的绝对安全和绝对霸权，而拒绝任何可能束缚其手脚的空间国际关系的谈判。与此同时，美国在空间领域所占有的分量也决定了它没有参加空间国际关系谈判的愿望与诚意，空间安全困境难以得到缓解和消除。

世界各国日益认识到，空间开发、利用中技术性级差空租的特点和冷战后国际权力格局的“一超多强”，决定了加紧构建合理的空间国际关系是维持空间长期稳定与和平的必由之路，只有通过合作寻求安全的方式才能确保空间真正成为人类发展的新空间。[①]空间技术性级差空租的获得，要求各国以强大的综合国力为基础，它是不可能按主权原则硬性“分割”的。目前，以美国为首的西方发达国家纷纷通过发展自己的航天事业，试图在空间中强化其优势地位，从而不断增强军事实力和经济实力，以便在国际政治斗争中争取更多的发言权。而部分发展中国家也积极努力，意欲或已经参与到空间领域的竞争之中，进而提升本国在空间国际关系成长中的权力。

（二）权力类型互动是空间国际关系研究的特征

复合建构主义一方面像现实主义那样以国际政治无法超越的权力政治作为研究起点，另一方面强调多种形式的权力都以不同的方式影响国际关系的社会建构。因此，对空间国际关系研究的关键问题在于探讨“权力”的不同形式及其在建构国际关系中的作用。按照迈克尔·巴尼特（Michael Barnett）和雷蒙德·杜瓦尔（Raymond Duvall）的定义，可把“权力”理解为“权力是社会关系中某些因素的产物，这些因素塑造行为体控制自身命运的能力”[②]。这一概念有两个核心维度：一是影响行为体能力的社会关系类别；二是社会关系的特殊性。

第一维度关注权力是运行于互动中还是运行于社会建构中。在互动关系中，行为关系或互动中的权力运作将影响其他行为体控制自身生存环境的能力，在这里，权力变成了一个行为体所拥有的属性，该行为体可以用它来塑造其他行为体的行为或行动的条件。在建构关系中，权力运行其中的社会关系建构了行为体的能力与利益，建构关系不能还原为既定行为体的属性、行动与互动，相应地，权力是不可还原的社会存在，因为这种社会关系产生了具有不同的自我（他者）理解与能力的社会行为体，进而对行为体塑造自身存在条件与进程的能力产生实质性的影响。

第二个维度关注权力运行其中的互动或建构性社会关系是直接具体的还是间接扩散的，即主体与客体之间或者主体之间是存在直接的、具体的

---

① 有关国际安全机制的意义，参见朱阳明主编《国际安全战略论》，军事科学出版社 2000 年版，第 134—135 页；任晓《从集体安全到国际安全机制》，任晓主编：《国际关系理论新视野》，长征出版社 2001 年版，第 182—193 页。

② Michael Barnett and Raymond Duvall，“Power in International Politics，” *International Organization*，Vol. 59，No. 1，2005，p. 45.

因果性或建构性权力关系，还是存在一种具有一定空间、时间或社会距离的间接的、扩散式的权力关系。

从这一“权力”概念的两个分析维度的不同组合出发，形成了四种权力类型（见表1—1）：强制性权力（Compulsory Power）、制度性权力（Institutional Power）、结构性权力（Structural Power）和生产性权力（Productive Power）。

表1—1 **权力的四种类型**

权力的类型	直接	扩散
互动关系	强制性权力	制度性权力
建构关系	结构性权力	生产性权力

强制性权力是某一行为体通过互动关系而对另一行为体施加的直接控制，当一个行为体的行为控制了另一行为体的行为或环境时，强制性权力就是存在的。制度性权力是行为体通过互动关系的扩散而对其他行为体施加的间接控制。它关注的是用以调节行为体之间关系的正式或非正式的制度，某一行为体通过制度的规则和程序引导、操纵和限制其他行为体的行为。结构性权力是在行为体之间直接的结构关系中行为体身份与利益的建构，它关注结构内部的相互建构性关系对行为体社会身份的界定，与制度性权力关注于行为的限制不同，结构性权力关注的是行为体社会能力与利益的建构。生产性权力是扩散性社会关系对主体的改造。生产性权力关注意义（Meaning）得以生产、确定、存在、实践与转化的话语、社会进程与知识体系，话语是社会权力关系的场所，因为话语确定了日常生活实践的场所并界定了可以想象的、可能的社会行动领域。生产性权力关注扩散的、偶然的社会进程如何产生特定的主体，如何确定意义与类别以及如何创造一种被视为理所当然的、日常的国际政治。

巴尼特和杜瓦尔指出，这四种权力类型并非不可通约，而是相互联系、相互交织的统一体，它们是国际政治中权力运行的不同形式。把四种权力类型视作统一的整体，有助于全面把握空间全新国际关系成长中这四种权力类型及其互动对于空间国际关系的实际影响状况。

在空间国际关系的成长中，除由各国在空间的实力所决定的强制性权力外，目前，空间安全领域有关各国在空间和平开发与利用问题上存在着共同安全利益，使各方在安全问题上拥有一系列的共同愿望和要求，大多数国家都希望对空间武器化的趋势加以抑制，在此基础上构建一套有效的国际安全机制，这构成了影响空间国际关系成长的制度性权力。空间国际关系作为与国家核心利益密切相关的权力建构的产物，是与权力的分配紧密相关的。现实建构起来的空间国际关系在一定程度上反映了按一定比例在成员国中分配的权力结构。结构性权力部分地定义了各国在空间的身份和利益。权力大的国家拥有更大的发言权，使空间开发更多地为自己的利益服务，而“弱一些的国家可能就没有自主选择”①。依据人类在开发空间实践中形成的“人类共同利益”这一根本性理念，为了规范人类在空间的国际互动，引申出以下三原则：“不得据为己有”原则——任何国家都不能在空间划出一块地区作为私有领域，空间不是无主地，任何国家不得通过占领、使用或任何其他方式提出主权要求；“自然探索和利用”原则——不能把空间变成军事竞技场，探索与利用空间要坚持非军事化原则；“共同利益”原则——空间对所有国家都是敞开的，到空间进行科研、旅行等活动的机会是均等的，但其目的必须符合全人类的福利和利益。② 这些原则在有关各方努力下的社会化，构成了空间国际关系中影响日增的生产性权力。

分析影响空间国际关系现实建构的各种权力类型及其互动，可以看到，现实的做法是只有将各种权力作用纳入包含以下主要内容的国际管理机制中，才能规范空间新型国际关系沿着对人类而言真正“正确”的方向成长。

四　空间国际关系文献综述及其意义③

航天之父齐奥尔科夫斯基在20世纪初即指出：“地球是人类的摇篮，

① Stephen krasner, “Structural Causes and Regime Consequences: Regimes as Intervening variables,” in Stephen Krasner (ed.), *International Regimes* (Ithaca: Cornell University Press, 1983), p. 15.

② 1958年12月13日，联合国大会秉承“探索和利用外层空间应为所有民族谋福利”的崇高信念，在第1384（XII）号关于外空问题的决议中提出了“人类共同利益”的概念；1963年12月13日通过的《关于各国探索和利用外层空间活动的法律原则宣言》第一条规定：“探索和利用外层空间，必须为全人类谋福利和利益。”1967年生效的《外层空间条约》第一条第一款提出了“共同利益”原则。关于该原则的产生、法律效力、法律内容及补充和发展，详见黄解放《空间法的“共同利益”原则——〈外空条约〉第一条第一款再探讨》，《中国国际法年刊》1987年卷。

③ 本节内容发表于《中国海洋大学学报》2010年第3期上。

但人类不会永远生活在摇篮里，而会不断地争取生存世界和空间。”① 空间被誉为是继陆地、海洋、大气层之后人类生存和发展的第四环境。伴随着人类对空间的探索、开发和利用，空间对主权国家的生存和发展具有多方面的意义。随着在空间的人类社会活动的不断增加，日益复杂的空间国际关系越来越引起世人的瞩目。空间国际关系已成为国际关系研究的一个重要领域。

（一）空间国际关系文献综述

空间国际关系问题历来受到各国政府和学术界的高度重视。国内学术界对此进行了较广泛的研究，并取得了一批研究成果。与此同时，国外学术界也非常注重对空间国际关系问题的研究，并取得了越来越丰富的成果。

1. 国内研究状况

空间国际关系研究正在成为近几年来国内学术界研究的焦点和热点问题。中国学者对于空间国际安全机制构建以及中国参与选择问题的研究较多，但从纯理论的角度对空间国际关系进行系统分析的研究明显不足，不论是选题的确定还是方法论的运用，都比较突出现实针对性，因此基础性的理论工作做得较少。

当前，中国涉及空间国际关系的研究主要集中于原国防科工委系统所属的大学和科研院所、中国航天科技集团公司、国家航天局等单位，中科院系统的空间科学与应用研究中心、中国传媒大学等单位。军队系统涉及空间国际关系的研究集中于解放军总装备部系统的中国国防科技信息中心等单位，以及隶属于中央军委的军事科学院、国防大学、国防科技大学等单位。

涉及空间国际关系的综合性研究以国家航天局最为全面和深入。国家航天局的职能包括“负责研究拟订国家空间政策和法规；负责研究制定国家航天发展规划、计划和行业标准”等。国家航天局拟订了《航天发展“十一五”规划》《“十一五”空间科学发展规划》《关于促进卫星应用产业发展的若干意见》等航天法规和政策文件，起草了《中国的航天》（2000 年）和《2006 年中国的航天》两份白皮书，其中对中国的空间政

① 1911 年 8 月 12 日齐奥尔科夫斯基致伏罗比耶夫的信。

策做了整体概括，参与了《国民经济和社会发展第十一个五年规划纲要》《国家中长期科学和技术发展规划纲要（2006—2020年）》《高技术产业发展“十一五”规划》等文件相关部分的拟订。此外，中国航天科技集团公司所属的中国航天工程咨询中心也涉及空间国际关系方面的研究，它所主办的《中国航天》《航天工业管理》等杂志是这方面研究的重要交流平台。空间科技及其应用各具体领域的研究呈现出百花齐放的态势。其中，中科院空间科学与应用研究中心在空间科学发展与应用方面，中国国防科技信息中心在空间军备控制和空间战略研究方面有着较强的实力。

国内不少学者发表了大量涉及空间国际关系研究的文章。这些研究论文只是部分涉及对空间国际关系的研究：如王景泉的《美国新国家航天政策浅析》[①] 以及《浅析欧洲新航天政策出台的背景与意义》[②]，金启明的《〈欧洲空间政策绿皮书〉浅析》[③]，罗开元的《英国航天政策分析》[④]，童庆禧、马建文、曹学军的《美、日、欧、俄空间政策调整产生的机遇与挑战》[⑤]，一部分文章探讨了空间科技及其应用对空间国际关系影响方面的问题，代表性的文章有仝慧杰的《国家政策对空间应用产业发展的影响》[⑥]，罗开元、蒋宇平的《国外军用、民用、商业航天综合发展的战略》[⑦]，徐海玉、卢亮、陈小前的《美国空天对抗政策评述》[⑧]，栾恩杰的《21世纪中国民用航空航天发展政策》[⑨]，李志强、李传宝、林镝的《国外空间技术国际合作政策分析及对我国的启示》[⑩]，高庆伦、王大坚、杨照德、黄凯军的《航天工业对外经贸与利用外资的有关政策策略研究》[⑪]，刘文科的《对我国航天活动立法的政策分析及建议》[⑫]，中国航天科工集

① 《国际空间》2006年第12期。
② 《国际空间》2007年第8期。
③ 《全球科技经济瞭望》2003年第5期。
④ 《中国航天》2004年第6期。
⑤ 《遥感学报》2005年第5期。
⑥ 《中国航天》2006年第12期。
⑦ 《中国航天》2000年第9期。
⑧ 《外国军事学术》2005年第3期。
⑨ 《航空工程与维修》2001年第1期。
⑩ 《科技进步与对策》2004年第10期。
⑪ 《中国航天》1997年第1期。
⑫ 《中国航天》1997年第8期。

团○六一基地的《用“三宽”政策对待“三高”人才》[①]，黄栩的《国家政策对中国航天产业发展的影响》[②]。

原国家航天局局长栾恩杰所写的《中国航天发展政策和展望》对中国的空间政策进行了全面探讨，部分涉及中国对空间国际关系的参与选择问题。国防科技大学刘戟锋教授的专著《世纪工程——“星球大战”与当代世界》《两弹一星工程与大科学》等，郑国梁教授的专著《太空战与国际法》，总装备部所属的装备指挥技术学院原院长常显奇教授的专著《军事航天学》以及赵德喜、许刚良和王继新的博士学位论文等，都从不同角度论及空间国际关系的不同方面。到目前为止，国内最集中系统研究空间国际关系问题的是中国传媒大学仪名海老师申报的国家社会科学基金资助项目“外层空间国际关系”（05BGJ0）。该项目已形成相关研究报告，并以“外层空间国际关系研究的意义及其体系的构建”为题刊发在《中国海洋大学学报》2006 年第 3 期上。该文集中阐发了其主要观点。

2. 国外研究状况

国际学术界对于空间国际关系的相关研究和重视程度要远远超过国内，其方法流派之众多，数据材料之丰富，观念论点之深刻，都是国内学者可以大力借鉴的。

一是联合国涉及空间国际关系的讨论和研究的有关机构，特别是联合国和平利用空间委员会展开了这方面的大量研讨并形成了文件。联合国和平利用空间委员会根据意见一致原则决定着空间国际关系方面的重大问题。在涉及维护空间用于和平目的的方式和方法以及有关的国际空间法方面，联合国和平利用空间委员会都提出了一些值得重视、值得深入进行专题研究的重大课题，相关组织在需要时可承担研究项目并提出研究报告。在国际外层空间条约缔结前和联合国大会关于空间问题的决议起草前，联合国和平利用空间委员会都会组织各方面专家进行先期性空间问题的研究与论证，并由此形成明示或默示的意向或意见。该委员会每年都会发表一份《联合国和平利用空间委员会的报告》，其中包含着大量空间国际关系方面的内容。委员会下设科学和技术小组委员会与法律小组委员会每年都会发表若干专题报告，对空间碎片、空间核动力

① 《贵州日报》2004 年 10 月 11 日。

② 武汉大学 2005 年学位论文。

源、空间的定义和划界、地球静止轨道的性质和利用、用卫星遥感地球等专门事项进行分析研究，以协调各国的空间国际关系。

二是国外大量的从事于空间问题研究的教学科研机构。比较著名的有美国乔治·华盛顿大学的 Elliott 国际事务学院空间研究所和欧洲航天政策研究所。美国乔治·华盛顿大学 Elliott 国际事务学院空间研究所成立于 1987 年，它是华盛顿大学 Elliott 国际事务学院国际科学和技术政策中心的组成部分，它可以动用全校的资源开展研究。该研究所就空间问题开展研究，围绕各种主题举办研讨会、讲习班和学术会议，并提供空间方面的研究生课程。研究所的研究领域主要集中于美国空间活动以及美国与其空间领域的合作者和竞争者互动方面的政策问题。它为学者、政策分析人士、专业技术人员和学生进行合作研究，考察评估未来空间活动的选择提供了良好的环境。① 欧洲航天政策研究所成立于 2003 年 11 月，由欧洲空间局和奥地利空间局合作创办，位于奥地利的维也纳。它的任务是“就利用空间的中长期问题开展研究，为决策者提供独立的观点”②。

三是由大量的国外学术刊物、网站架构起空间国际关系问题研究的学

---

① 该研究所近年来出版的著作主要有：John M. Logsdon, *Human Space Flight and National Power*（2007. 03）；Henry R. Herzfeld, *The Moon is a Land Without Sovereignty: Will It Be a Business—Friendly Environment?*（2007. 03）：John M. Logsdon, James Clay Moltz, & Emma S. Hinds, *Collective Security in Space: European Perspectives*（2007. 01）；Henry R. Hertzfeld, Ray A. Williamson & Nicolas Peter, *Launch Vehicles: An Economic Perspective*（2005. 12）, *Space Exploration and International Cooperation Symposium*（2004. 06）；John M. Logsdon & Gordon Adams, *Space Weapons: Are They Needed?*（2003. 10）；Ray Williamson & Rebecca Jimerson, *Space and Military Power in East Asia: The Challenge and Opportunity of Dual-Purpose Space Technologies*（2001. 12）；Ray Williamson, *Dual-Purpose Space Technologies: Opportunities and Challenges for U. S. Policymaking*（2001. 07）. 上述文献在华盛顿大学外层空间国际关系研究所网站上均可下载，网址为 http://www. gwu. edu/ - spi/。

② 自 2005 年以来发表的研究报告有：A new paradigm for European space policy: A proposal, Network of Centers—Assessment and perspectives, China's posture in space—Implications for Europe, Commercialization of space and its evolution, Space in Central and Eastern Europe—Opportunities and challenges for the European space endeavour, Space policy, issues and trends in 2006/2007, Case for Space—Space applications meeting societal needs, Space in Central and Eastern Europe—Opportunities and challenges for the European space endeavour—Addendum: Exploratory study on Estonia and Slovenia, Stimulating and sustaining technology innovation in the space sector, Europe's way to Space Situational Awareness（SSA）. 这些研究报告可在欧洲外层空间国际关系研究所网站上下载，网址为 http://www. espi. or. at/index. php? option = com_ content&task = view&id = 21&Itemid = 25。

术平台。在期刊方面，荷兰 Elsevier 公司旗下的《空间政策》[①] （*Space Policy*）杂志是迄今国际上关于空间问题研究方面最为全面和权威的杂志。该杂志每年出版 4 期，所刊登的文章有不少涉及空间国际关系各个方面的研究。除了专门的空间问题研究机构、期刊外，国外的空间问题研究类文献也常见于国家和地区安全、军备控制与裁军等研究领域。[②] 国外较全面探讨中国参与空间国际关系的专著是 Roger Handberg 与 Zhen Li 合著的 *Chinese Space Policy*：*A Study in Domestic and International Politics*，2006 年 12 月由 Routledge 出版社出版。总体来看，国外对空间国际关系的研究也较多地集中于空间战略和政策方面，专门研究空间国际关系的文章或专著较少。

（二）空间国际关系研究的意义

空间是人类活动历史较短，但又充满希望、前途广阔的一个领域，对国家政治、经济、军事、科技、安全等方面都具有重大的战略价值和现实意义。“高边疆”战略的缔造者格雷厄姆说过：“在整个人类历史上，凡

① 近二十年来刊登的研究中国外层空间探索、利用问题的文章主要有：Joan Johnson-Freese, Andrew S. Erickson, “The emerging China-EU space partnership: A geotechnological balancer,” Volume 22, Issue 1, February 2006, Pages 12-22. Sibing He, “What next for China in space after Shenzhou?” Volume 19, Issue 3, August 2003, Pages 183-189, Anne Gilks., “China's space policy: review and prospects,” Volume 13, Issue 3, August 1997, Pages 215-227; Zhu Yilin, Xu Fuxiang., “Status and prospects of China's space programme,” Volume 13, Issue 1, February 1997, Pages 69-75. Zhu Yilin., “Fast-track development of space technology in China,” Volume 12, Issue 2, May 1996, Pages 139 - 142. Yanping Chen., “China's space commercialization effort: Organization, policy and strategies,” Volume 9, Issue 1, February 1993, Pages 45-53. Yanping Chen., “China's space policy—A historical review,” Volume 7, Issue 2, May 1991, Pages 116-128. Wu Guoxiang., “China's space communications goals,” Volume 4, Issue 1, February 1988, Pages 41-45.

② 此外，以下专著从空间安全、外空军事化、空间战等角度研究外层空间问题：Schichtle, C., *The national space program* （Washington, D. C.: National Defense Univ. Press, 1983）; Stares, P., *The militarization of space* （New York: Cornell Univ. Press, 1985）, *Space and national security* （Washington, D. C.: Brookings, 1987）; Hobbs, D. *Anillustrated guide to spacewarfare* （NewYork: Prentice Hall, 1986）; Johnson, N. L., *Soviet military strategy in space* （London: Jane's, 1987）; Karas, T., *The new high ground* （New York: Simon and Schuster, 1983）; McDougall, W. A., *the heavens and the earth: A political history of the space age* （New York: Basic Books, 1985）; Stares, P. B., *Space and national security* （Washington, D. C.: Brookings, 1987）; U. S. Congress, Office of Technology Assessment, 1985, Antisatellite weapons, counter-measures, and arms control. OTA - ISC - 281 （Washington, D. C.: Government Printing Office）; Jasani, B., *Outer space: A new dimension of the arms race* （London: Taylor and Francis, 1982）.

是能够最有效地从人类活动的一个领域迈向另一个领域的国家，都能获得巨大的战略优势。”[①] 人类社会的活动范围以往从陆地到海洋、从海洋到空中的扩展，每一个新的活动区域的开发，都产生了与之相关的重大利益，引起了国家安全重心的转移，开辟了寻求国家利益的新前沿。

1. 为空间国际关系探讨提供理论框架

“随着空间技术蓬勃发展，空间逐渐成为世界各国尤其是航天大国争夺的重要场所，空间国际关系已成为国际关系的一个重要的领域。研究空间领域的国际关系意义重大，构建全面的研究体系势在必行。”[②] 具体地说，从理论分析角度，21 世纪以来，伴随着世界各国加快对空间探索与利用的实践，空间国际关系的理论研究逐步引起了学界日益集中的关注，国际关系的不同理论流派的探讨文章和创新性的研究成果正逐渐增多。从国内来看，就这一主题进行最直接、集中研究的可能是中国传媒大学仪名海老师申报的国家社会科学基金资助项目“外层空间国际关系”(05BGJ0)，形成的相关研究报告和论文，较集中阐发了其研究的主要观点，具有较强的现实意义。但随着人类空间开发、利用的步伐加快，现有对空间国际关系的研究仍显得过于笼统、概括，缺乏系统性和理论深度。因此，加深对空间国际关系的研究，特别是为这一领域的探讨提供必要的理论研究框架尤为重要。

由于空间国际关系权力建构的实质，运用复合建构主义理论来分析空间国际关系这一新生国际事务，尽力构建一个较为合理、有用的空间国际关系理论分析框架是较适宜的选择，或许能从理论和实证两方面为空间国际关系问题的探讨提出一些创新性认识。从理论发展的角度讲，应先系统剖析空间国际关系的起源与建构理论，分析其内在的基本矛盾，从而揭示推动空间国际关系演变的基本动力，从空间国际关系体系结构的高度，剖析空间国际关系权力建构的实质。结合空间国际关系实践，对空间国际关系的基本内容、主要问题作一些探讨，以空间军事化、武器化与国际安全机制的成长分析为重点，对空间国际关系发展所面临的各种问题进行分析与评价。从空间国际关系的自主成长与人类活动空间拓展等方面，揭示空

---

① ［美］丹尼尔·格雷厄姆：《高边疆——新的国家战略》，张健志、马俊才、傅家祯译，军事科学出版社 1988 年版，第 5 页。

② 仪名海：《外层空间国际关系研究的意义及其体系的构建》，《中国海洋大学学报》（社会科学版）2006 年第 3 期。

间国际关系的发展趋势，以及它对人类政治社会未来的影响。空间国际关系的理论分析旨在廓清对空间国际关系的理性认识，为空间国际关系的良性成长提供认知前提，从而达致理论与实践相结合的目标。因此，空间国际关系研究属于基础理论性的研究范畴，应以空间国际关系理论建构为基础，以空间国际关系结构分析为横轴，以空间国际关系内在规律分析为主线，以理论与实践相结合为分析背景。其根本目标是，达成对空间国际关系系统、详尽的“学术上的理解”（scholarly understanding）。①

2. 为空间军备控制提供理论基础

现有研究空间国际关系的文字已有不少，但最多的是短篇论文，也有为数不多的从“历程”、“参与”、“互动”等角度进行分析的长文，而缺乏真正系统地对空间国际关系进行理论分析的专著。可以说，学界目前尚缺乏从国际关系理论角度分析空间国际关系演变规律的专著。而且，空间国际关系研究的主要思路是实证分析（多以举例的方式替代理论分析），专门对其进行系统的理论研究的成果较少。从空间国际关系与军备控制的密切关系来看，大量的研究成果多以短篇文章形式探讨空间军备控制的紧迫性、必要性和可能性，大多数以现实问题探讨为主，而对空间国际关系的理论研究关注较少。实际上，从逻辑关联的角度弄清空间国际关系的理论问题，是进行空间军备控制理论探讨的前提基础，要不然，相关问题研究就可能说不清、道不明。从笔者所掌握的资料来看，从空间国际关系理论角度研究空间军备控制的专著并不多见，其分析角度多为决策分析、结构—功能分析、定量分析等。当然，部分学者应用新现实主义、新自由主义或建构主义国际关系理论剖析空间军备控制的文章正在增多，这些研究成果对空间军备控制理论研究深具参考价值和启示意义。

诚然，当前的空间军备控制研究缺乏空间国际关系理论的必要支撑，作为一个在国际和平与安全领域起着重要作用、事关国际军备控制与裁军成功与否的重要课题，更凸显出空间国际关系研究的重要意义。过去从一般国际关系理论的角度探讨空间环境特征及其探索工具、空间

---

① 所谓“学术上的理解”，意即从学术研究或理论的角度对某一个问题的认识，这种认识是抽象的、高度概括的，有可能与具体现实存在着某些细微的差别或出入，但可以从总体上找寻到问题解决的途径。“学术上的理解”的说法出自：Jeffrey Legro and Andrew Moravcsik，“Is Anybody a Realist?” *International Security*，Vol. 24，No. 2，Fall，1999，p. 45.

资源开发与运用的战略意义、苏美空间竞争的历史评判、冷战后空间新的国际竞争、空间军事化的现实及其有效控制机制的局限、联合国协调成效及意义、空间国际法的构建、国际竞争与合作态势前瞻、中国空间战略与策略等问题[①]，涉及面较多，但系统理论研究仍显不够，特别是为空间军备控制提供理论指导的研究还有待深化。采用复合建构主义这一国际关系元理论发展的最新成果分析空间国际关系尤显其契合性。显然，要着手探讨空间军备控制问题，须先搞清空间国际关系理论的问题。通过对空间国际关系理论的阐发，探寻空间军备控制的现实可能性以及具体途径。

3. *为人类活动空间的拓展提供理论认识*

空间是人类共同拥有和活动的新领域，参与空间活动的国家正不断增加。“迄今至少有19个国家有空间发射能力，40多个国家拥有卫星，约130个国家不同程度地参与开发和利用空间的项目。”[②] 众多国家钟情于空间探索活动，其根本原因还在于空间蕴藏着丰富的资源，具有巨大的经济利益，能为国家的经济发展和人口增长的需要提供用之不竭的物质和能量；同时从军事角度看，空间是现代信息化战争的战略“制高点”，先进的空间基础设施是处理国际安全问题的重要保障。历史在前进，情况在变化，空间国际关系的发展对于任何国家的参与选择而言，都可以说既是挑战，也是机遇。因此，从理论上对其进行探究具有重大而现实的意义。国内外学术界对空间国际关系的探讨仍然亟须加强和充实。首先，在空间国际关系特征探讨方面，现有的理论成果并没有抓住空间国际关系不仅具有无政府性，而且具有无疆域性的特征，特别是较少看到各国追求的空间利益主要是一种技术性级差空租，因此较难在空间国际关系的起源和动力方面得出明确的观点。其次，当空间国际关系进入学术研究的视野时，各自依照新现实主义、新自由制度主义和建构主义等路径进行分析，而没有认识到发展中的复合建构主义对这一问题的研究更具针对性和指导作用，因此，一方面难以对空间国际关系达成较统一的理论认识，另一方面，难以真正揭示空间国际关系权力建构的实质。换言之，学术界尚未形成对空间

---

① 仪名海外层空间国际关系国家社会科学基金2005—2006年度资助项目：“外层空间国际关系”（05BGJ0）相关研究报告。

② 《中国代表团在裁军谈判会议二期会议外空问题开放式磋商中关于外空资产安全问题的专题发言》，人民网2006年6月14日。

国际关系较科学的总体理论认识，但人类空间探索与利用的实践又要求就类似空间军备控制、空间行为规则、空间碎片消除等紧迫问题做出有力的回答。因为这些问题不但关系着世界各国航天事业的发展，而且现实地制约着人类活动向空间拓展的步伐，因此，需要组成人类社会的世界各国加强空间探索与利用过程中的国际合作，切实从全人类共同利益的高度来处理空间国际关系中的各种问题。很显然，解决问题的关键或许就在于先正确认识空间国际关系的本质。

1978 年 8 月，邓小平同志在听取七机部负责同志的工作汇报时指出：中国是发展中的国家，在空间技术方面，中国不参加空间竞赛，现在不必上月球，要把力量集中到急用、实用的应用卫星上来。[①] 从 20 世纪 80 年代开始，中国根据需要和可能，加快了对国民经济和国防建设急需的应用卫星的研制步伐，发展了通信卫星、气象卫星、资源卫星和海洋卫星，对通信、国土资源勘查、自然灾害的防护和救援工作做出了重要贡献。20 世纪 90 年代，中国政府提出了应用卫星“由试验应用型向业务服务型转变”的发展战略，坚持面向国民经济和人民生活的需求，发展航天产业链，使卫星应用在国家信息化建设、资源开发、环境保护和基础设施建设等重大工程建设以及教育、卫生等与人民生活息息相关的领域中发挥了重要作用。今天，我们不仅要总结和发扬中国航天政策的成功经验，更要认真研究未来空间探索和利用的形势，研究空间技术发展的前沿和趋势，研究政策的调整和完善，以应对挑战。因此，展开对空间国际关系的基础理论研究，有助于完善中国航天政策，使其发展适应时代的要求，符合客观的需要，具有重大的现实意义。

空间探索是人类向自身经验和知识边缘以外不断拓展的航程，这是一个永恒的旅行。尽管人类在 50 年前就已开始进行空间探索，但至今仍处于此航程的初级阶段。[②] 随着空间技术的迅猛发展，人类探索空间的步伐逐步加快。现在，空间已经成为人类研究和探索活动的重要领域，航天事业对人类具有重要作用。空间技术直接服务于经济发展、国家安全、科技进步和国家外交战略。[③] 展望未来，空间探索要想取得成功，就必须是一

---

① 张钧：《当代中国的航天事业》，中国社会科学出版社 1986 年版，第 66 页。

② 美国战略与国际问题研究中心（CSIS）：《沉寂的外外层空间——21 世纪外层空间探索的全球准则》，《载人外层空间探索计划报告》，2005 年 2 月 15—16 日于布鲁塞尔发布。

③ 孙来燕：《中国航天的发展战略和重点领域》，《中国工程科学》2006 年第 10 期。

个全球参与的冒险事业，这不仅是出于成本的现实考虑，也因为我们坚信：如果它是全人类的追求，并且所有人都会从中获益，那么这种探险必将成为一项崇高的事业。①

① 美国战略与国际问题研究中心（CSIS）：《沉寂的外外层空间——21 世纪外层空间探索的全球准则》，《载人外层空间探索计划报告》，2005 年 2 月 15—16 日于布鲁塞尔发布。

第二章　空间政治的关系互动与安全战略

随着现代科学技术特别是空间技术的发展，空间安全合作的现状令人担忧，这主要表现为个别国家谋求空间绝对优势和绝对霸权的威胁日益加剧，空间武器化和空间军备竞赛的趋势日益明显，空间碎片的自杀伤效应日益严重，空间人为污染导致空间环境安全日益恶化。必须要通过协调空间国际安全互动以寻求安全合作，其重点是抑制空间武器化和空间军备竞赛，促进空间行为规则的制定，广泛倡导新安全观以增进空间环境安全合作。由空间技术及其应用联系起来的个人、利益集团、政府机构、非政府组织等构成了空间安全的微观、宏—微观、宏观层面的多样化主体。微观层次行为体的趋向和行为通过利益博弈，汇聚成宏—微观、宏观层次的结构，并最终服从且服务于人类共同利益。关注和维护空间安全，就要充分利用、引导多样参与中的安全利益博弈与汇聚进程的良性发展。在和平发展背景下维护中国空间战略安全与合法权益，需要通过空间军备控制促进复合结构的正向转化、利益汇合，加快互动进程的优化转向、施动者—结构—进程三位一体的共存共生，确保安全合作持续进化。为此，维护中国空间战略安全和合法权益的对策选择主要有坚持和注重军民融合、自主创新以增强自身空间实力，积极参与多边协调，相互建构、完善空间安全机制，大力推进平等开放、多样参与的空间技术交流和国际合作，努力倡导、共建包容普惠、和谐共生的新型空间国际关系。

一　空间安全形势的理性审视[①]

随着现代科学技术特别是空间技术的发展，空间的竞争日趋激烈，继

---

① 本书部分内容以“对外空安全合作的理性审视与战略思考”为题发表于《北京航空航天大学学报》2011 年第 3 期上。

核安全、生物、化学军控和导弹扩散之后，空间安全已成为国际社会普遍关注的又一个焦点。“空间安全与空间武器化发展是当前国际社会高度关注的重大战略问题，也是国际军控和裁军领域出现的新课题。”① “‘安全’这个词有两个基本含义：第一，指不会受到人为的伤害，对应的英文是Security；第二，指不会受到来自大自然的或事故性的伤害，对应的英文是Safety。”② 对于空间领域而言，第二类安全（Safety）主要靠包括自我防护能力在内的空间技术发展来应对，因此，它主要属于空间技术的范畴。本书从国际关系视野探讨空间安全问题，主要是指第一类安全（Security）问题，即在空间活动方面人为造成损害的问题，侵害对象包括人身和财产等。

（一）关于空间安全形势的理性审视

空间技术的发展为人类开辟了新的活动领域，空间能力已成为世界高新技术发展的集中展示，是衡量一个国家科技、经济和国防现代化水平乃至综合国力的重要标志，也是大国地位的重要表现。由于空间不适用国家主权原则，维护空间安全需要国际社会特别是世界主要国家的相互合作，因此应当予以积极关注和深入研究，并寻求有效措施，推进空间安全合作，以维护人类在空间和平探索、利用的共同利益，维护各国的国家利益和空间活动安全。

1. 空间安全合作困境的主要表现

在空间安全领域，由于各国谋求自身在空间利益上的最大化与人类共同利益追求之间存在着矛盾，空间国际关系发展缓慢，国家间的安全合作有限，空间安全合作的现状令人担忧。

第一，空间霸权的潜在冲击与危害。冷战结束后，美苏抗衡的空间均势发生了根本性的变化，美国占压倒性优势的地位更为突出。在空间军事应用方面，美国遥遥领先于其他国家。在航天能力与战斗力的整合方面，美国做得比其他任何国家都要彻底和成功。美国凭借其在进入空间发展的“全能冠军”的绝对优势，极力谋求绝对优势和绝对霸权。2006 年美国新

---

① 杨乐平：《国际外空安全与外空武器化评述》，《国际军备控制与裁军报告》，世界知识出版社 2006 年版，第 189 页。

② 李彬：《军备控制理论与分析》，国防工业出版社 2006 年版，第 21 页。

的空间政策突出地强调：美国享有绝对空间自由行动权；不让“敌国”进入空间；鼓励参与合作，扩大军方空间权力；抢占空间优势，着眼部署武器；拒绝签署任何限制美国空间发展的国际协议等。美国独霸空间的企图使空间安全困境进一步加剧，引起了全世界的不安与公愤。冷战结束以来，美国政府出台了一系列对华制裁措施，其中包括禁止转让空间技术，禁止美国公司参与中国商业发射活动等。2012 年 4 月 18 日，美国国防部和美国国务院联合向美国国会提交《放宽美国空间出口控制的风险评估报告》，作为结论，报告建议继续奉行对华实施严格的卫星出口控制审批制度。① 同时，中国在空间能力发展过程中，也面临着其他空间国家所遇到的同样问题，如空间资源有限、频率占用、轨道抢注等。

第二，空间武器化与军备竞赛的威胁。现在一些军事大国正在组建天军，建立空间军事基地，为争夺“制天权”做积极准备。随着科技的不断成熟，空间军事化将走向武器化，这会引发进一步的空间军备竞赛，导致其他武器特别是大规模杀伤性武器的扩散，对空间安全造成严重的消极影响。美国已将提升空间作战能力列为美军今后的重点发展方向。为确立空间霸权，美军积极开展航天母舰、自杀式卫星武器、“上帝之杖”武器、“天基魔镜”激光武器、天基电波武器等空间战项目的研究。在美国国会2008 年划拨的4600 亿美元军费预算中包括了“空间围墙”计划，同时还拨专款保护本国军用卫星免受“敌国”空间武器的袭击，以提高攻击敌方卫星的作战能力。美军正加紧部署 TacSat－5 卫星、“天基反导系统”和由三级火箭推进器和“击杀装置”组成的 20 个陆基导弹拦截器。空间武器化和空间军备竞赛的趋势对空间安全构成了严重威胁。

第三，空间碎片自杀伤效应的伤害。空间碎片是对空间轨道上的非功能性人造物体的总称。随着人类空间探索利用活动的增加，地球轨道充斥着越来越多的空间碎片。2009 年 2 月 10 日，美国“铱 33”卫星和俄罗斯的“宇宙 2251”军用通信卫星相撞，造成至少 600 多枚较大碎片。空间碎片在空间以极高的速度运行，其冲击力将造成严重的伤害。在空间安全领域，轨道中大量高速运动的空间碎片，使得空间公域本身变得极其脆

① Departments of Defense and State, Final Report to Congress Section 1248of the National Defense Authorization Act for Fiscal Year 2010 (Public Law 111 - 84), p. 4, http: //www. defense. gov/home/features/2011/0111_ nsss/docs/1248_ Report_ Space_ Export_ Control. pdf.

弱。一小颗油漆的颗粒曾中断了一颗卫星的运行并曾在航天飞机窗口近1/4英寸宽的地方打出一个坑，差点引发一场灾难。据估计，一粒豌豆大小的珠子滚进轨道，对人造卫星或空间飞船所造成的破坏力，相当于一个400磅的物体以时速60英里运行所产生的力量。[①] 空间碎片对空间安全的危害主要有威胁航天员的安全，撞毁空间飞行器，影响空间观察等。有专家指出，不断增多的空间碎片正对空间的生命构成“不可接受的威胁”，在不久的将来，地球周围将再也找不到一个可以安全放置卫星和空间站的位置。

第四，空间人为污染的严重侵害。随着人类对空间探索与利用步伐的加快，空间的人为活动也带来了空间环境污染问题。“空间的核污染及生物污染加剧，空间环境日益恶化，空间资源受到了严重的威胁，加剧了空间自然体系失衡。”[②] 有些国家在大气层所做的原子弹、氢弹试爆会产生裂变性物质的微粒及一些放射性物质，对整个大气层会产生严重的污染。而在所有发射到空间的飞行器中，有许多是依靠核能做动力的。如果这些飞行器一旦出现意外，就有污染的危险。由于在空间条件下，物质的活性与地球上相比有很大的差异，核物质对空间环境的污染更为严重。人类利用空间高真空、微重力、光辐射和重粒子辐射较强等资源进行科学实验，培养新物种或寻找空间生命的实验，有可能会造成地球—空间之间的双向污染。人类的空间探索、利用活动所造成的高空化学污染给空间生态环境安全带来的威胁更是防不胜防。部分从事空间开发利用的科学家在从事探索空间及天体的研究活动时，过度追求科研成果，而没有充分注意到科学技术是一把双刃剑。因此，部分研发人员在规避空间物项遭受有害污染，防止空间生态环境发生不利变化时，缺乏系统设计和一致行动。空间主体的多样化，更会导致空间生态环境保护所需的基本理念和道义准则的差异有加大的趋势。

2. 造成空间安全合作迟滞的原因分析

通过以上分析可以知道，人类意识的缺失、国家利益至上论的局限和国家间的不信任状态造成了空间安全合作的困境，推进国际空间安全合作

---

① Abraham M. Denmark and James Mulvenon, *Contested Commons: The Future of American Power in a Multipolar World* (Washington, D. C.: Center for a New American Security, 2010).

② 仪名海、马丽丽：《外空非军事化的意义》，《2009：国际军备控制与裁军报告》，世界知识出版社2009年版，第142页。

具有相当的难度。具体来说，目前造成空间安全合作令世人担忧的原因主要涉及以下几个方面。

第一，实行空间安全合作的权力分配结构失衡。在国际政治领域，权力一直是一个不可回避的问题。作为与国家核心利益密切相关的国际空间安全合作，更是与权力的分配紧密相关。空间安全合作实质上就是要将各国在空间安全领域内的权力结构以一定的规则和程序等方式固定下来，使相关规则、决策程序的制定权以及对其运作过程的影响力，按一定比例在成员国中进行分配。但现实情况是，在空间技术上，其他国家与美国的差距几乎比任何先进技术领域都要大，而美国为了实现自己的全球战略，急于在空间寻求绝对优势和绝对霸权，不愿通过构建相关安全合作机制来束缚其手脚，退出《反导条约》就是明证。这种空间权力结构严重失衡的状态，使得各国难以达成空间安全合作所需权力分配结构的认同。

第二，抑制空间武器化和空间军备竞赛的强制力不足。虽然国际社会对抑制空间武器化和空间军备竞赛有着共同利益诉求，但也意味着参与空间安全合作的国家要让渡部分权力，如独立自主地进行空间安全决策的权力。由于空间安全的特殊地位和空间难以估量的开发前景，引诱着各国竞相进入，而在对未来威胁的认知上，还远不如已发生过的令人震撼的毁灭性核爆炸多；至今还没有真正出现空间战这一现实使不少国家心存侥幸。因此，一个国家要在牺牲自身利益和获取共同利益之间做出权衡和选择，比在其他领域更加困难。要推进空间国际安全合作，与其他领域的国际合作一样，需要一定的外部强制力量，来促使主权国家为了人类的共同利益而付出必要的代价，目前这种必要的“外部强制力”仍积聚不足。

第三，空间碎片治理的共同利益基础较为薄弱。在空间安全领域，虽然各国对空间碎片治理产生了一些共同的愿望和要求，但各国在空间碎片治理的实际行动方面远未达成一致，使得空间碎片治理的国际合作难以开展起来。国际航天协会和相关科学家一直呼吁各国加快空间安全，促进系统协作，增加在这一领域的资源投入。但问题是美俄身为空间超级大国不停地制造着空间碎片却又不肯承担相应的任务，使得空间碎片越积越多，后发国家的卫星安全受到越来越多的威胁。空间碎片的防止与清理，虽然理论上做得到，但清理费用相当昂贵。针对现有的空间碎片，需要运用特殊的科技，派出一艘宇宙飞船，专司清理的工作。虽然空间是人类共有的资源，但目前只有美俄两国具有用航天飞机对空间碎片进行维护保养、延寿、回收的能力，因此收取卫星保护费、空间碎片费很有可能成为美俄牟利的新登陆场。

第四，保护空间环境安全的共有观念不强。国际社会的任何合作都需要某种共同的理念和道义基础，空间生态环境保护也是一样。为了提高空间飞行器的续航能力，空间大国有扩大核能动力利用的内在冲动，但以核能为动力的空间飞行器陨落时，放射性物质的扩散会对空间环境造成化学和放射性污染。有些核能大国甚至试图将地球核废料运送到空间进行处理，这可能会使人类面临真正的“灭顶之灾”。部分从事空间开发利用的科学家在从事探索空间及天体的研究活动时，过度追求科研成果，而没有充分注意到科学技术是一柄双刃剑。因此，部分研发人员在规避空间物项遭受有害污染，防止空间生态环境发生不利变化时，缺乏系统设计和一致行动。空间主体的多样化，进一步加大了导致空间生态环境保护所需的基本理念和道义准则之间的差异。

（二）推进空间安全合作的战略思考

推进空间安全的国际合作，既是人类共同和平探索与利用空间的客观要求，也是各国空间事业稳步有序发展的现实需要。一般认为，国际安全合作需要在特定领域，为达成国际社会某一共同的安全目标，建立“容许国家相信其他国家将予以回报，而在它的行为上保持克制的那些原则、规则和标准。这一概念不仅指便于合作的标准和期望，而且指一种超出短期自我利益追逐的一种合作形式”①。推进空间安全合作也是如此，需要建立原则、规则和标准，在“没有制度的情况下，实际的合作常常比可能的合作要少”②。

1. 通过协调空间国际安全互动来寻求安全合作

空间领域国家间安全互动的协调规范，已得到许多国家的关注。世界各国应坚持维护和完善相关国际法，反对将空间据为己有，反对不当干涉别国空间活动的自由，以此作为推进空间安全合作的起点。国家利益是各国政府处理对外关系的最高准则，是国际关系的“通用语言”。推进空间

① 唐永胜、徐弃郁：《寻求复杂的平衡——国际安全机制与主权国家的参与》，世界知识出版社 2004 年版，第 6 页。

② ［美］罗伯特·基欧汉：《霸权之后——世界政治经济中的合作与纷争》，上海人民出版社 2001 年版，第 79 页。

安全合作的前提是使国际社会尤其是主要空间国家认识到这种合作有利于实现和维护各自的国家利益，其中美国的态度最为关键。应通过各种渠道与美国沟通，不仅在中美之间建立必要的军事互信，而且应力争使美国认识到，谋求空间霸权固然是美国的国家利益，但反恐才是更核心、更亟待维护的利益，防（核/导弹）扩散更是与空间安全紧密相连的。因为在现有条件下，恐怖分子完全有可能掌握散布空间垃圾、电子干扰等初级反卫星技术，美国推进空间武器化无助于反恐事业，反而会诱使恐怖势力延伸到空间，部署导弹防御系统更会刺激其潜在对手发展进攻性更强、性能更先进的空间作战方法与手段，加剧导弹扩散的风险，增加空间武器效应逆序，不符合对空间技术最为依赖的美国的国家利益。应积极呼吁国际社会通过友好协商找到一个各国都能接受的方案，建立一个类似于国际民航组织、国际电信联盟之类的组织，以协调各国行动，反对霸权国家随意发号施令。并主张利用联合国等集体安全机制，惩治违反空间国际法的行为。任何一国政府出面呼吁，无论其愿望如何真诚，总会被其他国家视为别有用心，而非政府组织和个人在这方面可以发挥独特而重要的作用。不仅要以政府的名义继续努力，而且要重视发挥学术、宗教等社会团体和其他非政府组织、媒体、著名公众人物在推进国际空间安全合作方面的作用，鼓励相关人士进一步积极参与“帕格沃什”组织（科学与世界事务）、忧思科学家联盟等的活动，扩大发展中国家在这些非政府组织中的话语权和影响力。特别是航天员在国际法上享有“人类使节”的地位，受到各国人民普遍尊敬，可组织航天员参与对外交流，表达相关国家的和平愿望与合作诚意。通过影响民意，自下而上地推动各国政府达成空间安全合作，可以为破解空间安全困境提供新的途径。

2. 把抑制空间武器化作为当前空间安全合作的重中之重

目前完善空间国际法的热点之一，就是国际社会普遍关注的遏止空间武器化问题。一直以来，一些国家努力谋求研发和部署空间武器系统，只是受特定的历史条件限制而未能成为现实。现在，一些军事大国正在组建天军、建立空间军事基地，为争夺“制天权”做积极准备。随着科技的不断成熟，空间军事化将走向武器化。这种趋势不仅会阻碍对空间的和平探索与利用，还将引发进一步的空间军备竞赛，导致其他武器特别是大规模杀伤性武器的扩散，对国际安全格局造成严重的消极影响。因此，防止空间武器化已是一个十分现实和紧迫的问题。国际社会不仅要呼吁美国放弃以反恐为借口部署导弹防御系统，还要探索满足各国安全需要的替代性技术与机制，呼吁各相关方合作，完善空间物体发射登记制度、导弹和火箭发射预先通报制度、军事热线机制等，通过发展高性能侦察监视卫星，并确保其不受干扰地运行，以作为技术核查手段和建立信任的措施。“作为负责任的大国，中国不发展空间武器，为世界其他国家做出了很好的榜样。”① 对于一意孤行地谋求部署空间武器的国家，还应以航天器机动变轨技术、航天器交会对接技术、红外天文观测技术等两用空间技术的形式适当展示空间实力，使谋求空间霸权的国家看到“不对称均衡”的威慑作用，迫使它放弃空间武器研发部署行为。当然，应当注意，这种展示要高度慎重，需要各方面的充分沟通、协调，防止授人以柄，造成尴尬和不利影响。现在，国际社会愈来愈重视防止空间军备竞赛和空间武器化问题，中国已提交关于“防止在空间部署武器、对空间物体使用或威胁使用武力国际法律文书要点”的工作文件②，并呼吁裁谈会重建特委会，通过谈判缔结一项有关国际法律文书。“美军备战空间是全方位的，不单是在大气层外部署武器系统，同时还包括导弹防御在内的地面武器系统，用美军术语说，这就是‘全频谱能力’，目的是保证美国拥有‘全频谱优势’。”③ 目前，能与美国在空间决一高低的国家只有俄罗斯。为维护空间的战略力量平衡，俄罗斯对美国空间战准备保持着较高的警惕。“中俄联手提案，对于促进国际社会凝聚在空间问题上的共识将会产生积极影响，得到世界大多数国家响应。”④ 同时，国际社会应争取联合更多的国家就未来国际法律文书的主要内容向裁谈会提出具体建议，继续支持“五国大使工作计划建议”（CD/1693）和相关工作计划的具体设想（即“荷兰非文件”）⑤，积极与相关国家、国际组织共同研讨以确保空间安全，防止

---

① 仪名海、马丽丽：《外空非军事化的意义》，《2009：国际军备控制与裁军报告》，世界知识出版社 2009 年版，第 152 页。

② 中俄联合工作文件：《防止在外空部署武器、对外空物体使用或威胁使用武力国际法律文书要点（草案）》，中华人民共和国外交部网站，http：// www. fmprc. gov. cn/chn/pds/ziliao/tytj/zcwj/t4803. htm。

③ 滕建群：《外空实力竞争与限制外空武器化》，《国际军备控制与裁军报告》，世界知识出版社 2009 年版，第 132 页。

④ 同上书，第 138 页。

⑤ Conference on Disarmament CD/1693/Rev. 1. 5September2003：Initiative of the Ambassadors Dembri, Lint, Reyes, Salander and Vega, Proposal of a Programme of Work, revised at the 932nd plenary meeting on Thursday, 26June 2003. http：// www. reaching criticalwill. org/political/cd/A5. pdf.

空间军备竞赛的相关对策和措施。

3. 加紧空间行为规则的制定，促进空间安全合作的制度建设

在空间国际安全合作领域，国际社会已经达成一系列多边条约，如《部分禁止核试验条约》《外层空间条约》《禁止使用改变环境的技术公约》等。这些外层空间条约和有关文件已经得到国际社会的普遍认可，既是指导各国空间活动的依据，也是空间安全国际法框架的主要组成部分。“注意到现有与空间相关的军控和裁军协议，包括双边协议，以及现有空间利用相关的法律制度在探索空间和规范空间活动中起着积极作用，应被严格遵守。”① 虽然个别国家积极谋求空间绝对优势和绝对霸权，反对订立新的条约，但也赞同完善已有的国际法规范。当然，现有的空间安全国际法往往只有原则性规定，缺乏实施细则和监督执行机制，需要加以进一步完善。根据目前空间活动的形势，特别要注重积极支持有关各方推进空间行为规则的制定。关于空间活动行为准则，既要强调建立空间飞行器的交通规则，以避免发生空间碰撞和事故，也要强调制定如何处理事故的程序和规则。要积极呼吁国际社会通过友好协商找到一个各方都能接受的方案，以协调各国行动，反对霸权国家单方面主导规则的制定。应通过与美国在空间军控领域各种形式的互动，使美国充分考虑到空间武器效应逆序的后果。“不管谁发起这个战争以及战争中谁的卫星被摧毁掉，战争造成的大量空间碎片最终都会摧毁所有低轨道卫星，低轨道上不再能部署新的卫星或者允许卫星穿过。”② 最后的结果是，任何国家都不可能成为空间战的胜利者。这是因为，在碎片完全消失前的至少几十年里，任何国家都不能向空间发射卫星。“如果美国决策者了解空间战的严重后果，他们可能转而支持用合作的方式解决其安全关切。”③ 只有加强国家间的空间安全合作才是防止远程导弹扩散和推进反恐事业的最佳方法，一旦在空间爆发战争，损失最大的将是拥有最多空间设施、对空间技术最为依赖的美国。

---

① 滕建群：《2008年国际军控与裁军形势综述》，《2009：国际军备控制与裁军报告》，世界知识出版社2009年版，第11页。

② 李彬：《军备控制理论与分析》，国防工业出版社2006年版，第128页。

③ 李彬、吴日强主编：《国际战略与国家安全——科学技术的视角》，中国传媒大学出版社2008年版，第70页。

4. 广泛倡导新安全观以增进空间环境安全合作的政治意愿

当前的国际局势是“整体和平、局部战争，整体缓和、局部紧张，整体稳定、局部动荡”①。空间环境安全合作需要国际社会形成关注空间环境安全的政治意愿。世界各国应在以“合作、相互依存和尊重世界多样性”② 为核心的国际战略思想的基础上，积极参与空间和平的探索与利用，并强调要持续取得这种和平利用的价值，就需要有多边安全合作的理念和制度框架作保证，并极力倡导“互信、互利、平等、协作”③ 的新安全观，力争使之成为推进空间环境安全合作所需的共同理念和道义准则。应继续大力宣传“和谐世界”理念，强调和则共赢，合则同安，“世界是丰富多彩的。世界上各种不同文明、不同的社会制度和发展道路应彼此尊重，在竞争比较中取长补短，在求同存异中才能共同发展”④，呼吁各国摒弃以军事实力谋求空间安全优势的思维模式，尊重相互的差异性和多样性，建立不同文化、不同意识形态国家之间在空间领域的安全互信，以协商化解矛盾，以合作谋求稳定⑤，共同维护空间环境的安全。应重视和推动在空间大国之间建立信心，各大国之间应该抛弃冷战思维，以“尊重多样性、共谋发展”的原则处理相互间的关系。应积极推进多边安全对话，既遵循多边安全对话机制以平等对话和协商为基础，不应使之成为大国对某些国家施加压力的手段，又要尊重国际社会的多样性，在和平利用空间能源资源、空间生物工程、空间材料加工、空间商业旅游时，要倡导合作安全观念，极力推动国际社会就防止空间核动力危害、空间科学实验规范进行立法的工作。

总体而论，当前世界进入了一超多强的多极化时代，和平、发展与合作已成为时代的主流，推进和平利用空间的国际合作是国际社会的共识。

---

① 《江泽民论有中国特色的社会主义》，中央文献出版社 2002 年版，第 522 页。

② 熊光楷：《江主席“七·一”重要讲话对国际战略思想的新发展》，《国际政治研究》2002 年第 3 期。

③ 江泽民：《在庆祝中国共产党成立八十周年上的讲话》，人民出版社 2001 年版，第 48 页。

④ 江泽民：《全面建设小康社会，开创中国特色社会主义事业新局面》，人民出版社 2002 年版，第 48 页。

⑤ 《中国代表团团长胡小笛大使在第 60 届联大一委一般性辩论中的发言》（2005 年 10 月 4 日，纽约），中国军控与裁军协会编：《2006：国际军备控制与裁军报告》，世界知识出版社 2006 年版，第 310 页。

虽然空间探索和利用与国家的核心利益紧密相关，是典型的“高政治”领域，但通过各个国家之间的协调与合作，缔造一个没有武器、远离战火、安全洁净的空间[①]是有可能的。在新形势下，国际社会应积极协调，共同维护现有空间安全国际法框架，充分考虑空间安全领域的技术特点，进一步丰富空间安全合作的内容和形式。同时，大力倡导新安全观，以此作为推进空间安全合作的共同理念和道义准则，充分利用多样化的空间技术交流与国际合作途径，推进各国和平探索与利用空间事业的进一步发展。

二　空间安全利益博弈与汇聚[②]

空间安全是指避免由于任何人为物体或装置对空间目标或从空间对其他地方目标进行人为性质的损害，维护和保证那些放置和运行于地球、大气层和空间的相关人员、资产不受到外来的干扰、损害或毁伤的能力和状态。[③] 冷战结束后，美苏抗衡的空间均势发生了根本性的变化，美国占压倒性优势的地位更为突出。2006 年，美国新的空间政策突出地强调：美国享有绝对的空间自由行动权；不让“敌国”进入空间；鼓励参与合作，扩大军方的空间权力；抢占空间优势，着眼部署武器；拒绝签署任何限制美国空间发展的国际协议，等等。与此同时，俄罗斯、日本、欧盟、印度等国家和地区近年来也纷纷加大了涉足空间的步伐，大力拓展自身的空间利益，空间安全困境更为严重。现在一些军事大国正在组建天军、建立空间军事基地，为争夺“制天权”做着积极准备。空间武器化和空间军备竞赛的趋势对空间安全构成了严重威胁。

不难理解，这一状态的出现是由于个别国家谋求自身在空间利益的最大化与人类共同利益理念追求之间的矛盾，导致国家间的安全合作有限，空间安全态势令人担忧。美国试图凭借其空间实力优势，阻止其他国家潜在的攻击意图，以实现美国的空间安全和全球霸权。因此，美国屡次阻挠

---

① 《中国代表团团长胡小笛大使在第 60 届联大一委一般性辩论中的发言》（2005 年 10 月 4 日，纽约），中国军控与裁军协会编：《2006：国际军备控制与裁军报告》，世界知识出版社 2006 年版，第 316 页。

② 本节内容以“混沌理论视野下外层空间安全利益博弈与汇聚研究”为题发表于《求索》2013 年第 8 期上。

③ James Clay Moltz, *The Politics of Space Security* (Stanford University Press, Stanford, California, 2008), p. 11.

甚至公开拒绝空间军备控制，使得当前空间国际安全合作一筹莫展。针对这一困局，以混沌理论为视角，论析各国进入空间开展探索与利用活动成为人类社会实践日益重要的组成部分，空间相关主体的安全互动必然会引起整个国际体系中诸多参量的变化，形成了多样参与空间安全的社会进程。因此，在空间技术发展的进程中，国际社会应综合利用微观、宏—微观、宏观层面的各种有利因素，千方百计地促进空间国际安全合作，以确保空间战略安全的持续进化。

（一）技能革命与公民社会行动

空间的开发利用正加速渗透到社会生活的方方面面，影响到公民个人的行为方式乃至思考分析问题的方式。混沌理论范式将微观参量的个人既看成是理性的，也看成是受习惯驱使（Habit-driven）的行为体。罗西瑙认为，只有将世界政治中的个人看成是介于这两个理想类型之间，才能提高我们对世界政治中混沌的理解。[①]“航天科技对当代经济社会的影响主要表现为对生产方式、交往方式、思维方式和生活方式的影响。”[②]空间技术对组成社会的个人的革命性影响，体现为对人的社会适应能力的改造。

1. 空间技术及其应用引起个人行为方式和能力的变化

混沌范式认为，国际政治的行为者都是能够不断学习、反思的行为体，而不是国际体系中恒定不变的要素，空间技术及其应用极大地改变了个人的日常行为能力与方式，使个人作为社会最基本的微观参量，发生着巨大的变化。比如，“个人通信能力将实现在任何时间、任何地点，与任何人、传送任何信息的自由化，这将实现地面蜂窝移动通信、固定光纤网络、区域无线网络、个人无线网络与卫星通信的交叉系统集成”。“空间技术和应用还将在地理信息的数字化——数字地球、远程教育、远程医疗等各方面为提高人类的生活质量和实现社会的可持续发展发挥重要作用。”[③]空间技术及其应用在愈来愈大的程度上将成千上亿的个人纳入地

---

① James N. Rosenau, *Turbulence in World Politics: A Theory of Change and Continuity* (Princeton University Press, 1990), p. 228.

② 陈筠泉、殷登祥主编：《科技革命与当代社会》，人民出版社 2001 年版，第 118 页。

③ 中国科学院空间领域战略研究组：《中国至 2050 年空间科技发展路线图》，科学出版社 2009 年版，第 14 页。

球村相互依存的生活中，与此同时，也改变和塑造着个人观察、分析国际政治，尤其是空间安全问题的眼界和方式。

由于空间技术的进步，个人与航天活动相关联的有关属性（Attribute）在微观—宏观的互动背景下，有着非常大的变化潜力。空间技术及其应用正逐步渗透到社会活动的各个方面，已成为和人类生活息息相关的重要组成部分。目前，我们可利用近地空间从事通信、导航、气象预报、精确计时、电视直播等活动，这些应用已经成为人类日常生活的重要组成部分，极大地方便了广大人民群众的日常生活。空间技术及其应用扩展了个人的学习能力，拓宽了个人感知世界的认知图（Cognitive Map）的细节与概念，也使个人更加了解在未来政治体系中个人、组织和权威的互动情势，使个人知道在何时，以及如何参与集体行动。“新型的商用卫星允许顾客赋予卫星专门的任务，定购一张特殊时间特殊地点的光学图像。”“人们还可以在互联网上用‘谷歌地球’（Google Earth）获取免费的高解析度图像。”① 空间技术及其应用不但大大拓展了普通人的视野，而且使社会个体能从一个更为整体化的视角看待和思考诸多事物，从而在社会的微观层面引起一场难以估量的思想和行为革命。

2. 空间技术引起作为空间微观主体的个人或组织在空间安全中角色的变化

当然，技术革命在带来个人巨大变化的同时，个人在空间安全中所扮演的角色也会发生相应的变化。个人在空间安全中所扮演的角色越来越多，相应地，他们的角色冲突和重合（Overlap）的可能性也就越大。这种角色需求（Role Demands）的冲突汇合在一起，就会导致空间安全突变式的混沌进程。空间技术及其应用，特别是技术发展的商业化，“美国政府无法禁止其他的可能‘顾客’购买他们感兴趣的同类技术”②。由于空间技术的商业化应用，除传统意义上的航天员外，旅游者、科学家、记者等个体纷纷以各种不同形式加入空间安全领域，其他主体如和平主义者、绿色主义者，乃至恐怖分子都以不同的方式卷入空间安全领域，主体的多样化必然会导致空间安全的复杂化。

---

① ［美］琼·约翰逊—弗里泽：《空间战争》，叶海林、李颖译，国际文化出版公司2008年版，第44—45页。

② 同上书，第41页。

同样地，作为空间安全的另一类行为体——空间活动实践中的国家、国际组织等也经历了深刻的转型。由于空间技术会引起其实际能力的深刻变化，这些行为主体采取不同的方式不同程度地参与空间安全。从以往人类活动空间的拓展来看，每一个新的活动空间的开发，必然会产生与之相关的重大利益，相应的安全问题也就随之而来了。空间安全是人类的活动领域向空间不断扩展过程中所出现的新的安全问题。空间探索、利用中的国家、国际组织既受惠于空间安全，同时也是推进空间安全最直接的行为主体。空间微观行为体的个人和宏观行为体的相关国家、国际组织都具有学习能力，因而就导致了这些行为体参与能力的深刻变化。个人、国家、国际组织等行为主体的学习能力，亦即放弃旧习惯和适应新条件的能力，是推动空间安全变化的关键。[①] 空间安全活动的混沌，既是因为数量剧增的各类空间国际组织对空间安全谈判的促进、操控能力的提高，同时也因为其具有更强的分析能力，从而引导国家及其公民更为关注和支持空间安全的各种努力所促成的。

3. 空间主体的多样化导致空间安全的深刻变革

随着世界经济的快速发展和空间技术的扩散，空间探索与利用从业人员的全球化趋势明显。空间探索与利用的科学家和工程师需要在全世界任何地方工作，并享有像软件工程师和医学研究人员一样的流动自由。空间主体的多样化除体现为空间技术复杂化所导致的空间探索与利用从业人员的复合化外，空间活动的参与主体也越来越多元化。“联合国和平利用空间委员会的成员国由最初的 24 国增加到现在的 69 国，除了美、俄、欧洲国家等空间大国外，还出现了印度、以色列、巴西、日本、韩国、泰国等许多新兴空间国家。此外，各种政府间国际组织和私人实体也广泛参与空间活动，并日益扮演重要角色。”[②] 资料显示，当前从事航天活动的国家中，有能力生产航天器的国家有 25 个；有能力生产运载火箭的有 13 个；世界上所有重要国家和许多发展中国家与地区（多至 170—180 个），都依据各自的情况或多或少地参与空间安全的活动。此外，相对宽松的国际环境也使非政府航天合作组织日益活跃，如来自世界各地的科学协会、研

---

① James N. Rosenau, *Turbulence in World Politics: A Theory of Change and Continuity* (Princeton University Press, 1990), p. 228.

② 马新民：《国际外空法的现状及发展趋势》，赵海峰主编：《空间法评论》第 2、3 卷，哈尔滨工业大学出版社 2009 年版，第 4 页。

究机构和个体科学家等，它们以其所面临的政治阻碍小、灵活性较大的特征，对空间国际安全机制的研究和发展做出了很大贡献。①

21世纪，在空间探索与利用中，各种行为主体的合作交往正在促使空间安全领域出现复合相互依存的状态。空间探索与利用活动所面临的技术挑战繁多而复杂，甚至在某些情况下可能难以克服。未来空间探索与利用工作的成功，有赖于包括火箭学、医药、计算机科学、通信、材料科学、光子学和机械工程在内的众多领域的重大技术突破，这些都需要全球科学家和工程师数十年的努力工作和高瞻远瞩的拓进。支持这一宏大创新工程的是一个由决策、资源分配、功能开发以及融资构成的体系，而且所有这些活动均在一系列特定的法律和政策规范下展开。空间探索与利用所需要的技术，不是由单枪匹马的天才和发明家凭空构思出来的与世隔绝的奇迹。相反，这些技术通常是持之以恒的集体协作的结晶，并且与预先确定的系统的层次结构和空间开发、利用活动架构紧密相关。生产力决定生产关系，科技的逻辑决定着国际政治的逻辑，航天科技国际合作的内在要求必将克服越过国界的限制，从而为空间安全合作提供现在看来仍感遥远但最终可期的美好前景。

（二）利益博弈与汇聚中的多层次空间安全合作

微观层次行为体的趋向和行为在利益博弈后汇聚成宏观层次的结构。利益博弈与汇聚是微观层次与宏观层次的传输带（Transmission Bett），混沌来自微观、宏—微观、宏观三个层次行为体之间的互动性，从这个意义上说，三者不可或缺，每个层次的行为体都是构成空间安全演变的必要非充分条件。关系动力（Relational Dynamics）存在于行为各方内在的互动关系中，是由行为体所持有的权力决定的。②

1. 空间微观基础的变化引起利益博弈与汇聚的变动

个人技能革命以及其他的大量因素，导致了空间安全中权力合法性来源的改变。空间安全中的权力合法性在越来越大的程度上来源于这种复合相互依存对于人类共同利益实现方面的行动能力与绩效。那些越能够满足

---

① 张辉：《国际外空机制及其面临的挑战》，《现代国际关系》2010年第2期。

② James N. Rosenau, *Turbulence in World Politics: A Theory of Change and Continuity* (Princeton University Press, 1990), p. 185.

人类需求、实现人类目标以及为人类提供稳定的集体秩序的空间安全措施，就越可能具有合法性。在空间安全中人类以集体的行动与表现作为合法性来源，直接导致了国家主权在空间国际交往实践中的转移倾向。由于人类在空间安全中的相互依赖导致各种空间力量的利益分配受各种行为体的影响，进而使得权威在向上向下两个方向被再定位。超国家的空间国际组织往往以人类空间治理体系的名义享有越来越大的权威，得到构成该组织的成员的服从。"航天工程是集众多高新技术于一身的复杂系统，其组成的零部件数以万计，任何细小的疏忽，就会付出巨大的代价。没有全局的概念，没有大力的协同，没有严密的组织和严格的制度，任何一个航天工程都会失败。"①

随着空间技术的深入发展，空间探索与利用正由主要是一国家行为向非国家行为扩散，各种开发主体间呈现出高密度利益博弈与汇聚的状态。这种高密度利益博弈与汇聚是空间技术开发利用中个人对个人、个人对公司、公司对公司、个人对国家、公司对国家、国家对国家等的高度交叉、串联、并联、平行等异常复杂的依存关系，并且这一"关系团"将继续增大，复杂化为真正意义上的混沌世界，然后发展到你离不开我、我离不开你，最终形成你我不分的共同体（如图2—1所示）。在信息时代，各种"信息高速公路"若没有"空间段"的衔接，信息的流动将不可能畅通，也就无法构成真正意义上的数字化空间和数字化生活。空间作为新的战略空间，不专属于任何国家，每一个国家都有自由进入的权利。

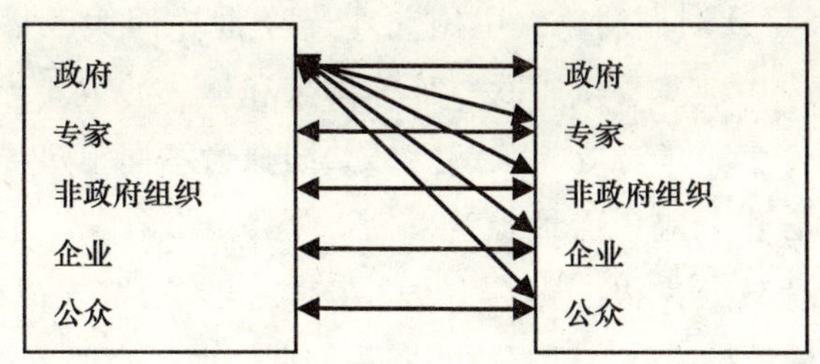

图2—1　空间开发利用中部分主体的交流、依存关系示意图

资料来源：转引自李彬《军备控制理论与分析》，国防工业出版社2006年版，第251页。

① 黄志澄：《航天科技与社会第四次浪潮》，广东教育出版社2007年版，第241页。

2. 空间利益博弈与汇聚的变动必然会导致空间安全的政治变革

技术进步、空间国际安全机制建构，以及维持公众支持都有可能为空间安全注入活力，并增强对人类共同利益理念的强烈支持。由于空间探索与利用的有关技术问题十分复杂，它们最终受物理规律和分子生物学等学科实际发展状况的制约，空间重大技术问题的答案涉及对已知物理学实际成果的理解和运用。与之相对，主宰空间探索利用领域决策和政治的各种力量，则受抽象和不确定政治因素的左右，这些因素包括个人动机、社会交互、国家利益和组织行为。如果空间探索与利用中的国际安全合作要向前发展，就需要开发具有创造性和持久性的新合作模式。

当今空间国际安全合作的现实形势预示着空间活动的未来政治。在全球未来空间探索与利用活动方面，日益增多的参与者利益博弈与汇聚的关系将进一步发展，这些参与者包括国家、国际组织（由各成员国组成）、超国家（或超疆域）组织（在国家之上，而且不依赖于任何由国家组织的结构）、私营机构公司、非政府组织（NGO）、个人或合伙人。由于现代社会生产和生活对时间、位置、服务的如此广泛并充满变革的需求，面对全球卫星导航系统日新月异的进步和各卫星导航系统共同发展的愿景，世界卫星导航系统已成为经济社会发展不可或缺的空间信息基础设施。随着空间技术的发展和应用的推广，当今世界四大卫星导航系统出现“合作大于竞争”的良好契机。2011 年 5 月，美国 GPS、俄罗斯 GLONASS、欧洲伽利略、中国北斗当今世界四大卫星导航系统的代表，以及来自中、美、俄、欧、日等国家和地区的卫星导航系统主管部门的官员与专家、学者等相聚一堂，共同探讨不同卫星导航系统间兼容、互操作的合作及应用前景。

3. 空间权力政治建构应最终服从于人类共同利益实现的需要

当各大国纷纷推出其空间探索与利用的蓝图时，空间政治版图的色彩日益缤纷绚烂，天上的人造星座再次成了地面政治格局的投影。正是权力从根本上规范着各国在空间的力量范围。作为集多种科学技术于一身的高科技活动，空间探索与利用反映了从事该活动的国家的科技实力、工业水平、军事潜力乃至国民动员能力。空间探索与利用实力是一个国家综合力量的体现，它必然要为国家战略服务。也就是说，空间中的对抗或合作是地面上国家关系的延伸。空间军备竞赛只会导致两败俱伤，合作共赢才能维系和平与发展。全球化的世界必然导致全球化的空间探索与利用事业的发展。

空间越来越拥挤，竞赛和竞争的新环境，愈来愈要求有效的权力介入，促进国际安全合作。国际合作如果有效，则可降低所有国家的成本负担，汇集更多的技术、专业知识和创意，并在超越纯粹的技术目标之外促进国家战略目标。空间探索与利用中的价值冲突本质上是由国家利益与人类共同利益发生冲突而引发的。空间国际安全合作的实质是权力的社会建构。虽然空间具有无疆域性的特征，但在一定空间技术条件下，空间中的诸多资源是有限的，如地球静止轨道、空间无线电频谱资源等，不同国家之间的利益追求必然会发生冲突。国家安全是国家利益的核心所系，但为了追求国家的绝对安全而建立导弹防御系统，就会破坏国际社会的互信和战略稳定性，推动空间武器化，甚至可能会引发全球核战争，造成国家和人类的灭亡。因此，维护空间安全，反对空间武器化和军备竞赛，实现空间有效国际安全合作，作为理性人类的唯一出路，需要生产性权力的介入和有效建构。

（三）生产性权力改造与和平开发、利用原则

由空间技术及其应用联系起来的个人、利益集团、政府机构、非政府组织等，构成了复杂增长的微观、宏—微观、宏观层面的多样化主体，而联合国及其相关机构作为全人类共同利益理念的倡导者和实践者，积极推进空间安全，可视之为这一领域宏观层面的主体。这些不同层次参与主体的交织作用对空间安全起着日益深刻和广泛的影响（如图2—2，左边三角形代表一种关系，右边拼图代表另一种关系，在理性主义思路下，转变过程如小箭头所示，而实践过程如大箭头所示，转变更为复杂）空间安全多样参与中的利益诉求汇聚成联合国所倡导的人类共同利益理念，构成了一种作用日益彰显的生产性权力。[①]

① 焦兵：《现实建构主义：国际政治的权力建构》，《世界经济与政治》2008年第4期。

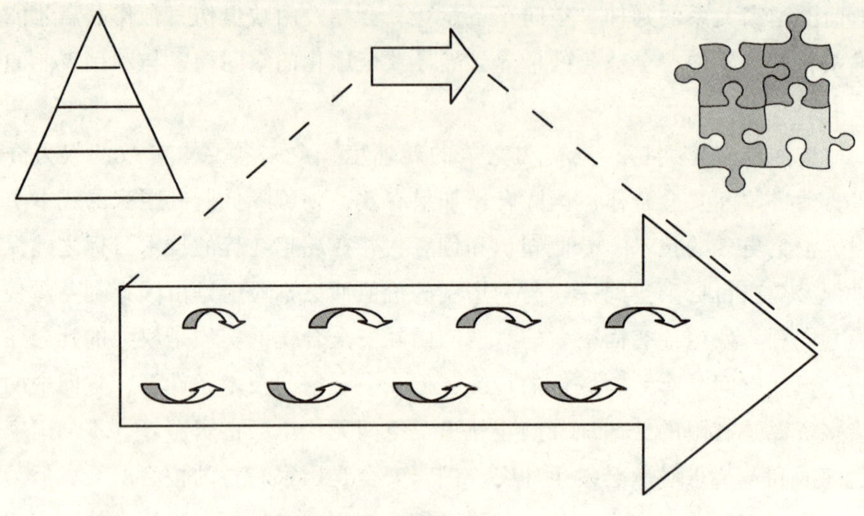

图 2—2　主体间安全关系的转变

资料来源：转引自李彬《军备控制理论与分析》，国防工业出版社 2006 年版，第 252 页。

1. 倡导和贯彻人类共同利益的理念是空间安全的迫切需要

在空间安全中，空间主体沿着理性认知的战略思路，依据全人类共同利益的理念追求，逐步树立、强化合作安全的观念。一方面，肯定人类对空间进行和平开发利用具有巨大的进步意义，也是历史发展的必然趋势。另一方面，考虑如何在共存共赢的目标牵引下，探求空间安全合作的方式和方法。这就需要从空间技术发展和国际安全互动的现状出发，抑制空间武器化的危险，确保人类对空间的和平开发与利用。未来如果爆发空间战，将不会出现绝对的胜利者。各国现有的数万亿美元的空间资产，很有可能将瞬间成为大批的空间垃圾，人类探索宇宙的宏伟计划，将成为永远的梦想。当前已经在空间开发中取得优势的国家，不肯谦让；后来者却拼命想挤进去占有一席之地，空间冲突时隐时现，安全合作刻不容缓。

从某种意义上说，空间开发不仅是对人类的智慧和科学技术的挑战，也是对未来世界和平的考验。推进空间安全，首当其冲的就是有针对性地构建抑制空间武器化的原则、标准和规则。冷战后各国空间战略的调整和加强、空间领域技术进步的军民两用性日益模糊、“星球大战”二代、“国家导弹防御系统”（NMD）、“战区导弹防御系统”（TMD）、“近地空间”的军事使用、新概念武器、空间作战力量的酝酿、空间作战思想以及战争形态预估、各国主管机构的创建，等等，均强化了抑制空间武器化和军备竞赛的紧迫性，可以说是“如箭在弦，势在必发”。

2. 践行和平开发、利用原则体现了生产性权力的本质要求

空间武器化和军备竞赛严重威胁空间安全，已引起国际社会的高度重视。随着人造卫星与空间碎片数量的大量增加，空间活动的危险性也不断提高，而空间武器的部署和使用只能给空间环境的安全性造成更大的威胁，因此，维护空间安全直接关涉各国的现实利益与根本利益。空间和平开发、利用原则关注的是空间环境整体的安全（Safety），而不是一国自身的军事安全（Security），它在客观上要求各国开展合作以维护国际社会在空间探索和利用上的共同安全利益。基于全人类共同利益理念的空间生产性权力可为抑制空间武器化和军备竞赛提供较广泛的、持续的力量之源。

空间和平利用的价值有目共睹：国际能源危机凸显与空间能源的经济意义；正在形成的新兴空间产业——空间生物工程、空间材料加工业、以未来空间技术为核心的高科技工业群体；空间的商业应用；世界各国对空间的开发对本国、本地区乃至世界经济的影响等。要维持这种和平利用，就需要有合作安全的理念和制度框架作保证。但现有的空间法所存在的问题及其面临的挑战，空间使用核动力源的原则及其蜕变的危险，空间普遍公约、空间法与某些国家国内法的冲突，民间进行空间开发活动缺乏管制等问题，均有可能引发意想不到的灾难。面对探索空间能力的极端失衡、现有国际安全机制滞后和国际合作障碍重重，急需以和平利用为目标，构建共存共赢的合作大框架。

3. 反对空间武器化和军备竞赛有助于推进空间多边安全合作的现实进程

空间权力关系要摆脱目前严重失衡的危险状态，就应发挥生产性权力对多边合作安全的理念和制度框架的论证和支撑功能。世界各国应在以“合作、相互依存和尊重世界多样性”为核心的国际战略思想的基础上，极力倡导“互信、互利、平等、协作”的新安全观，强调要持续取得这种和平利用的价值，以多边合作安全的理念和制度框架保证空间国际安全合作努力的积极推进。既要遵循多边安全对话机制是平等对话和协商的场所，不应使之成为大国对某些国家施加压力的场所，又要尊重国际社会的多样性，倡导合作安全观念，极力推动国际社会防止空间武器化和军备竞赛，防止空间核动力源的蜕变危险，进行空间科学实验规范立法等工作。

空间技术的飞速发展，正以无与伦比的广度和深度将各国社会逐步地从微观、宏—微观和宏观等层面融为一个呈现出混沌状态的整体，并形成一种“一荣俱荣、一损俱损”的关系团。生产性权力关注扩散的、偶然的社会进程如何产生特定的主体，如何确定意义与类别以及如何创造一种被视为理所当然的、日常的国际政治。例如，最近的报道提到用光纤传输互联网信号或许要落伍了，美国马斯克和 World Vu 卫星公司打算打造小型卫星网络以实现全球互联。World Vu 卫星公司设想发射 700 颗小型卫星，每颗卫星重量不到 250 磅（约 113 公斤），大小约为目前最小的商用通信卫星的一半。双方还考虑为此建立一家卫星制造工厂，并把每颗卫星的制造成本降低到 100 万美元以下。这些卫星可能由太空探索技术公司负责发射。这家公司 5 年来已经多次利用“猎鹰 9 号”火箭发射卫星和它的“龙”系列飞船。最近，该公司与美国航天局签署 26 亿美元的合同，负责研发、测试和发射运送美国宇航员的“太空巴士”。从空中传输互联网信号是美国 IT 公司的一个竞争热点，谷歌和脸谱正在研发的互联网信号传输手段分别是气球和无人机、激光束等。[①] 这种生产性权力对空间国际安全合作起着日益重要的平衡、融合和领导的作用。空间安全应继续积极推进防止空间武器化和军备竞赛，强调和则共赢，合则同安，“世界是丰富多彩的。世界上各种不同文明、不同的社会制度和发展道路应彼此尊重，在竞争比较中取长补短，在求同存异中才能共同发展”[②]，呼吁各国摒弃以军事实力谋求空间安全优势的思维模式，尊重相互的差异性和多样性，建立不同文化、不同意识形态国家之间在空间领域的安全互信，以协商化解矛盾，以合作谋求稳定，共同维护空间安全。

三 维护中国空间安全与合法权益[③]

随着现代科学技术特别是空间技术的发展，空间的竞争日趋激烈，

① 《光纤传输将落伍 美科技公司拟打造“卫星互联网”》，《科技日报》2014 年 11 月 11 日。

② 江泽民：《全面建设小康社会，开创中国特色社会主义事业新局面》，人民出版社 2002 年版，第 48 页。

③ 本节内容以“对维护我国外空战略安全与合法权益的战略思考——基于复合建构主义的视角”为题发表于《太平洋学报》2013 年第 11 期上。

"空间安全与空间武器化发展是当前国际社会高度关注的重大战略问题，也是国际军控和裁军领域出现的新课题"[①]。空间战略安全是指在空间国家安全互动中一国不会受到他国的人为伤害，它并不包括空间自然环境严酷或空间技术限制与不足所造成的安全问题。空间合法权益则指现有空间国际法所规定的一国拥有的相关权益。对在和平发展背景下维护中国空间战略安全与合法权益的研究，旨在"对内统筹空间能力发展与空间整体安全，对外增进我国空间政策的可信度，构建我国与主要国家间更加可控、可预见的战略关系"[②]。从实质上看，空间战略安全与合法权益的维护涉及一国与他国在安全互动中的关系建构问题。冷战后，作为空间超级大国的美国通过一系列的战略规划，大力发展空间武器装备，试图通过空间绝对优势来谋求绝对霸权。美国的威慑战略往往造成其他国家安全感的下降并加快自身能力建设，从而导致军事化升级和安全困境的产生。[③]"传统西方空间安全理论源于国际关系理论当中的现实主义、新自由主义、建构主义等主要流派，对一部分事实有着足够的解释能力，也能够在特定条件下推出合理的结果。但由于取向差异或视角单一，这些理论或多或少存在着不足之处，特别是并不适合直接套用在中国空间安全问题上。"[④] 譬如，从现实主义威慑理论的视角来看，国家间围绕空间能力优势的争夺所展开的简单博弈，并不能有效解释空间安全互动的不同战略选择（如进化冲突与进化合作的选择），从而引导空间安全利益博弈从进化冲突走向进化合作。也就是说，传统的分析框架很难揭示空间安全领域复杂博弈的核心特征和深层战略逻辑，因而无法为和平发展背景下维护中国空间战略安全与合法权益提供有效的指导。

相比之下，处于国际关系理论发展前沿的复合建构主义秉持二元互补理念和过程建构思维，认为在空间国家安全互动中维护战略安全与合法权

---

① 杨乐平：《国际外空安全与外空武器化评述》，《2006：国际军备控制与裁军报告》，世界知识出版社 2006 年版，第 189 页。

② 张泽：《外空安全战略研究——兼论中国外空安全战略框架设计》，外交学院 2009 年博士学位论文。

③ 何奇松：《脆弱的高边疆：后冷战时代美国外空威慑的战略困境》，《中国社会科学》2012 年第 4 期；Bao Shixiu，"Deterrence Revisited：Outer Space，" *China Security*，Winter 2007，pp. 2 –11.

④ 张泽：《外空安全战略研究——兼论中国外空安全战略框架设计》，外交学院 2009 年博士学位论文。

益是一种“复合结构”选择，“物质与观念同体共存、相互建构；结构、施动者和进程三位一体、共存共生、流转演变”。[1] 从这种复合建构主义的视角，探讨空间“利益—权力”博弈中如何有效维护中国战略安全与合法权益问题，在技术变革与国家战略选择的动态关系上更具解释力。复合建构主义认为：“在不同的物质与观念复合结构下，行为体之间的互动不仅会建构不同的身份认同，而且也会导致行为体优先选择内化某些规范和观念，同时拒斥另外一些规范和观念，从而对行为体持久偏好的形成和物化产生重大影响。”[2] 从复合建构主义的视域，分析维护中国空间战略安全与合法权益的根本内涵和核心特征，为中国空间安全外交策略提供理论依据。

（一）冷战后空间国际关系的选择性社会化

根据复合建构主义，空间行为主体所置身于其中并在其中运行的体系结构是一种复合结构，即以空间技术实力为基础的物质权力结构与社会性因素影响所形成的观念结构，两者同体共存，共同发挥作用，推动着空间国际关系朝着不同方向演变，或进化冲突，或进化合作。从冷战后空间物质权力结构来看，表现为严重失衡的状态，与美国相比，其他国家的差距几乎比任何先进技术领域都要大。与此同时，空间分离性偏好导致效率竞争型社会化。一旦这两个方面被历史耦合在一起，很有可能驱动空间安全互动朝向进化冲突演进，危及空间战略安全与合法权益的有效、持续维护。

1. 空间权力失衡与安全威胁的日益加剧

随着空间技术的发展，空间主体日益增多，但空间战略安全权力建构的实质表明，空间安全领域是典型的金字塔结构，也就是说，空间技术要求越高的层面，成员越少。譬如，到载人航天俱乐部，就美、俄、中三家；到深空探测，具体到已经有人登上月球，至今就只有美国。由此，更多地关注美、俄、欧、中等空间大国（地区）力量的相关研究就多些，并往往更具有学理意义。冷战后，空间国际格局也可简约地概括为“一

---

① 董青岭：《复合建构主义——进化冲突与进化合作》，时事出版社 2012 年版，见“本书简介”。

② 同上书，第 132 页。

超多强”，即美国作为唯一的超级大国在空间也同样拥有绝对的优势，俄、欧、中、日、印等则构成了当前空间开发的主要力量。鉴于一个国家开发利用空间的能力，从某种程度上决定着它在空间国际关系中的地位和空间国际事务中的发言权，因此，进入空间的开发利用对于各国在国际政治方面具有重要的战略意义。美国作为唯一的超级大国，试图凭借其强大的综合国力，特别是超强的军事实力，寻求绝对安全，以确保美国在全世界的“领导地位”。为此，美国不惜投入大量的人力、物力和财力，进行空间攻防对抗准备。而部分发展中国家也积极努力，意欲或已经参与到空间领域的竞争之中，进而提升本国在国际政治方面的影响力。

在空间现有物质权力和共有观念的复合结构中，如果美国能在空间安全方面持积极态度，合作安全指日可待。然而，美国为了实现其全球战略，急于在空间寻求绝对优势和绝对霸权，而不愿通过构建国际安全机制来束缚自己的手脚，退出《反导条约》就是明证。只要美国不愿意，维护空间战略安全与合法权益的外交努力就很难达成令人满意的效果。在空间国家安全互动中，各空间主体的复合结构选择，往往“基于特定权力关系与特定认同关系的流变，选择或适应不同的社会化方式，内化和遵循不同的体系规范，从而建构和加强不同的偏好取向”①。物质权力结构不仅限制了行为体行动的边界，而且还限制了行为体思考的范围；而观念结构不仅指示和限制行为体的行为，同时也建构行为体的身份及其利益。为此，关注“一项规范结构是如何影响权力结构变迁的；同时，也要特别留意特定的权力结构是如何导致规范结构发生变革的”②。空间安全领域物质结构与观念结构相互构成、相互影响，共同左右着空间战略安全何去何从的现实进程。美国追求空间物质权力绝对优势的做法必然导致其他国家对自身安全的担忧，从而降低各自在空间安全领域的观念认同。

2. 空间分离性偏好与效率竞争型社会化

空间作为新的战略制高点，考虑到这一特殊的敏感性，国家在自我牺牲和获取利益之间的权衡和选择上比在其他领域更加困难。这种低度政治认同与空间军控的踟蹰不前所造成的低度暴力受控的复合结构，导致效率

---

① 董青岭：《复合建构主义——进化冲突与进化合作》，时事出版社 2012 年版，第 131 页。

② J. Samuel Barkin, “Realist Constructivism,” *International Studies Review*, No. 5, 2003, p. 342.

竞争型社会化。尽管世界各国在空间和平开发与利用问题上存在着共同安全利益，但实际中的空间安全合作却开展得并不顺利。正如“囚徒困境”和“捕鹿游戏”两个模型所揭示的那样，共同的利益并不一定能够超越对私利的追求，行为体存在着追求后者而牺牲前者的动机。而且，共同利益还与代价相联系，因为空间安全机制对参与的主权国家而言，一方面可能意味着实现共同利益，另一方面则意味着让渡部分权力，如完全独立自主地做出空间开发、利用的决策权力，自由支配本国空间物件的权力，等等，总之，需要付出一定的自我牺牲。在这种情况下，往往需要有一定的外部强制力来保证主权国家去追求共同利益，哪怕付出必要的代价。但在空间现有的复合结构下，鉴于并不存在一个可以垄断和控制国家间暴力合法使用的超级权威，也不存在一个可以创制和强力推行某些适当行为规范的社会化中心机构（如联合国的相关机构都未发展到这一步），因此，缺少类似于国内政治所拥有的中央权威体系以驯化行为体自行抑制其武器化，从而切实阻止空间武器化和军备竞赛。

同时，在空间安全领域，并不存在绝对的利益冲突，生存与安全忧虑依然是国家及其他行为体进行互动决策的首要考量，此时，模仿与学习成为社会化的主导方式，即使存在着多种交往规范和决策方案可供选择，每个国家往往会从做最坏打算的角度优先选择那些能够迅速增强其安全感和防御能力的观念和做法。在美国空间攻防对抗准备的刺激下，新的空间争夺“多米诺骨牌效应”正在显现，继美国后，俄罗斯与欧洲也先后公布了空间攻防对抗准备计划，而这些计划无一例外都烙上了浓重的军事应用色彩。俄罗斯强调加强军事航天力量的建设，不断提高空间兵力武器的作战能力，并赋予空间部队发射各种军用航天器和打击敌空间武器系统的任务。根据俄航天10年计划，反卫星武器是俄罗斯重点发展对象。① 作为欧盟的主导国之一，法国多项军事空间计划陆续出台，涉及军事侦察、军用通信以及导航、遥感等许多方面。2006年12月19日，德国租用俄罗斯的“宇宙” -3M火箭，成功地将其5颗SAR-Lupe合成孔径雷达卫星

① 目前俄罗斯已建成15个快速反低轨道卫星系统发射台。俄共轨式反卫星拦截器的作战发射区域为1500公里×1000公里，作战高度为150—2000公里，作战反应时间为90分钟；制导方式采用雷达寻的或红外寻的，拦截目标卫星的时间为1小时左右（第一圈轨道内拦截）到3.8小时（第二圈轨道内拦截）。在激光与粒子束反卫星武器方面，俄罗斯计划部署的平台有地基、空基（机载）和天基，其中地基反卫星激光器的研制进展较大。

中的第一颗送入空间，填补了欧洲在雷达成像侦察卫星领域的空白。2011年5月26日，紧步美军第2架X-37B空天飞机的后尘，英国空天飞机“云霄塔”通过概念设计和重要的技术评审；日本、印度等也不甘落后，竞相推出各自的发展计划。①

3. 空间利益—权力博弈与进程转轨

空间国际关系处于无政府、无疆域性的背景下，可以看到其中利益和权力的张力决定着空间国际关系的未来走向。在空间领域，从根本上说，空间国际关系往往反映了国际政治权力的社会建构，而它的功能从起点到归宿都是为了追求国家空间利益。与此同时，主权国家选择参与空间国际互动，也是完全遵循“利益—权力”理性博弈的原则，既要不断追求国家空间利益，又要冷静客观地审视自身在空间权力结构中的现实地位，尽最大的可能求得国家的生存与发展。“在不同的物质与观念结构复合形态下，行为体会基于特定的权力关系与特定的认同关系，选择不同的规范加以内化和遵循，从而加强或弱化权力政治的影响，此即复合建构主义的选择性社会化进程主张。”② 空间国际关系演变的进程缘于各国追求国家空间利益，但空间国际关系中的博弈最终取决于国家间权力。所谓“利益—权力”理性博弈的原则，是指将空间国际关系中追求的空间利益与自身在其中的国际权力结合起来，推进空间国际关系的建构、运转和变革。空间战略安全的复合结构存在于这一进程中，而这一进程塑造并支撑着结构，两者相互依赖、相互影响。

空间物质权力结构与观念结构不仅具有限制行为体行动范围和行为方式的作用，更重要的是这种复合结构在建构行为体身份和利益的基础上，不断通过各种方式社会化行为体。进而拥有特定身份并知晓其利益的施动者通过彼此之间的互动，反过来再造、加强或改变体系结构。冷战时期，基于美苏力量抗衡与相互确保摧毁体系结构所形成的部分维护战略安全与合法权益的机制，冷战结束后由于进程演变中权力结构已发生很大的变化，其功能维持遭受了严重的挑战，有的甚至被某些势力强行改变，如美国2001年单方面宣布退出《反导条约》，从而使得这一空间安全基石被

① 秦立新、李大光：《航天飞机将谢幕，空天飞行器欲登台》，《解放军报》2011年7月21日。

② 董青岭：《复合建构主义——进化冲突与进化合作》，时事出版社2012年版，第136页。

抽掉。联合国“和平利用空间委员会”法律小组在针对空间战略安全的辩论中，出现了反对空间武器化，要求将防止空间军备竞赛纳入讨论议程和反对将防止空间军备竞赛纳入讨论议程这样壁垒分明的两方。中俄等大多数国家努力将这一议题作为安全化的手段，呼吁各国应透过全面暂停研制、部署空间武器系统，作为防止空间军备竞赛诉求的基调。美国等极少数国家则通过“和平利用空间委员会”运作方式将上述议题排除在“和平利用空间委员会”进行实质性的讨论之外。[①] 因此，遵循“利益—权力”理性博弈的原则考察，不难发现，空间国际关系中物质性权力失衡与追求绝对霸权的思维耦合，将导致进化冲突的危险；但如果能对防止空间武器化达成共识，并驱使权力结构朝着均衡的方向发展，将会导致体系进程向进化合作演进。

（二）新形势下空间冲突与合作的关键性社会条件

21 世纪初，空间出现了空间技术快速发展，应用范围扩大，空间主体增多，空间开发利用民营化、商业化加强的新形势，但空间安全领域里国家所固有的冲突性偏好并未发生根本性的改变，对于作为新的战略制高点的空间来说，国家间安全互动的现状尤其令人担忧。为此，在和平发展背景下要切实维护好中国空间战略安全与合法权益，就必须弄清楚在什么条件下，各国会捐弃彼此间的疑惧与敌视，进而建立并维系一个包容、普惠、和谐的空间新秩序？复合建构主义认为，控制体系暴力、增强政治认同、权威规范的内化和遵循，尤为关键而紧要。

1. 防止空间武器化和军备竞赛，进化体系结构

“当体系暴力无法得到集中垄断或是有效控制的时候，群体间差异极易招致负面解读并促成分离性认同的形成，进而使得行为体的冲突性偏好得以建构，并在日常交往互动中变得越来越习以为常。”[②] 随着科技的不断成熟，空间面临着武器化的危险。目前，世界一些军事大国纷纷为组建天军、建立空间军事基地、争夺“制天权”做着积极的准备。这种趋势的发展不仅会阻碍对空间的和平探索与利用，还会引发空间的军备竞赛，

---

① 袁易：《重新思考外层空间安全：一个中国建构安全规范之解析》，《中国大陆研究》2009 年第 52 卷第 2 期。

② 董青岭：《复合建构主义——进化冲突与进化合作》，时事出版社 2012 年版，第 151 页。

进而对国际安全格局造成严重的消极影响。空间的环境和物理特性决定了在空间建立有效的霸权或军事威慑是不切实际的。如美国就坚持认为，敌国将凭借低成本、低技术含量的有效手段，对美国价值不菲的空间军事设施进行攻击，造成军事和经济上的重大损失。这也正好证明：美国追求空间绝对优势的做法，反而使其更加容易招致他方攻击；同时，这样一种在空间的武装冲突是没有赢家的。这一战略上的困境并非由美国独家承受，而是所有空间国家都要面对的。[①] 因此，对于空间国际体系进化合作而言，只有通过国际立法来防止空间武器化和军备竞赛，合法控制国家间暴力，各个空间行为体才有可能放下彼此之间的成见进而产生合作的意愿。

抑制空间武器化亟须探索满足各国安全需要的替代性技术与机制。中国可以考虑呼吁各相关方进行合作，以建立和完善空间物体发射登记制度、导弹和火箭发射预先通报制度、军事热线机制等，并通过发展高性能侦察监视卫星，确保其不受干扰地运行，将之作为技术核查手段和建立信任的措施。在空间军备控制领域中，坚持将红线画在部署和使用空间武器上，主张禁止部署和使用空间武器，这样将使生产、研发和试验空间武器失去意义。努力争取新兴空间国家的支持，鉴于试验在技术上很难做出区分，主张不予禁止。在方式上，主张通过公开、平等的谈判，达成空间安全规则，从根本上推进空间制度建设，维护空间安全。[②] 当前，抑制空间武器化最亟须解决的问题就是劝说美国放弃部署导弹防御系统。中国应联合其他相关国家共同行动，以使美国认识到部署导弹防御系统只会刺激其潜在对手发展进攻性更强、性能更先进的空间作战方法与手段，加剧导弹扩散的风险，这不符合美国的利益。一旦在空间爆发战争，损失最大的将是拥有最多空间设施、对空间技术最为依赖的美国。

2. 提高空间和平开发利用能力，增进政治认同

如前所述，空间权力结构的严重失衡是导致安全威胁日益临近的重要原因。在由主权国家组成的现代国际体系中，权力平衡是历史进程中寻求和平的普遍手段。世界各国应提高空间和平开发利用能力，增加维护空间国际安全的筹码。“美国对哪一国威胁大，哪一国发展（反制）空间/弹

---

① Michael Krepon, *Space Assurance or Space Dominance: The Case against Weaponizing Space* (Henry L. Stimson Center, 2003), pp. 125-127.

② 张泽：《外空安全战略研究——兼论中国外空安全战略框架设计》，外交学院 2009 年博士学位论文。

道导弹能力的动力也就越大。"[①] 曾与美国平起平坐的航天大国俄罗斯表示，将尽力阻遏美国独霸空间，防止美国对俄罗斯形成更大的战略优势。俄罗斯战略问题专家杜金认为，如果俄罗斯安于现状，在战略上落后的现象将更加严重，俄罗斯的对外制衡力量将会被削弱。[②] 由此，俄罗斯强调要建立具有防空、反导和空间防御"三位一体"能力的强大的战略性全国空天防御系统。面对美国强硬地拒绝国际社会关于抑制空间武器化谈判，有意利用空间技术军民两用的模糊特点，咄咄逼人地推进空间攻防对抗准备的做法，奉行和平发展战略的中国既要坚持积极促进空间安全机制建构的原则立场，也应清醒地记住国际政治斗争中"实力才是和平的基础"的原理。

坚持"实干发展、和平发展、创新发展"的原则，扎实提高中国空间和平开发利用能力。制衡的力量多一点，空间的和平可能就会增加一点。交易成本影响国际合作，当越来越多的国家具备越来越强的空间和平开发、利用能力后，霸权者才有可能醒悟到搬起的石头也会砸到自己的脚，才有可能坐下来通过谈判实现空间的真正和平。[③] 对于一意孤行地谋求部署空间武器的国家，中国还应通过适当展示空间技术实力，迫使其放弃空间武器研发部署行为。实力的展示应尽量以两用空间技术的形式、和平的方式进行。如通过航天器机动变轨技术展示规避反导系统的能力，通过航天器交会对接技术间接宣示反卫星能力，通过红外天文观测技术间接展示导弹预警能力等。中国以空间对抗方法与手段的形式直接展示空间作战实力要高度慎重，避免给人以挑起军备竞赛的口实。中国"嫦娥探月"工程在国际安全领域具有重要的战略价值，从各国相继跟进的探月动作中就可以看到国际政治领域对话语权的激烈争夺，实际应用领域对技术制高点的激烈争夺。中国"遥感"系列卫星、"天链"系列卫星都已完成组网；"北斗"导航卫星导航已覆盖亚太地区；还有数十颗用于观测和资源探测的各类卫星。中国高分卫星服役后，可在一定程度上削弱强敌隐身武

---

① 何奇松：《脆弱的高边疆：后冷战时代美国外空威慑的战略困境》，《中国社会科学》2012 年第 4 期；Bao Shixiu, "Deterrence Revisited: Outer Space," *China Security*, Winter 2007, pp. 2-11.

② 雷怀：《俄计划外空复兴 反卫星武器可打两千公里高卫星》，《青年参考》2006 年 11 月 27 日。

③ 关于交易成本影响国际合作的观点参见田野《国际协议自我实施的机理分析：一种交易成本的视角》，《世界经济与政治》2004 年第 12 期。

器的优势。中国航天向实用化、系统化、规模化的方向发展，中国的国家利益正在增加一层空间的安全屏障。

3. 加强联合国主导空间国际安全合作的地位，塑造行为偏好

对于维护空间战略安全与合法权益来说，仅仅通过防止空间武器化和军备竞赛，以及强化和平反制手段，塑造一种稳定的物质性权力结构是远远不够的，要想使以追求各自国家利益为旨归的不同空间行为体和谐共存、合作共赢，空间安全领域还必须加强联合国作为中心组织者的权威作用。“在不同的观念结构与不同的物质结构之耦合形态下，行为体会选择或适应不同的社会化方式，内化不同的体系规范，从而建构和强化不同的偏好取向。”① 空间国际安全机制作为这种复合结构制度化的成果，是巩固各方共同利益基础、缓解矛盾冲突、增强互利互信，以及塑造共有观念和规范的重要外部保障。美苏争霸时，空间军事对抗所带来的严重破坏性和两败俱伤的可怕后果，不仅使得双方重新思考空间对抗是否明智，而且促使双方同意禁止高空核试验，禁止将大规模杀伤性武器引入空间。美苏在谁也无法压倒对方时，凭借两国同时拥有的垄断性权力优势，强制同化他者、消除异己和维持稳定，其他国家要么沦为被归化的对象，要么被驱逐于空间安全体系之外。

但自冷战结束以来，各国在禁止空间武器化和军备竞赛等核心议题上并未能达成有效的制度化安排。美国始终持续性地反对在联合国和平利用空间委员会内讨论空间军事活动的相关议题，极力减少和阻挠联合国对其空间活动的干预，不愿承担更多的义务。为此，国际社会应倡导推进和平利用空间委员会根据空间技术的发展和空间军事活动形势的变化，加快完善和发展相关法律的探讨，弥补现行法律的不充分性和不明确性；积极推动裁军谈判会议关于防止空间武器化和军备竞赛的谈判，尽快缔结一项有效的国际法律文书。联合国大会及第一、第四委员会应加强对空间军事活动方面的立法审议，强化对有关国家发展、部署、使用空间武器的监督和核查机制的建设；推进由联合国有关机构领导建立全球共享的空间监视系统，以增加国际空间军事活动方面的合作。其中，联合国和平利用空间委员会和联合国大会第四委员会应成为各国沟通与商议空间安全问题的首要

① 董青岭：《复合建构主义——进化冲突与进化合作》，时事出版社 2012 年版，第 132—133 页。

平台，一方面建立空间安全数据中心、空间合作磋商机制和空间争端解决机制等具体合作平台，另一方面推动专门性的空间安全机构达成完善和有效力的空间安全协议。

（三）中国空间战略安全与合法权益的复合建构

复合建构主义强调以复合结构和过程演化为分析焦点，依据阴阳互补共生、同圆共体等互补哲学理念重塑结构、施动者与进程三者之间的关系。空间军备控制事关复合结构的正向转化，利益认同导致空间主体选择和适应不同的社会化方式，施动者—结构—进程三者之间的同体共存推动着合作进程的演化和安全规范传播的生效。依此，在和平发展背景下维护中国空间战略安全与合法权益，应把握好各国空间安全互动中由进化冲突转向进化合作的关键性条件，即各自偏好在什么情况下易于改变，以及这种改变是如何发生又是如何得以加强的这一核心命题。

1. 空间军备控制与复合结构的正向转化

由于聚合性认同多形成于体系暴力得到收拢或有效控制之时，因此，通过空间军备控制防止空间武器化和军备竞赛，既可减少空间武力冲突的可能性，也能促使空间主体形成合作安全的观念，导致一种聚合性政治认同与合作性偏好的形成。为此，中国应和俄罗斯加强联手，一方面，继续旗帜鲜明地反对空间武器化和军备竞赛，继续大力推动曾在 2008 年向裁军谈判会议提交的关于防止在空间部署武器以及防止威胁使用或使用武力攻击空间物体的条约草案（PPWT）。另一方面，中国应在现有国际法不能有效控制空间军备竞赛的情况下，推动联合国主导制定控制空间军备竞赛的国际法律文书，弥补现有空间法律机制的漏洞，切实控制空间武器化，以确保空间的和平利用。通过各种强制的和非强制的社会化进程，使得空间体系中的国家暴力获得某种程度的控制，使得相关国家既无可能也不希望借空间武器相互敌视、相互攻击，增强各国的合作安全观念，而合作安全的集体认同有利于不断加强合作性偏好，从而推动复合结构的正向转化。

与此同时，中国应呼吁国际社会注意空间行为规则的制定与防止空间武器化和军备竞赛的努力并行不悖的特征。目前，美国试图主导打造一份美国版的“空间活动行为准则”，为此，中国应认真研究美国在这方面的实际关切——“美国版行为规则”不会以任何有效方式限制部署空间武器，甚至会保留在空间的所谓自卫权力。据此，中国应积极参与到空间行为规则拟制的各种讨论中，尽量将中国、俄罗斯等大多数国家所关切的防止空间武器化和军备竞赛的内容巧妙地纳入其中，强调一个全世界认可的、对各缔约国具有强制性法律效力的行为准则，必须通过友好协商找到一个各方都能接受的方案，以协调各国行动，反对霸权国家单方面主导规则的制定。中国应通过与美国在空间军控领域各种形式的互动，使美国更充分地考虑到空间武器效应逆序的后果，争取使美国决策者了解空间战的严重后果，转而支持用合作的方式解决其安全关切问题。

2. 空间利益汇合与互动进程的优化转向

复合建构主义认为，结构存在于进程，进程塑造并支撑结构，两种分析层次都具有因果作用与建构作用，对于创造体系和平或冲突而言都是不可或缺的，同时也是相互依赖、相互影响的。……进而，拥有特定身份并知晓其利益的施动者通过彼此之间的互动，反过来再造、加强或改变体系结构。[①] 随着空间技术的深入发展，空间探索利用正由主要是一种国家行为向非国家行为扩散，各种开发主体间呈现出高密度利益博弈与汇聚的状态。飞速发展的空间技术正以无与伦比的广度和深度将各国社会逐步从微观、宏—微观和宏观层面融为一个呈现出混沌状态的整体，并形成一种“一荣俱荣、一损俱损”的关系团。空间技术及其应用在愈来愈大的程度上将成千上亿的个人纳入地球村相互依存的生活中，与此同时，也改变和塑造着个人观察分析国际政治，尤其是空间安全问题的眼界和方式。技术进步、机制建构，以及公众支持都有可能为空间安全注入活力，并增强对人类共同利益观念的强烈支持。[②]

空间主体的多样化除体现为空间利用主体的复合化外，空间活动的参与主体也越来越多元化。“联合国和平利用空间委员会的成员国由最初的24国增加到现在的69国，除了美、俄、欧洲国家等空间大国外，还出现了印度、以色列、巴西、日本、韩国、泰国等许多新兴空间国家。此外，各种政府间国际组织和私人实体也广泛参与空间活动，并日益扮演重要角色。”[③] 这种高密度利益博弈与汇聚是空间技术开发、利

---

① 董青岭：《复合建构主义——进化冲突与进化合作》，时事出版社2012年版，第145页。

② 赵海峰：《外空武器化与国际法治》，《学习与探索》2011年第2期。

③ 马新民：《国际外空法的现状及发展趋势》，赵海峰主编：《空间法评论》第2、3卷，哈尔滨工业大学出版社2009年版，第4页。

用中个人对个人、个人对公司、公司对公司、个人对国家、公司对国家、国家对国家等高度交叉、串联、并联、平行等异常复杂的依存关系，并且这一“关系团”将继续增大、复杂化为真正意义上的混沌世界，然后发展到你离不开我、我离不开你，最终达成你我不分的共同体。在空间安全互动中，中国应倡导各空间主体沿着理性认知的战略思路，逐步树立、强化合作安全的观念。空间技术具有鲜明的军民两用属性，中国应审时度势，推进航天事业的融合式发展。通过提供不同形式的公共产品或商业服务，不断加强利益汇合，促进相互间的复合依存状态，寻求合作共赢的机遇。

3. 施动者—结构—进程三位一体与合作安全的持续进化

在空间安全领域，结构、施动者与进程同体共存，进程是结构与施动者互动关系的整体存在形态，而结构与施动者是进程的分形表述，因此，在和平发展背景下维护中国空间战略安全与合法权益既要关注同一层次体系进程中结构与施动者之间相互再造、相互建构的关系，也要关注不同层次进程之间的相互影响和相互嵌套关系，即施动者—结构—进程三位一体。在维护中国空间战略安全与合法权益方面，中国政府必须有认识、知识、承诺和行动，与所有利益攸关方一道共同加大对空间技术的研发与推广。[①] 为此，中国应在坚持自主创新的基础上，充分利用后发优势，争取参与航天国际合作，进一步提高在空间探索领域的技术与管理水平。与此同时，中国应积极拓展广大发展中国家一切有可能的航天国际合作，如以亚空间合作组织为阵地，通过成员国之间的合作扩大影响力。通过卫星领域的联合研发、制造、测试等活动，拓展中国在国际发射市场的份额。中国应通过星箭一体出口，以“交钥匙工程”的形式向发展中国家提供卫星制造、发射、保险和应用培训的一揽子服务，开辟和拓展发展中国家空间应用市场，既展示自身和平利用空间的形象，又增进合作安全的意识和动机。

此外，空间利益汇合还包括排除安全威胁方面的共同利益构筑。中国也应注意到空间环境问题已日益成为具有重大威胁的全球性安全议题，其

---

① 程浩在联合国纽约总部报道《外空探索促进人类安全——专访联合国外层空间事务办公室主任》，联合国电台网站，2012 年 10 月 4 日，http：//www. unmultimedia. org/radio/chinese/archives/173602/。

主要包括空间碎片问题和在空间使用核动力源问题，而这些问题的解决需要各国以互信、互利、平等、协作的新安全观为指导，展开切实有效的国际合作。中国应积极推动国际社会探索构建空间环境安全多边合作机制，扩大和完善地区性空间合作组织。中国应呼吁和加强与空间国家在空间碎片清理与回收、空间核电源安全性与持久性等新技术领域的交流与合作，推动空间探索与可持续开发的互惠互利，以强化在空间安全问题上采取合作的态度与观念。中国应广泛倡导新安全观，强调空间和平开发利用，从技术、立法及舆论等全方位加大各国参与空间环境安全治理的力度，以推进更大范围的空间环境安全合作。在联合国等国际组织的主导下，中国应积极遵守《减缓指南》和《安全框架》等指导性文件，建立空间碎片数据中心和监控机制，以及空间核动力源使用监管机制，以加强航天国家的信息交流并增进互信。

总而言之，在和平发展背景下维护中国空间战略安全与合法权益，需要积极参与和推动空间安全领域不同层次的施动者—结构—进程三位一体的相互影响、相互建构，以确保各国共存共生、持续进化，从而使得空间和平探索与利用能真正满足全球融合和人类共同发展的需要。在维护中国空间战略安全与合法权益的过程中，应充分认识到国家作为结构化施动者或施动性结构，应同时肩负起控制暴力和社会化行为体的双重作用。因此，中国在加强空间能力发展的同时，更应共同促进国际安全机制合法性与有效性的提高。

四　中国特色空间安全战略框架体系

中国特色空间安全战略的擘画和设计旨在维护中国空间战略安全与合法权益。空间战略安全和合法权益是在国家安全互动中产生的，也是在空间国际关系中维护和发展的，这种安全和权益只有在国与国互动的关系中才能变成现实。本论著试图从战略层面分析中国特色空间安全战略框架体系的筹划、设计问题，强调必须根据空间环境的特征，立足于现有空间技术水平的基础上，明确其总体目标，并冷静地分析实现这一目标所面临的主要挑战，思考规划出排除威胁、实现这些目标的战略途径和手段。

（一）中国特色空间安全战略的总体目标

一般来讲，对于任何一个战略而言，战略目标都是统领，是战略所要实现的终极目的。其他战略构成要素都要围绕战略目标这一终极目的，为实现战略目标服务。[①] 中国发布的航天白皮书强调，中国航天事业的发展旨在“探索空间，扩展对地球和宇宙的认识；和平利用空间，促进人类文明和社会进步，造福全人类；满足经济建设、科技发展、国家安全和社会进步等方面的需求，提高全民科学文化素质，维护国家权益，增强综合国力”[②]。为了确保中国航天事业发展这一宗旨的如期实现，就必须切实制定中国特色空间安全战略，这也决定了中国在这一方面的总体目标，即维护中国空间资产的安全和合法利用，拓展基于空间资源合理利用的国家利益，确保基于有限空间威慑的国家安全，推进空间平等互惠的国际合作。

1. 维护空间资产的安全和合法利用

中国在空间领域的战略安全与合法权益本质上是国际社会关系的产物，中国在这方面努力的目标就要保障自身空间资产安全和合法利用的权利与利益，排除他国施加的外部威胁，以保障本国作为主权独立平等国家实现利益分配的政治资格。众所周知，空间资产格外脆弱，极易遭受他国的动能或定向能攻击，航天器上的镜头、太阳能电池板受损就会威胁整个卫星的性能。通信链接和地面指挥控制系统也容易成为被攻击的目标。航天系统及其部件可能会被逐个袭击，而它们在轨道中的位置也会使它们成为单个打击的目标，从而损害或摧毁多个平台。[③] 现有空间国际条约确立了空间和平、利用的原则，但空间系统极端重要而又极其脆弱的特点，决定了空间力量较弱的一方应当以捍卫国家的核心利益为根本目的，坚持有限、适用的原则，有所侧重，才能收到最大的效益。冷战结束以来，美国推动的空间武器化和军备竞赛对包括中国在内的其他国家的空间资产安全

---

① 张泽：《外空安全战略研究——兼论中国外空安全战略框架设计》，外交学院 2009 年博士学位论文。

② 中国国家航天局：《2011 年中国的航天》白皮书，http：//www. cnsa. gov. cn/n1081/n7529/n308593/426809. html。

③ Abraham M. Denmark and James Mulvenon, *Contested Commons: The Future of American Power in a Multipolar World* (Washington, D. C.: Center for a New American Security, 2010).

与合法利用构成了最直接的严重威胁。可以肯定，在一定的时期内，中国难以在空间技术领域与一流强国直接抗衡，只有最大限度地避免自身劣势，尽可能发挥自身的相对优势，才能在若干领域实现赶超，促进中国航天事业的发展和进步。①

2. 拓展基于空间资源合理利用的国家利益

作为现代科技革命的制高点之一，空间科技对于维护和拓展国家利益极其重要，空间活动体现了一国的技术实力及其在国际上的地位。在空间技术迅猛发展、国际关系错综复杂的情况下，找准国家利益并据以制定政策、确定相应立场是一项艰巨而复杂的工作。航天领域的能力和水平，是国家核心竞争力的重要体现之一，能够增强国家的综合国力、民族凝聚力和自信心，极大地提升一个国家在国际舞台上的发言权和地位。从空间安全互动来说，空间的高远位置本身就是一种极具价值的资源，其居高临下的空间态势感知、对地遥感、军事侦察、导弹预警、军事通信指挥、导航、躲避地表武器攻击、天基设施下降的强大势能和气象保障等，都是安全互动中极易被加以考虑的利用方式。从经济社会层面来说，空间探索、利用活动潜在的价值巨大，如能源的生成和转换、在月球上开采氦-3以及空间旅游等。密布空间的通信卫星、导航定位卫星、气象卫星、地球观测卫星、地球资源卫星、科学实验卫星对工农业生产和人民生活起到了不可替代的作用。深空的探测、载人航天的发展，最终将扩大人类知识领域，提高人类的健康和生活水平，促进社会的持续发展，对人民生活的安康和福祉做出难以估量的贡献。中国的航天事业是目前中国所有行业中少有的拥有完全的知识产权、处于世界领先地位，并有着巨大的发展空间，有望引导中国走出现代化外部困境的战略性行业。

3. 确保基于有限空间威慑的国家安全

当前，空间技术、核技术和信息技术“三位一体”正在成为确保有利战略威慑态势的关键，并引发了军事领域的新变革。空间力量已显现出巨大的战略威慑功能，发展空间技术，开发、利用空间已成为各国增强国力、争夺有利战略态势的重要途径。各大国对自身的国家战略、军事战略都实施了调整：由针对确定敌国，侧重战略威慑转向应对不确定威胁，侧

---

① 胡锦涛：《坚持和平开发利用外空》，2008年11月7日，http://news.sina.com.cn/c/2008-11-07/112516608771.shtml。

重战术应用；由政府一枝独秀地进行航天活动转向多主体航天主导下的多方面协调发展，并充分利用民用尤其是商业空间设施为军方服务。为了适应战略环境与形势的新变化，中国应当大力发展应用卫星，拓展应用范围，把有限且适用的和平反制手段作为近期装备发展的重点，进一步发展航天高技术群，掌握一批空间核心技术，增强技术储备，建立和发展强大的空间力量，提高核心竞争力，并在载人航天、月球探测等技术基础上，适时地将有关能力隐性地转化为有效的空间威慑能力，以便在国际竞争格局中，既能威慑对手，又不怕对手威慑，为维护和拓展自己的国家利益提供充分的安全屏障。应当看到，以展示空间实力的方式展现国家实力在很大程度上可以避免直接宣示武力的消极后果，将物体射入轨道具有显而易见的政治效果，有利于在全球范围内树立大国的形象。①

4. 推进空间平等互惠的国际合作

空间战略安全和合法权益是人类在空间可以相互依存的、有尊严的乃宽容的生存与交往方式。空间的无疆域性决定了空间及其相关利益决不是个别人或个别国家的专利，而是全人类共同拥有的利益，维护空间战略安全和合法权益意味着从理性视角出发切实推进人类在空间共同利益的如愿实现。承认空间战略安全和合法权益也意味着要将“利己而不损人”作为自己空间行为和他国交往的基本准则，给他者一个与自己一样的空间探索与利用环境，努力推进空间平等互惠的国际合作。在空间国际安全合作中，各国理应享有空间平等互惠的权益；需要各国通力合作，共同推进。中国既是发展中国家，又是空间大国，这一特定国情决定了中国在空间领域国家利益的独特性和复杂性。作为发展中国家的一员，应当反对发达国家对空间的垄断，推进空间技术的普及和共享，在维护发展中国家的整体权益中实现自身的国家利益，增进全人类利益；作为空间大国，应当将空间技术上的优势及时转化为经济、政治、军事优势，反对部分发展中国家“搭便车”的不合理要求，维护自身的各种权利。

（二）维护中国空间战略安全与合法权益的战略选择

中国在空间安全领域的处境，与其在国际关系中的整体地位和处境基

---

① Roger Handberg and Zhen Li, *Chinese Space Policy: A Study in Domestic and International Politics* (Routledge, New York, 2007), p. 17.

本一致，既面临着实力超强国家的战略压力，也面临着自身定位、国际责任、与发展中国家关系的一系列决策难题。正确认识自身处境，是提出恰当的中国空间安全战略框架的先决条件。当前，中国空间能力整体跃升，日益成为在空间安全领域有着重要影响的国家。但越是在这种情况下，越不能忽视外部的种种挑战与负面因素。国际空间技术迅猛发展，各国空间竞争日趋激烈，中国航天事业面临着严峻的挑战。形势和任务要求中国的空间事业在已有的基础上，把握战略重点，尽快赶超世界先进水平，争取实现跨越式发展。

在空间技术迅猛发展、国际关系错综复杂的情况下，找准国家利益并据以制定政策、确定相应立场是一项艰巨而复杂的工作。一直以来，中国始终坚持维护全人类的共同利益，维护和拓展国家利益，反对空间军事化。从中国的国情出发，坚持科学筹划、自主创新、开放合作，使空间科技逐渐成为推进中国现代化进程与人类和平的最有效手段之一。今后应当继续坚持这些价值理念，使中国的空间活动更加符合客观规律，适应社会发展的需要。

1. 坚持和注重军民融合、自主创新，增强自身空间实力

“寓军于民、军民融合”是中国国防建设的重要原则，空间开发利用也应注重和坚持这一原则。空间技术具有突出的“军民两用”性质，在实践中往往很难做出严格区分，既可用于建设各行各业的信息网络系统，又可用于建设空间武器装备系统。军民融合、自主创新不仅可大量节约空间技术研发所需要投入的军费开支，还可降低空间投资风险，提高空间探索与利用的效益。在未来的空间事业发展中，应当进一步坚持和注重这一做法，中国应将军民两用技术提到战略高度，既要发展民用航天科技，又要利用空间技术的军民两用性和先进性，充分利用先进空间技术满足国家发展战略实施的需求，将强大的空间军事实力蕴藏于国家空间体系之中。应充分发挥空间技术“军民两用”的特性，加强双向互动，研发包括遥感、气象、导航定位、通信的两用卫星，推进军民结合空间技术研发和产业化发展，有效促进国家空间事业的优化升级，大幅度提高军民结合空间技术产业的军事和经济效益。有着特殊军事意义的机构应与商业机构携手开发项目，争取共享各项资源。

2. 积极参与多边协调，相互建构、完善空间安全机制

当今，空间正在成为新的作战领域，防止空间军备竞赛已刻不容缓。

反对空间军备竞赛和空间武器化是中国一贯的坚定立场，今后应坚持努力遏制其发展趋势，推动空间的和平利用。现在，空间安全问题已引起国际社会的关注，世界上广大爱好和平的国家均对之表示了深刻的关切和警惕。[①] 对于空间法的不足及所面临的挑战，国际社会已经有了较为广泛的认识与了解，基本上形成了利用政治、法律等和平手段维护空间安全、防止空间军备竞赛的共识，要求进行新的外层空间条约谈判，制定新的空间活动行为准则，建立信任措施和增加透明度措施的呼声正在上升。中国反对空间军备竞赛的立场也得到了发展中国家和其他国家的广泛赞同。[②] 中国应高举防止空间军备竞赛的旗帜，占据空间安全政策的高地。加强同其他国家在空间军备控制领域的合作，呼吁联合国裁谈会这个唯一的多边裁军谈判机构将其纳入议程上最优先的项目之一。积极推进国际立法，争取在空间非军事化方面得到有关国家的正面回应，使国际社会尽早缔结一项全面禁止空间武器的条约，禁止在空间试验、部署和使用武器与武器系统及其部件，并力争销毁现有的空间武器系统。[③]

3. 大力推进平等开放、多样参与的空间技术交流和国际合作

积极参与全球议程设置对于实现维护空间战略安全与合法权益至关重要，其实质是确保中国的空间安全政策与行动令人信服。设置有利于科学研究、轨道维护和开发等的全球空间活动议程。全球空间议程主要由以下方面构成：一是作为基础设施的相关机制建设，包括建立健全空间安全法规体系，建立空间活动行为准则，在空间建立信任措施以及增强透明度等。二是通过多边空间项目为空间和平开发利用设置全球空间议程。鉴于此，中国应适时适地安排一些引导、帮助相关国家进行项目决策和资源配置的空间活动，在拓展自身利益的同时，为其他国家扩大空间领域提供机会。三是具备国际应急协调能力，针对一些重大的空间安全动向，及时为国际社会提供应对预案，避免陷入战略被动。[④] 空间技术交流是国际空间合作的重要方面，它一方面可以集中有限资金，另一方面能更好地发挥合

---

① 陶平、王振国、陈小前：《论空间安全》，国防科技大学出版社 2007 年版，第 49 页。

② 潘菊生、陈银娣：《空间国际条约及军备控制情况》，《外国军事学术》2005 年第 3 期。

③ 张泽：《外空安全战略研究——兼论中国外空安全战略框架设计》，外交学院 2009 年博士学位论文。

④ 参考张泽《外空安全战略研究——兼论中国外空安全战略框架设计》，外交学院 2009 年博士学位论文。

作国的优势，达到优势互补，解决空间科技发展、应用中的重大问题。虽然空间探索和利用与国家的核心利益紧密相关，是典型的“高政治”领域，很难开展大范围、宽领域、多层次的国际合作，但通过各个国家之间的协调与合作，缔造一个没有武器、远离战火、安全洁净的空间[①]还是有可能的。

4. 努力倡导、共建包容普惠、和谐共生的新型空间国际关系

空间是人类共有的万代疆域，和平开发利用空间是人类的长期伟业。在现实的空间国际关系中，包括商业利用在内的各种空间活动只有在其所带来的实惠和利益由全人类共享的情况下，才被认为是符合“共同利益原则”的。为全人类谋福利，必然要反对通过军事对抗而使空间的利益只为部分国家甚至一个国家所享有。中国作为一个负责任的大国，一直坚持和平发展的道路，坚持和平探索利用空间，努力维护全人类的共同利益，20 世纪 80 年代即已批准除《月球协定》（《关于各国在月球和其他天体上活动的协定》）外的所有空间法条约，并无偿向非洲等地区的发展中国家提供卫星遥感、气象等服务，已得到国际社会的认同和赞赏。今后，我们应在继续坚持这一价值取向的基础上，进一步加强空间国际合作与协调，争取建立一种国际机制对各国开发、利用空间的活动进行有效管控，公平分配各国权益，尽力避免和化解冲突，进一步落实“共同利益原则”。

---

① 《中国代表团团长胡小笛大使在第 60 届联大一委关于空间问题的专题发言》，《2006：国际军备控制与裁军报告》，世界知识出版社 2006 年版，第 316 页。

第三章　空间政治的军事化与战略稳定性

冷战后，以美国为代表的大国将空间技术与核技术、信息技术结合起来，极力打造新的“三位一体”战略威慑体系；利用空间的信息优势进一步发挥军事信息支援的威慑功效，并企图发展空间打击威慑系统。空间信息支援在军事中广泛运用的现实，成为催生联合作战的直接推动力，在战争中起到了至关重要的作用。在信息化战争中，陆、海、空作战力量的联合作战行动越来越依赖于空间信息支援所提供的信息保障。空间信息支援使联合作战呈现出多元化、复杂化、透明化、直接化的新趋势，它在国家安全互动中的效应和效能已成为国家间权力的倍增器。空间威慑体系的新进展对战略稳定性的影响，可从美国谋求绝对安全的举措中得到实证：美国大力发展反卫星武器（A－SAT），则会引起潜在对手的恐慌，降低了首攻的稳定性；反导系统（BMD）使他国感到威胁，引起空间军备竞赛；全球快速打击系统（C－PGS）极大地降低了空间的危机稳定性。21世纪初，美国空间攻防对抗的全方位准备导致攻防对抗升级，使攻防对比向进攻占优的方向变化，空间军备竞赛一触即发，极不利于世界的和平与稳定。面对空间攻防对抗准备所引发的危险，国际社会愈来愈重视防止空间武器化和军备竞赛问题。为此，维护战略威慑中的空间、反导和核武系统的互动稳定，促进空间军备控制中的安全战略沟通，加强空间复合相互依存中的多元领导与有效协调等，既事关国际安全，也是大国维护自身安全的必然选择。根据攻防理论，通过军备控制来调整空间力量的属性和格局，转变攻防对比态势，促进防御占优，这样或许更能避免军备竞赛，减少战争的危险，促进空间的和平开发、利用。

一 空间安全的潜在威胁与挑战①

冷战时期，美国“三位一体”的战略威慑体系主要表现为装载核弹头的战略轰炸机、核潜艇和带核弹头的陆基洲际导弹。冷战后，美国对其战略威慑体系进行了调整，试图逐步减少对核武器的过分依赖，增强它在战略威慑中的反应灵活性。2002 年《核态势审议报告》即提出，要建设包括（常规武器和核武器相结合的）攻击性打击系统、导弹防御系统和反应灵敏的国家安全基础设施的新的“三位一体”战略威慑体系。② 美国新型战略武器主要包括新型战略核武器、非核的全球常规打击武器、反导防御武器和覆盖全球的一体化、网络化的战略信息系统四类。③ 为此，美国加快抢占空间这个战略制高点，试验其相关武器，退出《反导条约》，并拒绝签订任何新的空间军控协定。就现实来看，美国战略威慑重心的调整对空间安全构成了潜在威胁与挑战。

（一）对战略稳定性的冲击

战略稳定性这一概念来自于经典军备控制理论，“危机稳定性和军备竞赛稳定性合在一起称作战略稳定性”④。在国际安全领域，美国作为唯一的超级大国，试图凭借其强大的综合国力，特别是超强的军事实力，加快调整其战略威慑体系以寻求绝对安全，确保美国在全世界的“领导地位”。美国战略威慑体系的重心由核武向空间的转向⑤，对当前国际安全领域的战略稳定性形成极其危险的冲击。

首先，美国战略威慑体系具有由过度依赖核武向空间转移的倾向。随着美国空间军事利用的不断发展，空间武器试验取得长足的进展，美国安全决策者日益认识到，将空间武器与信息技术、核武器相结合，形成新的

---

① 本节内容以“美国战略威慑体系调整对外层空间安全的潜在压力与威胁”为题，发表于《国防科技》2013 年第 2 期上。

② 《美核威慑战略树立新“三位一体”淘汰冷战模式》，严骁译，中国网（http：//www.china.com.cn），2009 年 4 月 30 日。

③ 匡兴华、朱启超、张志勇：《美国新型战略武器发展综述》，《国防科技》2008 年第 1 期。

④ 李彬：《军备控制理论与分析》，国防工业出版社 2006 年版，第 83—84 页。

⑤ 苏晓晖：《美国外空战略新动向及其发展前景》，《国际问题研究》2009 年 4 月 25 日。

"三位一体"威慑战略，既可以克服核武器过度毁灭性的缺憾，又可以实现快速、精确、毁灭性的全球打击。2003 年，美国《2020 年远景规划》提出"全谱优势"，重申了"只有控制空间，才能控制地球"的空间战略思想。[①] 2008 年，美国空军航天司令部发布《未来 25 年作战行动中的航天能力》文件，就未来主要作战领域一体化建设构想进行阐述，其目标是至 2032 年真正实现航空、航天、计算机网络的一体化作战，随后于 2009 年 1 月在博林基地成立了"全球打击指挥中心"[②]。"在空间建立弹道导弹防御系统，追求对军事问题的技术解决之道"[③]。

由此，美国威慑战略的重心出现了明显的转向，空间力量正在出现部分取代核力量威慑作用的迹象，这也是美国自 2007 年以来，高调呼吁建构"无核世界"的一个不可忽视的重要背景。[④] "空间系统为国家行为提供了灵活性，既可以作为一种战略威慑力量存在，也可以为联合作战提供侦察监视、指挥控制、通信预警、导航定位和气象等信息服务。"[⑤] 在空间安全"利益　权力"理性博弈的过程中，空间武器化和军备竞赛的威胁日益临近。美军到 2011 年部署了 200 多颗不同种类的军用卫星，计划到 2030 年美军在轨卫星将达到 800 颗，以形成庞大的空间军事支援系统。2004 年以来，美国着力建构"全球快速打击系统"（C－PGS），强调在 45 分钟内对全球的任何目标实施毁灭性的打击。如 2011 年成功试飞的 X－37B 就引起了世人的高度关注和深深忧虑。

其次，美国导弹防御系统危害空间军备竞赛的稳定性。"一种军备行为是否会引起对手的反应并导致军备竞赛，这个状态也被称作军备竞赛稳定性。在某个军备格局下，如果一个国家发展军备的某个行为很容易引起对手扩充军备，那么，这种情况被称作军备竞赛稳定性很低；如果一个国家发展军备的某个行为不容易引起对手扩充军备，那么，这种情况被称作

① 赵秀敏：《论外层空间法对空军发展战略的影响》，《西安政治学院学报》2009 年第 5 期。

② 《空军报》2009 年 2 月 17 日第 4 版。

③ 2002 年 9 月《美国国家安全战略》报告。

④ 谢明康：《一个新的战略危险正在向中国逼近》，中华网（http：//military. china. com/zh_ cn/critical3/27/20100506/15925112. html），2010 年 5 月 6 日。

⑤ 陶平、王振国、陈小前编著：《论空间安全》，国防科技大学出版社 2007 年版，第 83 页。

军备竞赛稳定性很高。”① 美国的导弹防御系统从近期看是对导弹的一种防御，但是如果同空间攻防结合在一起看，则是一种攻击性武器。因为反弹道导弹可以击中高速运行的导弹，那么它打击那些相对静止的卫星就易如反掌。也就是说，它事实上是一种空间攻防力量，至于是用于防，还是用于攻，则要根据美国的战略需要而定。②

美国弹道导弹防御系统建设从两个方面直接引发了空间军备竞赛，从而破坏了空间军备竞赛的稳定性。一方面，以俄罗斯为代表的相关国家不得不进行非对称战略的反制。③ 为了反对美国政府大力推动的国家导弹防御系统，俄罗斯采取了一系列行动，积极运用最新技术试验洲际导弹——“白杨-M”。同时，俄军还采取一系列措施，努力提高空天侦察能力。④ 2011年，俄罗斯政府和军方高调宣布组建全新的兵种——空天防御兵。另一方面，其他主要军事国家借助美国的支持，加快构建本地区反导系统，印度、日本、以色列等其他主要军事国家（或北约组织）积极参与到美国构建的全球反导系统的行列中。印度在从国外引进技术装备的同时，积极自研本国的多层反导系统。以色列打造由“箭-3”、“箭-2”、“魔杖”（又称“大卫投石索”）以及“铁穹”防御系统等组成的综合防空反导体系。日本初步建成由“宙斯盾”海基弹道导弹防御系统和“爱国者”-3弹道导弹防御系统所构成的双层反导系统。⑤ 美国积极推进其导弹防御系统所带来的军备竞赛，将是全方位的军备竞赛，包括核武器及其运载工具的改进和升级。⑥

最后，美国全球快速打击系统损害空间危机稳定性。危机稳定性强调，如果两个国家“达到这样一种状态，即使两个国家的关系因为冲突而陷入危机，它们也不大愿意向对手发动先发制人的核打击，也不大担心

① 李彬：《军备控制理论与分析》，国防工业出版社2006年版，第83页。

② 赵小卓“控制外空的必要基石，凝聚盟国的新动力来源”的发言，2007年《中国评论》月刊主办的“美国坚持推行全球反导体系的战略意图及其影响”座谈会（第10次，总第118次），地点：《中国评论》北京办事处会议室。

③ 墨菲：《美试验高难度海上反导：拦截射程超3000公里导弹》，《法制晚报》2011年4月17日。

④ 赵秀兰、刘汉宗：《美、俄的外空战准备》，《现代防御技术》2004年第1期。

⑤ ［美］安德鲁·M. 赛斯勒（研究小组组长）等：《NMD与反制NMD》（原名：《反制措施》），卢胜利、米建军译，国防大学出版社2001年版，第5页。

⑥ 墨菲：《美完成最具挑战反导试验》，《法制晚报》2011年4月16日国际时讯版。

对手会发动这种核打击，这样的状态被称作危机稳定性很高。”[①] 对于空间安全而言，如果两个国家的空间武器化因国际军备控制的规范，几乎没有严格意义上的空间武器，空间军事利用或两用空间设施，即使两个国家的关系因为冲突而陷入危机，也不会直接爆发空间战。达到这样一种状态，任何一方都不大可能向对手发动先发制人的空间打击，也不大担心对手会发动这种空间打击，这样的状态可称作危机稳定性很高。反之，只要出现真正意义上的空间武器对他国相关设施造成威胁，由于空间在军事上具有战略制高点的地位，在两个国家的关系因为冲突而陷入危机时，就极有可能爆发空间战，这样的状态可视作危机稳定性低。

2004 年 8 月，美国提出一个名为全球快速打击系统（C－PGS）的新战略，认为维护国家安全的关键是信息技术与空天能力的结合，要求空军装备的军用航天飞机携带的弹头重达半吨，能在 45 分钟内对全球的任何目标实施毁灭性的打击。[②] 全球快速打击计划所面临的最现实、最受质疑的问题，就是可能由于“核误判”而引发意外核战争，许多分析家都担心俄罗斯等国家可能会将全球快速打击武器误判为战略核武器。[③] 与此同时，美国全球快速打击系统的快速打击能力进一步诱使其安全决策者认为，最好先下手为强，全副武装地抢占空间。反过来，他国应对美国的全球快速打击系统的手段之一是打其弱点，即非对称性和平反制战略。这样，美国全球快速打击系统由于更易诱发破坏其电子系统的第一次打击，降低空间危机稳定性，因此，爆发空间冲突和战争的风险也将随之大幅增加。[④] 亨利·基辛格曾说：“一个国家寻求绝对安全的做法对其他国家来说意味着绝对不安全。”美国的这种绝对安全必然会导致他方处于安全劣势中。为了获得同样的安全感，各方必然会强化自身的军事实力。[⑤]

（二）对和平利用活动的威胁

随着美国战略威慑体系的调整，空间系统正被逐步纳入其战略威慑体

---

① 李彬：《军备控制理论与分析》，国防工业出版社 2006 年版，第 83 页。

② 《美国国防部 2006 年四年防务审查报告》，军事科学院世界军事研究部译，军事科学出版社 2006 年版。

③ 方勇：《美国推进快速全球打击计划》，《新时代国防》2010 年第 8 期。

④ 罗山爱：《美国推进多款先进武器，即时全球打击日渐成形》，《新京报》2010 年 6 月 2 日，http：//www. sina. com. cn。

⑤ 余永胜：《美国空天飞机将挑起外空军备竞赛》，中评社北京 2010 年 4 月 30 日电。

系，强调将提升空间作战能力列为美军今后的重点发展方向。美国极力推进空间武器化的做法既是威慑战略在空间时代的产物，也对空间和平利用活动构成了严重威胁[①]，这主要表现在以下方面。

一是空间武器化对和平利用活动造成了最直接的威胁。根据美国空军航天司令部前司令兰斯·洛德提交给美国国会的报告，美军目前正在开发的空间武器有五六种之多。为确立空间霸权，美军积极开展航天母舰、自杀式卫星、“上帝之杖”、“天基魔镜”、天基电波武器等空间战项目的研究。美军正加紧部署“天基反导系统”和由三级火箭推进器以及“击杀装置”组成的20个陆基导弹拦截器。2007年5月，美国防部在科特兰空军基地正式组建了卫星快速反应部队，并着手研制“战术星”－5（TacSat－5）卫星，除具备通信和侦察预警能力外，还具备攻击能力。[②] 美国国会2008年4600亿美元军费预算包括了“空间围墙”计划，同时还拨专款保护本国军用卫星免受“敌国”空间武器的袭击，提高攻击敌方卫星的作战能力。

美军已形成以战略司令部为最高指挥机构、以空军为主要发展依托的军事航天力量体系。其空军现已建成多支远征型航空航天部队，提出了“全球警戒、全球到达和全球力量”的建军目标。美国拥有135颗正在运行的军用卫星，占世界总数的一半以上。[③] 目前，美国已掌握较先进的技术进行空间监控，美国研制的天基空间监视系统（SBSS）和轨道深空成像系统（ODSI）已取得重大进展，[④] 并拥有一套由25个陆基雷达站组成的空间监视网。[⑤] 2010年4月，美国试飞了X－37B空天飞行器，其后又多次成功试飞。美国媒体也披露了高超音速巡航导弹试飞的情况。[⑥] 美国全球快速打击系统将配备常规重量极大的弹头，可快速飞行，精确度极高，能够在局部地区制造与核弹头爆炸相似的效果。[⑦] 美国国防部希望研制出的力量投送方式能够不受部署基地和过境飞行权力的限制，也无须将

---

① 周辉：《美国外空战略开始转向？》，《现代军事》2009年第6期。

② 《刺激外空军备竞赛升级》，《参考消息》2008年2月22日。

③ 苏晓晖：《美国外空战略新动向及其发展前景》，《国际问题研究》2009年4月25日。

④ 吴勤、高雁翎，《美国的空间对抗装备技术》（上），《中国航天》2007年第7期。

⑤ 《美检讨外空监视四大缺陷》，《环球时报》2007年11月30日。

⑥ 《美国威慑战略重心要转向？》，《北京日报》2010年4月13日。

⑦ 昙华：《奥巴马将决定是否部署全球快速打击武器系统》，中国网（http：//www. sina. com. cn）2010年4月23日。

飞行员或其他人员置于不必要的危险境地。①

二是空间环境污染日益恶化危害和平利用活动。美国空间武器试验给空间带来了化学污染、核辐射污染，更重要的是频繁的爆炸造成了无数的空间碎片。②“造成空间碎片的两大源头是卫星武器试验和故意爆炸或撞击、毁坏空间物体。”③ 1986 年，美国“阿丽亚娜”火箭进入轨道之后不久便爆炸，释放出 564 块 10 厘米大小的残骸和 2300 块小碎片，后来这些残骸和小碎片在绕地球轨道飞行的过程中，先后导致两颗日本通信卫星和一颗法国卫星受到损害。④ 2009 年 2 月 10 日，美国“铱 33”卫星和俄罗斯的“宇宙 2251”军用通信卫星相撞，造成至少 600 多枚较大碎片。近地轨道的空间碎片还来自美国当前仍在研发中的地基和天基弹道中段导弹防御系统或其他空间武器试验。⑤ 目前美国部署的弹道导弹防御系统主要是以动能撞击的方式拦截对方进攻性弹头，其中段拦截无疑会制造大量的空间碎片。空间碎片数目的增多和相互间碰撞概率的增大，会导致“连锁式碰撞”，增加了与航天器碰撞的可能性，将成为人类未来空间活动的极大威胁。⑥

此外，美国在太平洋马绍尔群岛、比尼基环礁等所做的原子弹、氢弹试爆会产生裂变性物质的微粒及一些放射性物质，对附近水体和大气层产生了持续至今的严重污染。同时，美国发射到空间的飞行器中有许多是依靠核能做动力的，这些飞行器一旦出现意外，就有污染的危险。但是，核动力卫星如果失控重返地球，其放射性残片和被烧毁后的散落物将会对有

① 钟娅：《PGS 系统成为美全球打击战略的主要手段》，中国江苏网—鼎盛军事，2008 年 11 月 22 日。

② Kevin Whitelaw, "The Problem of Space Debris," (4December, 2007), U. S. News and World Report, online: http: //www. usnews. com/articles/news/2007/12/04/the - problem - of - space - debris. html.

③ 薄守省：《从美俄卫星相撞看外空活动的国际法规制》，《北京航空航天大学学报》2010 年第 1 期。

④ 同上。

⑤ Jeremy Singer, "Space-Based Missile Interceptors Could Pose Debris Threat," *Space News* (13September, 2004).

⑥ 由于多数空间碎片的撞击速度极快，即使非常小的微粒也可以产生相当大的动能，能够造成比这些微粒本身大得多的损害。例如，1998 年，一个 0.3 毫米的漆粒在航天飞机的散热器上撞出一个直径 1 毫米的洞；在 2000 年的一次飞行中，一个 0.1 毫米铝微粒的撞击造成航天飞机玻璃上一个 2 毫米的弹坑。参见《各国对空间碎片、核动力源空间物体的安全以及这些物体与空间碎片的碰撞问题的研究》，联合国文件编号 A/AC. 105/770。

关国家的环境造成重大污染损害，对人类生命财产形成潜在的威胁。[①] 虽然美国声称，在星际从事深空探测以及在完成使命后重新被射入更高轨道的核动力卫星对地球带来的危险较小，然而，就发生故障而重返地球的核动力卫星而言，则不能完全排除其在重返过程中被烧毁后的散落物会对环境和人造成危险。[②]

三是空间科技的负面效应侵犯各国主权和个人隐私。美国空军推崇的天基红外系统（SBIRS）自投入研发至今，“美国一直或明或暗地强调，它将对包括中国在内的整个亚太地区国家的导弹发射予以特别‘关照’”[③]。美国和日本合作于2007年12月17日在美国夏威夷考爱岛海域进行导弹拦截试验。日本海上自卫队宙斯盾舰“金刚”号配备的标准－3型（SM－3）海基导弹成功击中一枚模拟弹道导弹，意味着日美反导协作进一步加强，同时，这种军事施压也是对亚洲国家主权的隐形侵犯。[④] 同时，美国利用迅猛发展的空间技术通过卫星直接电视广播的方式，加紧向其他国家进行文化和意识形态输出，试图确立其在文化领域的霸权地位，危及他国的文化安全和人类文化多样性。[⑤]

美国利用其高度发达的卫星系统对卫星通信实施监视，甚至借口反恐需要拦截电话、传真和电子邮件等私人通信，严重侵犯个人隐私权。美国通过全球定位卫星系统（GPS）可以获取车辆、个人的即时精确位置信息；高分辨率卫星成像技术可以获取私人或公司建筑、农场、车辆等的清晰图像，从而可能对公民自由和隐私造成危害。“不加限制和不加管理地在公共领域提供高分辨率卫星数据可能对人民和国家安全有害。”[⑥] 空间监视技术与网络技术的结合对公民自由可能会产生更加广泛而深刻的影响。这方面的典型例子是Google Earth卫星图片检索服务。2008年，在联合国和平利用空间委员会的会议上，“有代表团认为，在互联网上免费提

---

① 尹玉海：《国际空间立法概览》，中国民主法制出版社2005年版，第45页。

② 贺其治：《外层空间法》，法律出版社1992年版，第178页。

③ 《美军反导“天眼”暗示将监控中国》，《香港文汇报》2012年2月20日。

④ 黄力颖：《日双重反导体系基本成形 揭开日美同盟历史一页》，《东方早报》2007年12月19日。

⑤ 参考刘戟锋教授主持的《我国XXXX政策研究》，2008年中国科协重大调研课题。

⑥ 《联合国和平利用外层空间委员会的报告》第五十三届会议，大会正式记录，第六十五届会议补编第20号（2010年6月9—18日），第13页。

供敏感地区高分辨率图像是个令人关切的问题”①。

（三）对国际军备控制的阻碍

美国作为当前空间探索与利用中实力最强大的国家，为了追求绝对霸权和绝对安全，退出《反导条约》（ABM），积极部署“国家导弹防御体系”（NMD）和“地区导弹防御体系”（TMD）。美国长期以来阻挠中、俄等国倡导的防止空间武器化和军备竞赛谈判，更遑论承担其作为实力最强大的空间大国理应履行的对于国际军备控制率先垂范、政治领导的特殊责任了。诚然，空间国际军备控制步履艰难是由多方面原因造成的，并且目前仍然面临着巨大的压力，但美国对国际军备控制的阻碍是众所周知的决定性因素。

一是美国退出《反导条约》，损害、动摇了空间安全国际体系。冷战时期，美苏签订《反弹道导弹条约》的目的是，在数量和质量上限制美苏双方所能部署的反弹道导弹，特别是限制其发展成区域性和全国性的反弹道导弹防御系统，使彼此的弹道导弹均能穿透对方的防御而攻击对方，进而达成战略稳定和降低核武器竞赛。《反弹道导弹条约》被视为全球战略稳定的基石，有 32 个裁军和核不扩散的国际条约与这一条约挂钩。因为空间、导弹防御系统和核武三个议题密不可分，任何一方发展针对进攻性核武器的导弹防御系统，势必会影响相关国家间的互动稳定关系。② 防止空间军备竞赛，包括禁止空间武器和禁止损害战略稳定的反导武器系统是最关键的。正是这方面的严重事态阻止了核裁军进程，并正在破坏防止核扩散的基础。

“9·11”事件后，美国总统布什于 2001 年 12 月 13 日宣布美国将在 6 个月后退出《反弹道导弹条约》。这种单方面退出国际军控体系中重要条约的做法不仅给国际战略平衡带来严重负面影响，而且将刺激空间军备发展，甚至导致空间军备竞赛。这种逆时代潮流而动的行径是对 1967 年《外层空间条约》所确立的和平利用空间原则的违背，损害、动摇了空间

---

① 联合国2008 年《和平利用外层空间委员会报告》第 110 段，第 20 页。

② 丁树范：《中美关于外空、导弹防卫与核武政策争议之研究》，《中国大陆研究》2010 年第53卷第 1 期。

国际安全体系。[①] "随着《反导条约》变为废纸，发展导弹防御系统已不受约束，一国拥有的'盾'不断增加，势必刺激他国发展'矛'的热情。"[②] 为此，占有陆基核力量优势的俄罗斯正在研制新一代洲际弹道导弹，能够突破包括美国在内的任何一个国家的反导系统。[③] 这种追求空间绝对安全和绝对霸权的"单边主义"的另一个露骨表现，是美国 2006 年空间政策公然宣称"反对制定任何禁止或限制美国进入或使用空间的新国际法律制度或其他约束措施"[④]。由于美国近年来加紧发展和试验空间武器系统，如 NMD 和 TMD，空间军事化和军备竞赛有可能再次被激化。

二是美国一直阻挠防止空间武器化和军备竞赛谈判。空间军备控制谈判主要是通过目前唯一的全球性多边裁军谈判机构——"裁军谈判会议"进行的。[⑤] 自 1985 年起，"裁军谈判会议"下设立一个"防止外层空间军备竞赛特别委员会，简称特委会"（Prevention of An Arms Race at the Outer Space，PAROS）。[⑥] "特委会"只是针对空间军备竞赛进行一般性的审议，[⑦] 后来由于美国坚持反对将防止空间军备竞赛有关一般性问题的讨论与它重点关注的禁止裂变材料的生产议题挂钩一并处理[⑧]，这一委员会于 1995 年终止运作。[⑨] 由于多年来未能在"防止空间军备竞赛"议题上取

---

① 丁树范：《中美关于外空、导弹防卫与核武政策争议之研究》，《中国大陆研究》2010 年第 53 卷第 1 期。

② 黎弘：《复杂多元化的全球核安全环境》，《和平与发展》2010 年第 3 期。

③ 魏良磊：《核裁军条约获批——俄美博弈继续》，新华社莫斯科 1 月 28 日电（国际观察）。

④ Statement by Theresa Hitchens, before the Subcommittee on National Security and Foreign Affairs, Committee on Oversight and Government Reform, U. S. House of Representatives, May 23, 2007, URL.

⑤ 李滨：《国际裁军实践中的外空非武器化问题分析》，《国际观察》2010 年第 5 期。

⑥ "Outer Space Militarization, Weaponization, and the Prevention of an Arms Race," Reaching Critical Will, http://www.reachingcriticalwill.org/legal/paros/parosindex.html.

⑦ Jing-dong Yuan, "Culture Matters: Chinese Approaches to Arms Control and Disarmament," in Keith R. Krause ed., Culture and Security: Multilateralism, Arms Control and Security Building (London: Frank Cass, 1999), p. 111.

⑧ Bates Gill, *Rising Star: China's New Security Diplomacy* (Brookings Institution Press, 2007), pp. 96-97.

⑨ Rhianna Tyson, "Advancing a Cooperative Security Regime in Outer Space," Policy Brief, May 2007, http://www.gsinstitute.org/gsi/pubs/05-07-space-brief.pdf; M. J. Peterson, International Regimes for the Final Frontier (New York: State University of New York, 2005); W. Henry Lambright, *Space Policy in the Twenty-First Century* (Baltimore: Johns Hopkins University Press, 2002), p. 161.

得进展，以及为了讨论其他裁军议题，裁军谈判会议一直未能重新成立相关特委会。① 因而，自此始空间问题的焦点便集中在要求裁军谈判会议重新设立外层空间特委会上。②

自2002年以来，中国与俄罗斯多次联合多国推动法律解决空间军备竞赛问题，但都遭到美国的极力阻拦。③ 2006年，中国又与俄罗斯、白俄罗斯等国提案“外层空间活动中的透明度和建立信任措施”（Transparency and Confidence-Building Measures in Outer Space）来呼应“裁军谈判会议”举行相关辩论，这一决议重申应建立信任措施作为有助于防止空间军备竞赛目标的手段。④ 但美纠集日、英等极少数国家对此表示异议，因此仍然没有取得实质性的进展。⑤ 2008年2月，中国与俄罗斯一道，向裁军谈判会议提交了“防止在空间放置武器、对空间物体使用或威胁使用武力条约”的草案，该草案再次遭到美国的抵制。⑥ 现实表明，美国的阻碍使得以全面禁止一切空间武器，即以禁止试验、生产、安放、部署和使用一切空间武器并销毁现有的空间武器为主要内容的国际条约的达成成为一项复杂而艰巨的任务。⑦

三是美国拒绝承担空间国际军控所应负的大国特殊责任。“国际社会里的制度谈判如同其他社会环境中的制度谈判一样，充斥着集体行动的困境；这些困境能够并且也确实经常延缓或阻滞制度性安排协议的达成，而

① 袁易：《重新思考外层空间安全：一个中国建构安全规范之解析》，《中国大陆研究》2009年第52卷第2期。

② Guy B. Roberts, This Arms Control Dog Won't Hunt: The Proposed Fissile Material Cut-off Treaty at the Conference of Disarmament (Colorado Spring, Colo.: USAF Institute for National Security Studies, 2001); Bates Gill, *Rising Star: China's New Security Diplomacy* (Washington, D. C.: Brookings Institutions Press, 2007), p. 86.

③ 如在2002年，中、俄等七国联合向裁军谈判会议提交了“禁止在外层空间部署武器、禁止对外层空间物体使用或威胁使用武力的国际法律文书的要素”的议案；2003年2月，中国配合俄罗斯召开外层空间问题讨论会，征求各国对中俄外层空间问题工作文件（CD/1679）的意见，并在裁军谈判会议第三期会议上共同散发“各方对CD/1679的意见汇编”，受到各方重视；2003年8月，中国宣布接受五大使修改方案，在工作计划问题上做出建设性努力，受到普遍好评。

④ United Nations, Official Documents System of the United Nations, http://daccess-dds.un.org/doc/UNDOC/GEN/N06/498/93/PDF/N0649893.pdf? OpenElement.

⑤ 聂资鲁：《外层空间军备控制与国际法》，《甘肃政法学院学报》2007年第4期。

⑥ 李滨：《国际裁军实践中的外空非武器化问题分析》，《国际观察》2010年第5期。

⑦ 卢敬利：《俄美外长为签署核裁军条约铺路》，http://news.xinhuanet.com/world/2010-03/20/content_13209670.htm。

这些协议并非只是高尚情操的表述。”[①] 要达成这种全体一致，政治领导就是一个不可回避的问题，成员越多，对强有力的政治领导的需要就越紧迫。[②] 但就目前情况看，由于技术水平上的巨大差距，美国在空间开发方面的优势正在不断加大，空间领域的国际权力结构严重失衡。在美国看来，空间力量对美国应对非传统安全问题、进行非对称性打击至关重要。例如，美国依赖卫星进行通信、收集情报、应对紧急情况、引导部队行进、进行精确打击，并有效地降低了伤亡率。[③] 为此，美国不但拒绝承担推进空间军备控制的领导责任，甚至在配合自律方面，也与国际社会的期盼与意愿背道而驰。

现实的空间技术领域的权力严重失衡，形成了一个倒“T”字形结构，美国“一马当先”，后面并没有“万马奔腾”。由此，如果美国能在国际军备控制推进方面持积极态度，其局面很有可能“势如破竹”。然而，冷战后，美国为了实现自己的全球战略，忙于在这一领域寻求绝对优势和绝对霸权，而不愿意承担政治领导责任，国际军备控制机制成长所需的权力分配结构认同就很难达成。与此同时，美国不但不愿意承担空间国际安全合作的领导责任，反而为了追求自身的绝对安全，极力阻挠他国的国际合作。当中国与欧洲在天基对地观测项目、发射探测卫星等方面进行合作时，美国以所谓存在卫星技术转让的可能性加以反对、干涉，使得中欧在伽利略计划上的合作目前已经成了空壳。[④] 由此可见，美国阻挠正是当前空间军备控制难以取得进展的最主要原因。

二　空间信息支援的政治逻辑

空间开发利用不同于15—18世纪欧洲列强对新大陆的占领和领空的划分，也不同于公海和南极洲的管理，它的无疆域性和广阔无垠，除

---

① ［美］萨莉·马丁、贝思·西蒙斯编：《国际制度》，黄仁伟、蔡鹏鸿等译，上海人民出版社2006年版，第8页。

② Oran R. Young, “Regime Dynamics: The Rise and Fall of International Regimes,” in Stephen krasner (ed.), *International Regimes* (Ithaca: Cornell University Press, 1983), pp. 100-101.

③ Robert G. Joseph, Remarks on the President's National Space Policy—Assuring America's Vital Interests, Remarks to Center for Space and Defense Forum, Jan. 11, 2007, URL.

④ 赵海峰：《欧洲外空法律政策及其对中国与亚洲的影响》，《北京航空航天大学学报》2011年第1期。

无线电频谱、地球静止轨道、范·艾伦带的航天轨道区和拉格朗日（拉格朗治）平动点等特殊空间资源外，空间资源利用具有更多的非排他性，空间没有疆界之分，很难在这个区域内划分一个“宇宙公海”，即不能像对航空器那样规定不让别国的卫星经过某个国家上面的空间，也不能限制和禁止高性能的侦察卫星对别国的“观察”。[①] 这使得空间军事利用广泛存在，特别是“空间”和“信息”的交融发展给当前世界新军事变革带来了深刻影响。新军事变革在信息化的大潮下，“武器系统信息化，信息系统武器化”的进程正在逐步向前迈进，空间的战略优势将显著地影响未来战争，空间信息支援在军事中的广泛现实运用，为夺取制信息权，充分展示基于信息系统的体系作战的安全功效发挥着至关重要的作用。

（一）空间信息支援：催生联合作战的直接推动力

随着冷战时期空间军事化和军备竞赛的加剧，空间成为谋求战争主动权的战略制高点。[②]“在军事上，空间被称为‘最终的高地’。相关的问题是，它是什么样的高地？答案是信息。空间使人们具有一种观察能力。它是‘上帝的眼睛’，使用这种眼力，可以看到并了解更多的信息，随后获得知识，知识是国家在世界舞台上保持相对优势的杠杆。”[③] 当时美苏两国就以空间作为战略制高点，占据高度优势，而其运行轨道可覆盖地球表面的大部分范围，能够“合法”地经过或驻留在他国领土上空进行军事活动，开展了愈演愈烈的空间军备竞赛。[④]“空间早在1962年就已出现了军事实验活动，其后，又有偶尔出现的反卫武器测试和弹道导弹防御试验。而且，在整个冷战时期，在美苏空间项目中大量的军事利用项目起着

---

① 《外空军备竞赛实难遏止，世界经济将遭遇巨大影响》，《中国青年报》2007年2月1日；参见 http：//news. china. com/zh_ cn/international。

② 牛姗姗：《外层空间非军事化法律制度构建思考》，《江苏警官学院学报》2009年第24卷第6期。

③ 徐海玉主编：《美军空天对抗理论与技术研究》上册，哈尔滨工业大学出版社2002年版，第12页。

④ 仅以目前在轨运行的近千颗各类卫星而言，其中用于军事目的的卫星便占有很大比例。美军对外层空间技术平台的依赖程度最高，约90%的军事通信、100%的导航定位、100%的气象信息、近90%的战略情报均来自其部署在外层空间的军事资源。一旦这些资源遭到损毁，美国的军事实力将下降80%。

支配性的作用。"①

世界各国对于空间探索的最初推动都来自于国防部门，早期主要是军事侦察应用②，同时作为"国家技术手段"而应用于美苏战略武器军备控制的核查之中。在苏联的卫星中，军用卫星占到70%以上，分布于近至150千米的地球低轨道，远至36000千米的地球同步轨道。它们集侦察、导弹预警、通信、导航、陆地海洋监视、军备控制核查、测量、气象预测等功能于一体，为国家军事指挥决策部门提供战略战术信息，并形成自己的军事空间系统。苏联获取美国情报的70%来源于军用卫星。③ 由远程预警雷达、精密测量雷达和光学观测设备组成的空间目标监视系统，用于探测跟踪卫星，分析处理和确定卫星的轨道以及质量、形状、功能和其他光学特征信息。④ 与此同时，"在发展空间军事装备方面，自从第一颗人造地球卫星上天以来，美国已将数千颗各种用途的军用卫星送入了空间。这些卫星及由它们构成的空间网络作为美国军用信息系统的重要节点或枢纽，已在天基侦察监视、战略和战区预警、武器导航、作战指挥与控制、通信等方面为其部队的战略战术军事行动提供了强有力的支持"⑤。

空间信息支援系统的快速发展在推动现代战争向信息化发展的同时，也为联合作战的出现提供了最有力的技术支撑。"所谓联合作战，就是在信息化战场中，多个在不同作战空间或领域具有相对独立作战能力的军兵种作战力量，按照统一的作战企图，以平等的关系，共同实施的一种自主性较强的协同作战。"⑥ 由于联合作战中所有攻防武器都要依靠信息来指挥和控制，因此谁取得了空间制信息权，谁就取得了战争的主动权。在信息化战争中，陆、海、空作战力量遂行的联合作战行动将越来越依赖于空间信息支援所提供的信息保障。目前，美军95%的侦察情报、90%的军事通信、100%的导航定位和100%的气象信息均来自空间信息支援；俄

---

① James Clay Moltz, *The Politics of Space Security* (Stanford University Press, Stanford, California, 2008), p. 22.

② 如冷战时美国用卫星侦察代替苏联的U－2侦察机，中东战争时直接应用卫星对埃及军队调动进行侦查，等等。

③ 袁俊：《前苏联发展反卫星武器的回顾》，《现代防御技术》2000年第5期。

④ 同上。

⑤ 徐海玉主编：《美军空天对抗理论与技术研究》上册，哈尔滨工业大学出版社2002年版，第1页。

⑥ 张羽：《论联合战斗》，国防大学出版社2003年版，第26页。

军70%的战略情报和80%的军事通信依赖于空间信息支援。正因为空间力量在争夺信息优势时具有突出作用，使得空间信息支援系统成为联合作战双方争夺的新焦点。①

空间信息支援下的联合作战主要通过天基侦察、预警、指挥、通信、导航系统，提供信息支援和保障，增强地球上陆、海、空部队的作战能力。② 空间的各种侦察卫星、预警卫星、导航卫星和军用通信卫星等，作为现代战争的耳目、神经，对空中、地面、海上甚至大洋深处的军事行动产生着越来越大的影响。在20世纪90年代到21世纪初所进行的三场局部战争中，来自卫星的支援和对卫星的依赖持续显著增加。③ 海湾战争是美国第一次较广泛地利用空间信息支援的作战，从此，美国引领的在空间信息支援下的联合作战逐步登上历史的舞台。④ 空间信息支援系统第一次全面支援了作战行动，在战争中起到了至关重要的作用。非对称作战、精确打击、战场直播、密集导弹攻防……陆、海、空传统作战力量在空间信息支援系统的整合下结成了一个大的作战体系，完全改变了人类常规战争的画面。⑤ 美军在海湾战争中共投入各类卫星100多颗，这些卫星为联军部队提供了全面的侦察、监视、通信、预警、导航、气象等重要的作战保障。由于掌握了制天权，在卫星的指引下，美军对伊拉克的军事目标实施了不间断的精确打击。⑥ 美军在总结这场战争时认为："海湾战争证明，空间武器系统无论在战略行动还是在战术行动上，都已成为现代作战体系中不可缺少的一部分。"⑦

---

① 胡晓峰：《外空信息战》，中国百科网—军事百科（http：//www.chinabaike.com/article/96/401/2007/20070531120559.html）。

② 熊小龙、李荣刚、由大德、张世燎：《夺取制外空权》，《飞航导弹》2005年第10期。

③ 据不完全统计，海湾战争期间，侦察卫星为美国和多国部队查明了伊拉克各个战略目标的位置，使其中的2000多个重点目标遭到打击。

④ 李寿平：《外层空间的军事化利用及其法律规制》，《法商研究》2007年第3期。

⑤ 郑道光：《外空军事对抗与国家安全》，《军事学术》2002年第3期。

⑥ 据战后披露，当时美军卫星已经可以用0.1米的分辨率清点沙漠中伊军帐篷和坦克的数量。从1991年1月17日至2月24日，在外层空间优势保障下，美军38天的空袭基本上摧毁了伊军的抵抗能力和抵抗意志。随后美军仅进行了100小时的地面作战就结束了这场高科技局部战争。伊军虽然占有数量优势，但最终却有42个师被击败，被俘人数高达8万—10万，3700辆坦克和军用车辆被摧毁。而美军只有79人在地面作战中死亡，在各种作战中总计阵亡仅130人左右。

⑦ 刘俊等：《美国吹响外空战号角 中国主张和平利用外空》，《国际先驱导报》2009年2月12日。

空间信息支援下的联合作战的具体表现是：空天侦察为空袭作战提供可靠的目标识别和毁伤评估；卫星导航定位为空袭作战提供精确的目标定位和武器制导；空天地战场信息网一体化为空袭作战提供有效的指挥控制；空间导弹预警为防空反导作战提供有力的信息支持等。[①] 以信息作战为中心的卫星系统，可以使地球表面的陆、海、空部队得到强大的空间信息支援，从而使包括情报、预警、通信、导航、定位和数据处理等现代战争中决定胜负的军事信息作战行动达到一个全新的高度，军事空间系统因此已成为现阶段地球表面各种军事活动的信息神经中枢。[②] 目前全世界总共约有 800 多颗卫星活跃在包括近地、半同步与同步轨道上。[③] 这些卫星中相当一部分除用于军事侦察监测外，导航、通信也正成为主要的军事应用，并随着现在战争 C^4ISR 系统对其的依赖逐渐上升而日益重要。[④] 到目前为止，各主要国家已经建立起了比较齐备的军用卫星信息支援体系。[⑤]

空间是争夺制信息权的关键，没有空间信息支援，就会丧失联合作战的主动权。空间信息支援系统完成对战场信息的感知、传递、分发、处理、融合等，为陆海空作战行动提供必要的信息支援。空间信息支援系统主要担负信息获取、传输、处理等任务，具有与陆基、海基、空基信息系统无法比拟的优势，可以不受领土与领空限制，具有全天候、全天时、全方位的作业能力。空间信息支援系统在军事侦察、通信、测绘、导航、定位、预警、监测和军事气象方面发挥了巨大作用。在海湾战争后的历次局部战争中，美国动用了大量卫星参与作战并发挥了作用。就军事侦察卫星而言，海湾战争期间有 15% 的军事目标由空间监视系统提供，到 1998 年空间系统可提供 40% 的目标，2000 年提高到 50%，2010 年达到 98%。空间信息优势是军事大国夺取制信息权的一个重要撒手锏，也是联合信息作战的主要威胁。

---

① 耿艳栋、肖建军：《关于空天一体化的初步研究》，《装备指挥技术学院学报》2004 年第 6 期。

② 刘俊等：《美国吹响外空战号角 中国主张和平利用外空》，《国际先驱导报》2009 年 2 月 12 日。

③ 这里所引用的有关卫星数据，来源于 UCS 的卫星数据库（更新于 2006 年 3 月 17 日）。

④ 具有代表性的是美国，目前美国独自拥有 79 颗军用卫星，加上与其他国家合作拥有以及军—民两用的卫星，总数超过了 100 多颗。远远超过紧随其后的俄罗斯、欧洲各国和中国的总和。

⑤ 参见税世鹏《新世纪初军用卫星技术及市场发展评析》，《中国航天》2000 年第 3 期。

空间信息支援能力主要包括空间目标与环境的监视与感知能力。作为空间安全的一个基础性组成部分，空间监视是指侦察和监测空间、确定空间所发生的重要活动和事件。即快速准确地发现、追踪和识别发射到空间的物体，实时了解和掌握空间的状况，提供轨道目标的位置和特性，监控敌方的空间控制征兆、警报信息和其他与空间有关的各种活动，告知适当实体和分发经许可的信息。通过对空间目标与环境的识别与感知，为己方自由地进出空间、阻止敌方的空间行为提供攻防支援；能够评估空间防御效果，支持空间指挥和控制。空间信息支援能力将为进入空间、空间设施攻防提供全面信息支持，包括对空间目标进行探测、识别和编目，对空间环境进行监测预报，以及整个空间安全体系的指挥、控制等。空间监视是指侦察和监测空间、确定空间所发生的重要活动和事件。即快速准确地发现、追踪和识别发射到空间的物体，实时了解和掌握空间的状况，提供轨道目标的位置和特性，监控敌方的空间控制征兆、警报信息和其他与空间有关的各种活动，告知适当实体和分发经许可的信息。

目前，军事大国的空间信息优势主要表现在三个方面：一是快速准确的侦察情报支援。军事大国的可见光成像侦察卫星可以达到 0.1 米的空间分辨率，SAR 卫星可达到 0.3—1 米的空间分辨率，目标定位精度达到米级，而且正在积极研究“联合军种图像处理系统”、“联合作战融合系统”等，将大幅度提高侦察情报的快速反应能力。电子侦察卫星对目标定位精度由几十公里提高到 1—4 公里。导弹预警卫星对洲际导弹可提供 15—30 分钟预警时间，对中程导弹预警时间达到 5 分钟。测绘卫星可测制 1∶10 万—1∶2.4 万比例尺地形图。二是高效安全的卫星通信保障。据有关报道，目前美国和俄罗斯的战略情报 70% 来自卫星侦察，军事通信 2/3 依靠卫星通信。在远程指挥与作战中，确保了驻世界各地武装力量实时指挥、控制和管理。从战略意义上说，卫星通信是一种重要的基础设施；从战术意义上说，它是一种兵力倍增器；从信息战范畴上说，它是确立信息优势、主宰战斗空间的神经中枢。三是精确实时的导航定位能力。美国的“全球定位系统”（GPS）与俄罗斯的 GLONASS 系统可以达到米级的定位精度，用户在任何地方只需要 7 秒钟就可获知自己的精确位置，为舰艇、飞机和航天器以及远程精确打击武器提供精确导航，提高了武器装备的作战效能。

世界各国充分认识到空间信息支援的重要性，在联合作战准备中，围绕夺取制天权、制信息权开展了大量的工作。美国在战略对手解体的情况下反而加速了军事航天力量的建设步伐。从海湾战争、科索沃战争到阿富汗反恐战争直至伊拉克战争，卫星系统在应付突发事件、夺取战场信息优势、直接支援部队作战、提高部队作战效能等方面所发挥的作用越来越大。“1999 年 3 月北约对南联盟发起‘联盟力量’行动期间，中将库克提醒美军和英军，美国部队使用的每一条信息几乎都来自空间或是通过空间传输的。空间及其相关的信息流是在作战中取得军事优势的关键因素。”①以美国为首的西方军事大国凭借占绝对优势的空间能力所提供的“不对称”优势，牢牢控制了信息权，创造了一个单方面透明的战场环境，大大提高了远程精确打击能力，使对手处于盲目挨打的被动地位。

空间信息支援系统的广泛应用，大大加快了战场信息传递的速度。据报道，在海湾战争期间，美军从发现目标到实施打击的整个过程大约需要 3 天时间，而到科索沃战争中便缩短为 101 分钟，在阿富汗战争中则进一步缩短为 19 分钟。在伊拉克战争中，以卫星系统为核心的天空地信息一体化综合处理、传输与应用，进一步增强了美军目标识别与引导、战场监视与控制的能力，使美军从发现萨达姆可能藏身的建筑物到攻击该建筑物的时间总共不到 12 分钟。美军全天时全天候的空间侦察监视能力，使战场对其单向“透明”，对方隐蔽作战企图、部署与行动将十分困难；美军越来越先进的空间信息传输与处理能力，使其更容易形成和发挥联合作战的整体效能，增强快速反应能力，并严重制约对方联合整体作战能力的发挥；美军空间导航定位能力，使其“非接触”精确打击与机动作战能力不断增强，使对方在战场上争取主动地位的难度更大。

（二）空间信息支援的效能：权力的倍增器

自威斯特伐利亚和会以来，现代国际关系在愈来愈大的范围和程度上，发展成为一个由主权国家组成的国际体系。各主权国家拥有对内最高的统治权和对外的平等交往权，没有任何权威凌驾于主权之上。在缺乏类似于中央权威力量的现代国际体系中，国际安全体系是一个典型的自助体系，每个国家为了自身的生存与发展，不得不加快自身的空间信息支援系

① 徐海玉主编：《美军空天对抗理论与技术研究》上册，哈尔滨工业大学出版社 2002 年版，第 12 页。

统的研发速度。“在世界政治舞台上，体系结构约束国家的行为并决定国家行为的结果。想当赢家的国家必须遵循国际体系结构的要求。由于国家的第一利益是生存，它必须学会顺应国际体系的规律，依照国际体系结构的要求而行动。”[①] 这就是按照“权力—利益”理性博弈的原则，在现实国际体系结构中求得国家利益的最大化。国家间的权力也是“社会关系中某些因素的产物，这些因素塑造行为体控制自身命运的能力”[②]。在航天时代，空间信息支援在国家安全互动中的效应和效能已成为国家间权力的倍增器，它多元化、复杂化、透明化、直接化的联合作战能力大大增强了国家维护自身安全、拓展国家利益的功效。

一是多元编组以强化联合作战力量。国家安全环境决定国家安全需求，国家安全需求和国家安全战略决定包括空间信息支援技术创新和装备发展在内的国家安全能力建设要求。美国针对可能面临的多种新的安全威胁，较大限度地调整了空间信息支援技术发展战略，大幅增加了作为信息战手段的空间信息支援下的多元力量发展和编组，将导弹防御的部分项目重新启动，强调建设“核与非核打击手段（包括信息战手段）、被动与主动防御（特别是导弹防御）以及为生产和保持三合一战略报复力量的组成部分所需要的军火工业基础设施”[③]。在国家安全互动中，为排除外来安全威胁或侵略扩张，一个国家可能会扩大空间信息支援技术力量的规模和层次。在国际交往实践中，目前并没有可行的办法来计算到底多大的装备规模足以保全国家利益，相关国家往往依摸着石头过河的思路来了解自身合理足够的装备规模。当一个国家处于紧张甚至对抗的国际关系中时，它可能倾向于极力扩大装备规模。对抗性的国际关系最容易刺激安全相关程度高的国家大力扩展空间信息支援技术装备规模。如面对来自美国的武力威胁，伊朗2006年就决定大规模生产“Misagh 2”型导弹，除可用于追踪并摧毁低空飞行的空中目标外，更关键的是可对处于雷达系统盲点中的目标实施超视距打击和电子战。[④]

---

① Waltz, *Theory of International Politics* (Reading, Mass.: Addison-Wesley, 1979), chapter 4, pp. 99-101.

② Michael Barnett and Raymond Duvall, “Power in International Politics,” p. 45.

③ 美国国防部副部长道格·费思2002年2月14日在美国参议院军事委员会核态势评估听证会上的证词。

④ 《面对军事威胁备战忙 伊朗突击增加防空导弹装备》，中国网，http://www.china.com.cn/chinese/zhuanti/lran-n/1114579.htm，2006年2月7日。

空间信息支援对联合作战影响的一个突出特征是军队作战行动在对抗性质方面发生了根本变化，即由人力密集型向技术密集型对抗转变。其反映在军队的体制编制上，就是联合作战力量编组的多元化，即部队综合使用的作战力量构成，形成集信息、打击、机动、防护、指挥等多种功能于一体。在空间信息支援下联合作战力量的多元化性质是与生俱来的。因为空间信息支援系统所导致的高度综合集成，使各种不同性质的部队为了完成某个重大作战任务而紧密地联系在一起，相互之间前所未有的、便捷的信息沟通，确保了多元化编组力量的协调行动。故而，航天时代的联合作战行为主体具有典型的多元化特征。要透彻地分析联合作战，已无法不考虑在空间信息支援联合作战中的非一线作战力量，如综合保障的后勤力量，后方科学家、技术专家乃至国内军事爱好者、记者和其他各种团体发出的声音，被空间信息科技手段激活的非国家主体的利益集团、政治团体、日益强大的跨国公司等非民族非国家的行为主体等，都在联合作战领域发挥着逐渐增强的作用。随着安全与经济的联系越来越紧密，跨国公司在联合作战中显示出前所未有的力量。所有这些都说明，联合作战正向着多元化甚至立体化发展，因为这些行为主体并不属于同一层面，有的相互交叉，也有的相互包容。联合作战多元化的特征使国际格局更趋复杂，并向多极化方向发展。

二是复杂协同以增强联合作战合力。在联合作战中，由于参战军兵种数量剧增，使得各作战力量相互关系的协同变得超级复杂。“其作战协同的好坏，不仅影响诸军兵种部（分）队能否最大限度地发挥整体合力，而且也直接关系着战斗的结局。”[①] 联合作战作为战争形态发展到信息化时代的一种战争形态，呈现出力量多元、空间多维、手段多样、保障联勤和行动整体的特征。联合作战协同关系复杂化对于空间信息支援所起的高屋建瓴、提纲挈领的信息沟通、协调作用依赖更为强烈。从某种意义上说，空间信息支援已成为联合作战中超级复杂系统的“神经中枢”。“未来联合战斗作战空间越广，涉及的信息量就越大；战斗节奏越快，单位时间内的信息量就越多；战斗样式以及参战军兵种和武器装备品种越齐全，需要处理的信息内容就越复杂多样。”[②] 正是在这种情况下，空间信息支

① 张羽：《论联合战斗》，国防大学出版社2003年版，第99页。

② 同上书，第109页。

援系统更是联合作战能力的“倍增器”。“从发展的角度来看，只有建立功能完备、种类齐全的军用卫星体系，配套发展相应的地面应用系统，并加强多功能无人机、空中预警机、指挥控制飞机、对空预警雷达网等电子信息装备的研制，逐步实现卫星间的信息互联和星上处理，实现空天信息之间的互联互通，提高一体化的空天战场感知能力，才能为空天作战提供强大的信息支援保障。”①

空间信息支援下的联合作战协同关系复杂化甚至可以达到诸军兵种部（分）队“一体化”的过程，从而产生高聚能的作战效应。“联合作战协同是指参加联合战斗的各军兵种部（分）队，为遂行共同的战斗任务，按照统一计划进行的协调配合行动。它具体包括两层含义：一是从指挥控制的角度讲，是指联合战斗指挥员及其指挥协同机构对各参战力量的协调与控制；二是从作战本身讲，是指参加联合战斗的各军兵种部（分）队之间在战斗中达成配合与默契的互动行为。”②联合作战协同呈现出协同主体多元，平等合作性强，协同关系复杂，主次转化不定，协同内容广泛，组织难度增大，协同手段多样，对抗更为激烈等特征。随着空间信息支援这样的新信息技术的发展，联合作战的复杂化不仅表现在系统构成上具有力量多元、空间多维、手段多样的复杂性特征，而且其目的也常常带有战略战役性。当代的联合作战也因此更加具有多层次交织、多维度融合的特征。诸军兵种作战单元不仅是传统意义上的战场行为主体，而且越来越多地成为联合作战之“整体的部分”，诸军兵种作战单元之间相互依存程度日益提升。而且以空间信息支援为主的信息革命在现实战场空间复杂化之上，又叠加了一个在虚拟战场空间展开的更为迅猛的复杂化。在空间信息支援空间上，传统地理位置上的前后方分界线已经逐步淡化，整个作战空间变成了一个陆海空天的巨大空间，一个由网络电磁信息连接现实战场空间和虚拟战场空间的统一整体。在这个统一整体空间里，各种作战单元相互关联、紧密联系，形成一种“伙伴”式的合作关系，从陆、海、空、天和信息领域，从远、中、近距离上以不同角度同时攻击敌人。

三是单向透明助长联合作战优势。在航天时代，具有空间信息支援能

---

① 耿艳栋、肖建军：《关于空天一体化的初步研究》，《装备指挥技术学院学报》2004 年第 6 期。

② 张羽：《论联合战斗》，国防大学出版社 2003 年版，第 99 页。

力是一种明显的战略优势。从国际关系的主题领域——战争与和平来看，它决定着每个国家在安全决策方面的偏好选择。在20世纪50年代，作为两极对抗格局中“一极”的美国，曾一度处于对苏联所谓的“导弹差距”的恐惧之中，即认为苏联的战略导弹数量大大超过了美国。在空间信息支援下的联合作战中，信息是战斗力的基础，没有大量的信息，就不可能实施正确的决策和指挥，也就不能夺取战斗的胜利。为此，美国迅速加快了空间信息支援技术的研发速度，并对侦察手段进行升级换代。美国在出现著名的“U-2”侦察飞机被苏联击落事件后，又加速了侦察卫星的研发。1961年7月研发成功回收型侦察卫星——“萨莫斯-2”照相侦察卫星。空间信息支援使得具有这种能力的一方在战场上具有单向透明的作战空间，该军队不仅可以即时掌握对方的军力部署、指挥联络、后勤保障等所有现时信息，还可以即时了解那些曾经被对方伪装、保密的信息，甚至对方试图封锁的信息，可以了解对手的一举一动，也可以知晓相关其他国家的兵力动向，特别是加强盟军之间的通力合作。

联合作战战场单向透明化与直接化息息相关，并可导致军事决策民主化。该国军队的联合作战行动、军队领导人的言辞由于空间信息支援的传播也以相当高的透明度瞬间传遍全军甚至全球，其他盟国因此可以相应采取一些联合作战策应行动。联合作战越来越依赖于所把握的战场有效信息量，而且由于空间信息支援的弥散性，几乎每个单兵都有可能获得局部乃至整个战场的信息。这样就可以避免误操作而造成的自相残杀等诸种弊端，使联合作战透明化。虽然各国的空间信息支援条件还不一样，还不能在同一程度上客观地观察同一战场重大攻防对抗态势，但是，空间信息支援以及信息传播手段的改变，已经使得前沿部队能够较以往更为透明地获得那些未经过滤的战场真相。当然，也应注意在空间信息支援下联合作战的同时，要尽量避免对方有意释放的假目标信息，尽量搜集、甄别对方的隐藏信息。

空间信息支援下的透明化还可以消除安全上的武器装备逆序或友军交火现象，提高精确火力打击、纵深密集火力突击、直前火力突击等综合火力打击能力。在空间信息支援条件下，“火力打击虽然就整个进攻战斗来说，仍是为近距离决定性交战创造条件，但是其依附地面交战的从属地位将发生改变，多种火力打击手段的综合运用将最终使其形成一个能够完成一定任务的独立战斗阶段，并对整个进攻战斗的进程和结局产生直接而重大的影响。"[①] 战场作战单元不仅能从空间信息支援上得到大量联合作战信息，而且还可以通过空间信息支援几乎即时地报告自己所获得的前线快速变动中的信息，对军队联合作战决策的制定施加直接或间接的影响。在空间信息支援联合作战中，由于高远空间信息技术的支援，信息不透明被打破，作战部队和指挥机构的信息交流不再是单向地接受与发布的关系，而是对话式的，并可以互有选择。同时，在空间信息支援上便捷的信息复制与传播也使更多的人参与其间，更多的内容进入联合作战战场，从而形成联合作战战场空间有利于己方的单向透明。

四是直接攻防以提升联合作战效率。空间信息支援也使联合作战部队的攻防行动直接化。空间信息支援技术发展成为联合作战节奏加快的直接动因。"以信息技术为基础的作战指挥控制系统广泛应用，不仅增大了战场信息获取的数量，而且也加快了战场信息收集、分析、处理、传递的速度，使各级战斗指挥员均能做到全面、准确、实时掌握战场信息，从而提高了兵力、火力的反应速度，加快了战斗的节奏。"[②] 在空间信息支援下，较易综合运用各参战军兵种的远、中、近程火力以直接破坏对方的战斗体系结构，从而为迅速决战创造条件。因为对敌方情况一目了然，联合作战可通过迅雷不及掩耳之势，采取"点穴"式突击，以各种中远程火力对敌防御纵深内起核心和支柱作用的防御要点或重要目标，实施集中、准确、猛烈的毁灭性打击，以求速战速决的功效。

除直前火力突击外，空间信息支援也可大大提高指挥作战的效率。昔日只能通过专门的侦察部门和侦察兵传递的战场信息如今仅在瞬间就能传遍整个作战部队。军队首脑不出国门，坐在办公室中就可以通过空间多媒体信息支援，进行多媒体远程指挥和控制；驻战场前沿的一线指挥官可以借助空间信息支援系统向上级指挥部门及时汇报战况战果，并可迅速得到上级指挥部门的信息和指示，其间所需要的时间比原有侦察系统传递的时间要少得多。空间信息支援下的联合作战，使得机动与远程交战的联系更加紧密，并对实现战斗目的乃至满足战争需要起着至关重要的作用，机动寻机的非接触性作战将成为联合作战攻防行动的重要方式。[③]

---

① 张羽：《论联合战斗》，国防大学出版社 2003 年版，第 157 页。

② 同上书，第 50 页。

③ 张羽：《论联合战斗》，国防大学出版社 2003 年版，第 134 页。

联合作战攻防行动直接化意味着信息传递将减少许多中间层次。任何一个军队的联合作战攻防行动都是建立在大量信息基础上的。例如，攻防行动者需要了解其他国家的联合作战目标及其追求目标可资利用的现有的、潜在的实力；弄清自己部队作战的目标与对方目标之间冲突的关节点与激烈程度等。河水在流动过程中，必然会或多或少地流失并承载不同程度的污染。同样，信息的传输经过许多中间层次，就信息本身的纯正性而言，也会逊色许多。如果中间层次包含许多人为因素，那么流动中的信息有时甚至会被扭曲或者被颠倒黑白。① 而从空间信息支援上，前线部队可以从处在遥远国内的最高决策指挥机构直接获得命令和信息，并由此做出自己的战场判断与行动决定。空间信息支援对联合作战效能所起的作用是空前的，因此它也成为国家安全互动中权力的倍增器。在航天时代，任何一个国家都不可能完全独立于国际社会之外而独善其身，空间信息支援下的信息化战争日益成为军事斗争的主要现实形式。

（三）基于信息系统的体系作战：空间信息支援的“升级版”

在国际安全领域，世界各国均无一例外地按照“利益—权力”理性博弈的原则行事。既要不断追求国家安全利益，又要客观冷静地审视自身在国际权力结构中的现实地位，尽最大的可能求得国家的生存与发展空间。20 世纪 90 年代中后期，随着国际关系出现严重战略失衡，美国为了实现自己的全球战略，急于在空间寻求绝对优势和绝对霸权，进而退出《反导条约》。美国不断推进空间军事化，加强人造地球卫星支持以地球（包括陆地、海洋和大气层）为基地的武器系统和地面部队的效能，尤其是对体系作战的信息支援功能。② 体系作战是战场对抗中，在信息系统的支撑下，各种作战要素、作战单元、作战系统融合成一个有机整体，共同感知战场态势、实时共享战场信息、准确协调战场行动、同步遂行作战任务、适时进行精确评控，由最为有效的作战力量，对最具价值的作战目标释放最为精确的作战效能。③ 从信息化战争升级到体系作战所强调的是与信息主导、体系对抗、联合制胜的作战要求相适应，实现各种作战力量、

---

① 蔡翠红：《试论网络对当代国际政治的影响》，《世界经济与政治》2001 年第 9 期。

② 贺其治：《外层空间法》，法律出版社 1992 年版，第 295 页。

③ 魏小猛：《作战体系与体系作战的异同》，《国防报》2010 年 5 月 6 日。

作战单元、作战要素的有机融合，形成基于信息系统的体系作战能力。① 其间，空间信息支援是信息化战争升级到体系作战的核心要素。

首先，基于信息系统的体系作战的实质是一体化联合作战的提升。基于信息系统的体系作战是通过信息系统的互联互通和信息资源共享，推动机械化条件下作战能力向适应信息化战争的信息作战能力转型，强调提高体系作战能力。② 归纳来说，基于信息系统的体系作战是空间信息支援下联合作战的"升级版"。体系作战与传统作战相比，具有作战空间的多维性、作战力量的多元性、作战行动的整体性、作战指挥的统一性等鲜明特征。这些特征对联合的呼唤强烈，也使联合的难度增大。只有通过信息系统把各种作战力量、作战平台以网络的形式连接成一个有机整体，才能实现联合指挥、联合行动。③ 基于信息系统的体系作战能力，可以贯注于一体化联合作战中。无论其"基于"信息系统，还是基于信息系统的体系作战能力，在一定意义上都是支撑一体化联合作战的基础；而一体化联合作战则必须依托信息系统和基于信息系统的体系作战能力。

信息化条件下作战的一些基本法则，如"快吃慢"、"分胜散"、"柔克刚"等，都是从体系作战角度推导出来的。④ 信息化条件下的作战体系主要包括侦察预警、指挥控制、火力打击、网电对抗、综合保障等子系统，这一体系所涉及的可变因素数量巨大、关系极为复杂。只有在外层空间信息支援系统下才能将各类子系统集成在一起，它不仅是作战体系的重要构成部分，而且是各系统有机连接的公共信息平台，对各作战系统有效运转起着基础支撑作用。⑤ 天、空、地一体化信息网络使分散的各空间系统连接成网，在天、空、地之间形成具有多节点信息运作能力的三维立体结构，采用天基信息处理、分发技术，以最短的时间和路线，完成对空间

---

① 李宣良、辛士红、杨运芳：《"十一五"期间中国军队体系作战能力大幅提升》，《解放军画报》2011 年 1 月 7 日。

② 刘立峰：《厘清体系作战的基本内涵——从训练层面解读形成基于信息系统体系作战能力》，《解放军报》2011 年 1 月 27 日。

③ 管黎峰：《提升体系作战能力的强力引擎——深度审视作战体系中的信息系统》，《解放军报》2010 年 2 月 4 日。

④ 朱小宁、谭道博：《我军专家学者思考体系作战：实践难度远超理论》，《解放军报》2011 年 1 月 20 日。

⑤ 管黎峰：《提升体系作战能力的强力引擎——深度审视作战体系中的信息系统》，《解放军报》2010 年 2 月 4 日。

攻防作战的有关目标信息、环境信息、态势信息、情报信息、指挥信息、测控信息、打击效果信息以及其他综合信息的获取、处理、分发和应用。天、空、地一体化信息网络的主要组成部分有信息获取系统、天基信息处理系统、天基信息分发系统、天基信息基准系统、地面信息应用终端、地面网络控制系统。

相对于地基而言，天基系统在空间态势感知领域具有其固有的优越性，因此天基空间目标监视技术、天基空间环境监测技术将是空间态势感知技术未来发展的重点。天基信息平台是指位于空间的用于获取、处理、分发与应用信息的航天器，主要包括光学侦察、电子侦察、雷达侦察、海洋侦察、测绘、重力场测量、气象、海洋监视等多种侦察卫星，预警卫星、通信卫星、导航卫星、气象卫星和数据中继卫星等航天器。天基信息平台是天、空、地一体化信息网络的重要组成部分，它使分散的天、空、地信息系统组成具有多节点信息运作能力的立体网。基于天基信息平台，可以最短时间和路线完成对空间对抗作战综合信息的获取、处理、分发与应用。天基信息平台的研究主要涵盖卫星技术、航天器测试技术和天基信息应用技术等。卫星技术是指通信、侦察、导航等卫星技术；航天测试技术是指航天武器装备研制中获取定性、定量参数并进行处理和评估的技术，通过研究航天武器装备系统的综合测试与试验体系，覆盖测试盲点，整合系统资源，形成标准化和模块化的测试和试验平台，建立虚拟测试和试验环境；天基信息应用技术主要指卫星信息的实用化研究。以 GPS 为代表的卫星导航系统可以为天上的卫星、空中的飞机、海中的军舰、地上的车辆乃至单个士兵提供全球、全天候、实时、高精度的导航服务。同时卫星导航系统还被应用于测绘、地球动力学研究、地震监测等领域。卫星导航系统不但可以提供定位信息、时间信息，而且可以提供速度信息、姿态信息，成为一种全能的导航敏感器。

其次，基于信息系统的体系作战对空间信息支援的依赖性更强。体系作战依托的是信息系统，它以信息和决策为主导，通过信息网络把参战诸军兵种的指挥系统和武器平台连接成一个具有一体化能力的、完整的体系，共享各类战场信息、共同感知战场态势、准确协调战场行动、同步遂行作战任务，从而把信息优势转化为行动优势，由最有效的作战力量对最高价值的作战目标释放最具打击效果的巨大能量，实现作战效能的最大化。[1] 因此，空间侦察和通信系统在基于信息系统的体系作战能力建设中尤为重要。如美国现役的侦察系统就由光学成像侦察卫星、雷达成像侦察卫星、电子侦察卫星、海洋监视卫星等一系列卫星组成。如"锁眼"（KH－12）光学成像侦察卫星、"长曲棍球"合成孔径雷达卫星、"入侵者"电子侦察卫星、"白云"海洋监视卫星。现役的第三代"国防支援计划"（DSP－3）导弹预警卫星位于地球同步轨道，目前有5颗卫星在轨运行，采用红外探测手段，可在导弹发射后20秒左右发现目标，但对战术导弹的预警能力有限，轨道和探测手段单一，并且依赖地面站中继传输信号，误判率较高。美国现役的军用通信卫星系统有"舰队卫星通信"（Fltsatcom）、"特高频后继星"（UFO）、"国防卫星通信系统"（DSCS）、"军事星"（Milstar）系统等。其中，"军事星"（第二代）是美国目前最先进的战略和战术通信卫星系统，位于地球同步轨道，具有良好的抗干扰性、保密性和抗核爆能力，但第二代"军事星"系统不能完全满足大容量和高速率的要求。现役的导航定位卫星系统是"全球定位系统"（GPS），军方用户定位精度为10—16米，差分精度1米，授时精度100纳秒，但第二代GPS卫星系统在抗干扰性、保密性等方面还有待改进。

体系作战能力的基础是信息系统，其物质依托是信息技术及其物化的信息化武器装备；其作用机理是信息力、打击力、机动力、保障力的高度聚合和精确释放；其制胜关键是信息优势的全程获取和整体功能的发挥；其表现形式是要素融合、效能倍增的整体作战能力。[2] 大量信息化装备构成一个信息网络系统，把广阔的战场、众多的力量、复杂的行动结为一个整体进行联合作战，表现出不同凡响的体系作战能力。而在"陆、海、空、天、电"之中，"天"无疑是最高的一"维"；航天力量以其毋庸置疑的高位优势、速度优势和功能优势，正在成为世界军事的最新制高点。[3] 因此，提高体系作战能力的关键是加强空间信息支援能力。针对现役的空间信息支援系统所存在的弱点，美国已着手规划论证下一代卫星系

① 管黎峰：《提升体系作战能力的强力引擎——深度审视作战体系中的信息系统》，《解放军报》2010年2月4日。

② 姬亚夫：《探索体系作战能力生长的新路径》，《解放军报》2010年2月11日。

③ 王万春、陈雄：《挺起动于九天之上的体系作战"脊梁"》，《解放军报》2011年11月24日。

统，重点是发展效费比高的小卫星和星座，主要包括“未来成像构造计划”、“天基雷达计划”、“天基红外系统”计划、第三代“军事星”计划、第三代导航卫星发展计划等。海湾战争中美国使用了56颗卫星；科索沃战争中使用了78颗卫星；阿富汗战争中使用了94颗卫星；伊拉克战争中，则使用了163颗卫星。这些由军民卫星支撑的军事信息系统，提供了及时、准确的侦察、监视、预警、通信、导航、定位、气象、测地等作战信息和通信服务。也正是因为有了这些信息和服务，在海湾战争中，“爱国者”导弹才能在几分钟内升空，多次成功拦截“飞毛腿”导弹；在阿富汗战争中，美军才能坐镇国内的安德森空军基地，遥控阿富汗上空的无人机以及指挥F－15战斗机空袭阿提夫的车队，实施空中“斩首”。航天信息支援下的空中打击，充分显示出“发现即摧毁”的体系作战威力；航天力量及其信息系统，当之无愧地成了体系作战的“脊梁”。①

最后，空间信息支援系统成为提高体系作战的重中之重。体系作战的优势主要表现为：通过作战单元，作战要素之间的协同、互补，形成新的作战能力；通过决策信息的高度共享达成决策优势，并转化为行动优势；通过作战要素、作战单元的自适应和自同步，保证整个作战体系在受敌人攻击后仍然能保持稳定，避免能力骤降或体系崩溃；通过动态组合具有特定功能的任务共同体，提高灵活、快速的应变能力。② 目前，一些主要大国为了提高自身体系作战能力，不断改进和完善自己的空间信息支援系统，表现为有效载荷能力更加强大，卫星自主运行能力和安全性不断提高，信息处理和分发速度不断加快等。如美国正在论证、发展下一代卫星系统，主要包括“天基雷达计划”、“天基红外系统”计划、第三代“军事星”计划、第三代导航卫星发展计划等。“天基雷达计划”主要是发展雷达成像侦察卫星，将逐渐取代现有的机载雷达系统，侦察范围覆盖全球，对特定地区的重访时间间隔缩短到分钟级，并实现连续跟踪。天基红外系统在保持现有战略导弹预警能力的基础上，将具有很强的战术导弹预警能力，预警速度和精度都有大幅度提升。第三代“军事星”计划主要是研制新一代先进“极高频”战略战术通信卫星，将比第二代总容量大

① 王万春、陈雄：《挺起动于九天之上的体系作战“脊梁”》，《解放军报》2011年11月24日。

② 姬亚夫：《探索体系作战能力生长的新路径》，《解放军报》2010年2月11日。

10倍，数据传输速率高6倍，拥有先进的星上处理技术，即使地面测控站完全被破坏，仍可以自主工作半年以上。第三代导航卫星寿命将在15年以上，具备较强的抗干扰、抗打击能力和更高的保密性，军方用户定位、授时精度将分别达到米级和纳秒级。美国空军已设想，到2025年，通过星间通信、星上数据处理和信息融合，建立功能完善、攻防兼备的"空间网"。

基于信息系统的体系作战离不开空间信息支援力量的有效支撑。俄罗斯、欧空局等也已开始进行某些尝试。军用卫星系统正逐步由单星、星座向网络化方向发展。军用卫星系统已从早期的单星应用模式向单星和星座两种应用模式发展。但当今使用的各种军用卫星系统均呈"烟囱"式的分立结构，互通互联性差，彼此的信息不能及时共享和综合利用，没有充分发挥有限空间信息资源的应用效能。未来的军用卫星系统将朝网络化方向发展，使部署在不同轨道、执行不同任务的航天器及其相应的地面系统连接起来，并与陆、海、空中的相关系统一起，组成一体化的指挥、控制、通信、计算机、情报、监视与侦察（C^4ISR）体系，实现信息的快速获取、融合和分发，从整体上提高卫星系统的综合应用效益，并增强其生存能力。21世纪以来，以空间信息支援能力快速发展为标志的各种影响空间安全权力的要素发生了明显的变化，从而使得国际政治权力争夺的重心有向空间领域转移的明显趋势。因此，"既要留心权力结构是如何影响国际规范格局变动的，同时也反向关注特定规范结构是如何影响特定权力结构的，也就是说，其终极目标在于解释和理解国际体系的变迁问题"①。当前世界各国在不同层面几乎都感觉到了空间权力关系变动不居的态势，导致国际政治向空间拓展，现实来看，空间信息支援正在成为维护国家安全与国际和平的核心要素。空间领域的权力往往体现为诸多要素的系统组合，其中空间信息支援能力无疑是最为现实最为关键的要素之一。除美、俄、欧等空间强势力量外，日本、印度、以色列等国也纷纷加快了空间信

① 巴尔金关于"现实建构主义"的详细阐述可参见 J. Samuel Barkin, "Realist Constructivism," pp. 325-342. 另外，有关巴尔金"现实建构主义"的回应文章可参考："Bridging the Gap: Toward A Realist-Constructivist Dialogue," *International Studies Review*, Vol. 6, No. 6, 2004, pp. 337-341；秦亚青、亚历山大·温特：《建构主义的发展空间》，《世界经济与政治》2005年第1期；Brent Steele, "Liberal-Idealism: A Constructivist Critique," *International Studies Review*, Vol. 9, No. 12007, pp. 23-52.

息支援能力的发展步伐，空间国际政治权力争夺硝烟四起。

近期的几场信息化条件下的局部战争表明，没有空间优势，就不会有地面和海上的优势；没有信息优势，就不会有空间优势；而没有空间优势，就不会有信息优势。因此，有着一定空间实力的国家不约而同地把国际政治权力争夺的重要领域瞄准空间，以收事半功倍之效。[①] 空间信息支援能力发展使国际政治中的权力争夺有向空间转移的趋势，因此，空间的安全问题日益凸显，并上升为国际安全议程的主导因素之一。在一定意义上，空间信息支援能力发展是空间安全合作与斗争之源。[②] 亨利·基辛格指出："全球化已经把经济和技术力量扩散于世界各地，而经济和技术的复杂性正处于超越当代政治控制能力的危险之中。……经济全球化所取得的每一个成功都会在社会内部和不同社会之间产生脱节和紧张状态。"[③] 空间信息支援能力发展本身就是一柄双刃剑，它所引致的诸多新的安全问题是对人类发展的新挑战。空间信息支援能力发展导致国际政治权力争夺向空间转移，权力转移又导致空间治理问题的地位上升，而空间权力均衡最终决定着空间协调与合作的前途。

三　从战略稳定性看美国空间威慑体系[④]

21 世纪以来，美国着眼于空间这一新的战略制高点，加快空间技术的军事利用，为自身国家的安全利益寻找最前沿力量的支撑。但与冷战时期空间技术纳入国家战略威慑体系，主要起着侦察预警和核查作用不同，随着今天空间技术的迅猛发展，美国将空间技术纳入国家战略威慑体系的程度进一步加深，空间信息支援功效日益强化与扩展，甚至出现了相对独立的威慑作用。从威慑理论的角度来看，威慑（Deterrence）作为一种安全互动手段，是一个中性词，主要"是指使对方认识到它想要进行的某个行动会受到严重报复，或者行动效果将不明显，从而迫使对方放弃采取

---

① 戴旭：《外空：战争最后的高地》，《当代军事文摘》2007 年第 3 期。

② Stanley Hoffmann, "World Governance", pp. 27-35.

③ Henry Kissinger, *Does America Need a Foreign Policy*?（New York: Simon & Schuster, 2001）, pp. 24&31.

④ 本节内容以"太空威慑：美国战略威慑体系调整与全球战略稳定性"为题，发表于《外交评论》2014 年第 5 期上。

这个行动”[①]。美国基于自身对空间系统日益加深的依赖性和空间系统固有的脆弱性，强调通过推进空间威慑体系来保持报复能力或承受能力，以迫使对手或潜在对手放弃进攻的念头，这是一种防御姿态。但是，从战略稳定性的角度考察，不难发现两个问题：第一，美国空间威慑体系对于大国间的战略稳定性会产生什么样的实际效果？如果无法证明其只有自我保护的积极作用而没有消极影响的话，那么，第二，美国空间威慑体系的新进展主要从哪些方面对大国间的战略稳定性产生负面影响？诚然，空间威慑不是空间强迫，这里的威慑是迫使对方不要做某事，而强迫在于迫使对方做某事。从这个意义上说，美国空间威慑并不具有空间强迫那种赤裸裸的进攻姿态。但有比较多的证据表明，美国空间威慑体系的新进展并不是单纯的防御性措施，它从不同层面削弱或降低了大国间的战略稳定性。这里所讲的战略稳定性来自经典军备控制理论，“危机稳定性和军备竞赛稳定性合在一起称作战略稳定性”[②]。美国空间威慑体系的新进展加深了空间军事化，不但与国际社会要求实行空间军控的呼声背道而驰，而且其大力进行空间攻防对抗准备，既影响到地面军事对抗，而且直接引发空间武器化和军备竞赛的威胁，并容易引起其他主体的警惕和非对称反制。因此，美国此举不仅不能带来霸权下的所谓稳定，反而会严重危及大国间的战略稳定性。择其要者而言，美国发展各种形式的反卫星武器，在威慑对方空间系统的同时，必然会引起对方在加固本身卫星防护能力的同时，基于心理上的恐慌，而追求实施先发制人会摧毁或破坏反卫星能力的预防性步骤，从而降低首攻稳定性。美国发展弹道导弹防御系统，其自我宣称是防止他国核导弹的战略威胁，但美国导弹拦截能力的增强，使得对手有效保持和维护战略稳定性的核威慑能力下降，因此，理性的反应就是基于突防能力的考量，增加进攻性的洲际导弹，从而导致战略威慑领域的军备竞赛。考虑到现实的技术因素，发展导弹的成本要远低于反导系统的成本，美国挑起的这场军备竞赛若不自我警醒并停止，可能会愈演愈烈，从而降低包括核和空间在内的整个战略领域的军备竞赛稳定性。美国大力发展以X－37B为代表的全球快速打击系统（C－PGS），这种非核的所谓常规打

① Committee on International Security and Arms Control, National Academy of Sciences, The Future of US Nuclear Weapons Policy, National Academy Press, Washington, CD, 1997, p. 13.

② 李彬：《军备控制理论与分析》，国防工业出版社2006年版，第83—84页。

击武器的巨大威胁，在引起对手重启“核平衡手段”的同时，也极易诱使对手对其诸如电子系统等脆弱部位动手，从而降低危机稳定性。

针对美国空间威慑体系的新进展，国际社会应该深刻认识到其对战略稳定性的严重危害，多管齐下，共同努力促成各国走向以合作求安全的正轨。空间、反导和核武三个议题密不可分，美国发展空间威慑体系必然会导致三者的战略失衡，因此，维护战略威慑中的空间、反导和核武系统的互动稳定，是维护大国间战略稳定性的关键之举。目前，空间国际军备控制停滞不前，在很大程度上应归咎于美国空间威慑体系。因此，促进空间军备控制中的安全战略沟通，使美国认识到其威慑战略意图的得不偿失，并且空间军控及核查不仅是国际社会的合理要求，也是可操作的，空间国际军控是走出现有安全困境的唯一出路。空间探索利用中共同利益的增加和空间武器效应的明显逆序，都需要空间国家的有效合作。美国作为空间实力绝对领先的空间大国，理应有效领导空间安全合作，美国追求绝对霸权、维护绝对安全的努力，不但与国际社会的期望南辕北辙，也会阻碍或破坏难能可贵的国际合作。因此，国际社会需要转变观念，加强空间相互依存中的多元领导与有效协调，反对空间霸权，维护战略稳定性。

（一）美国威慑战略重心调整与空间威慑体系的新进展

空间居高临下的战略优势，使空间活动能力从一开始就成为大国战略威慑体系的重要组成部分。冷战结束以来，空间威慑与核威慑逐渐分离，美国加快威慑战略重心有单一依赖核武向空间的转向，大力推进空间威慑体系的发展，对国际安全领域的战略稳定性产生了越来越明显的影响。

一是加快组建新的“三位一体”国家战略威慑体系。在冷战时期，大国战略威慑体系主要表现为装载核弹头的战略轰炸机、核潜艇和带核弹头的陆基洲际导弹“三位一体”的国家战略威慑体系。冷战后，以美、俄为代表的大国在继续削减核武器数量的同时，充分利用现代科学技术发展的成就，提升武器的技术含量，将信息技术、空间技术与核技术结合起来，极力打造新的“三位一体”国家战略威慑体系，从而试图逐步减少对核武器的过分依赖，增强其战略威慑中反应的灵活性。冷战后，美国强调在新的战略环境中面对新的潜在对手，需要采用新的方法实施威慑和防卫[①]，提出了新的“三位一体”威慑战略，[②]强调对“大规模杀伤性武器”（WMD）威胁慑止的可行、可接受和适用的功效。美国一份军方报告指出，面对来自恐怖主义、非国家行为体以及实力相仿国家的潜在威胁，外交途径往往捉襟见肘，即便是持谨慎态度的战略学者也认同全面核裁军必须以全世界的安全得到保障为前提。[③]2002 年 1 月，美国公布《核态势审议报告》（NPR），提出要建立新的“三位一体”战略力量，明确指出新的战略威慑力量由核与非核的打击系统、主动与被动的防御系统和灵活反应的基础设施三大部分组成，并通过以“全球信息栅格”（GIG）为基础的联合指挥控制系统（JC2）将三大部分密切结合在一起。按照这个新的“三位一体”战略威慑体系，美国的新型战略武器主要包括新型战略核武器，美国非核的全球常规打击武器，反导防御武器和覆盖全球的一体化、网络化的战略信息系统四类。[④]为此，美国加快抢占空间这个战略制高点，试验其相关武器，退出《反导条约》，并拒绝签订任何新的空间军控协定。美国在继续削减核武器数量的同时，提升武器的技术含量，加大对空间系统的开发利用，实行战略威慑重心的逐步转移，也就是说，美国试图逐步减少对核武器作为威慑手段的过分依赖，逐步加入空间系统作为威慑手段这一新的明显占优势的部分，而“在美国引进导弹防御、空间雷达等项目之后，战略稳定性考察的不确定性增大”[⑤]。美国加大对空间军事利用研发的投入，试验其相关武器技术，力图占据空间战略制高点。美国新的“三位一体”威慑战略在保持核威慑力的同时，迅速提升了空间在美国威慑战略中的地位，空间快速打击系统补充了其常规打击能力，导弹防御系统则构成其防卫能力的主要支柱，空间指挥控制系统更是其反应基础结构不可或缺、不可替代的核心组成部分。在美国新的“三位一体”威慑战略中，空间系统在军事上的重要性受到更多的关注，美国开

---

① Gwendolyn M. Hall, John T. Capello, Stephen R. Lambert, "A Post-Cold War Nuclear Strategy Model," USAF Institute for National Security Studies, Colorado, July 1998.

② 李彬、聂宏毅：《中美战略稳定性的考察》，《世界经济与政治》2008 年第 2 期。

③ Paul D. Brown, U. S. Nuclear Deterrence Policy: Do We Have It Right? U. S. Army War College, March 15, 2008, p. 23.

④ 匡兴华、朱启超、张志勇：《美国新型战略武器发展综述》，《国防科技》2008 年第 1 期。

⑤ 李彬、聂宏毅：《中美战略稳定性的考察》，《世界经济与政治》2008 年第 2 期。

始加快步伐，提出和完善空间战斗理论和指导原则。2005 年《美国国防战略》报告指出，“空间控制”就是“确保自身空间行动的自由，同时防止对手具备这种自由”的能力，进一步明确了今后空间军事化的发展方向。

二是不断强化空间信息支援的威慑功效。空间作为人类社会活动拓展的宏观实体空间的最前沿，它也是网络电磁虚拟空间的最佳连接点。当一国拥有居绝对优势的空间信息能力时，就可对他国军事行为形成威慑作用。空间军事信息支援中的空间威慑的实质是信息优势威慑。“此时的空间威慑，就是利用空间资产的‘千里眼、顺风耳’功能，及早了解对手的战略意图、军事行动等，向对手发出警告或实施精准打击，威慑各种威胁。”①由于空间技术通常具有较强的军民两用性，任何一项技术创新成果都有可能被用于军事领域，因此在空间领域拥有技术优势将极大地增强其战略威慑能力。

例如，美国的“宽带全球通信卫星系统”（WGS）项目，WGS 基于波音 702 商用卫星，目前包括国际合作发射的 10 颗在轨卫星，这些卫星平时用于全球宽带通信，在需要时为美国军事行动提供大容量信息通道，从而保障美军 C^4RSI 系统的有效运作，② 是典型的军民两用技术。空间信息支援通过天基侦察、预警、指挥、通信、导航系统，提供信息支援和保障，增强地球上陆、海、空部队的作战能力。③ 海湾战争是人类战争史上第一次大规模的空间支援地面作战，从侦测到导航再到信息收集，航天设施充分证明了其在现代战争中的重要地位。④ 军事航天武器装备第一次全面支援了作战行动，在战争中起到了至关重要的作用。非对称作战、精确打击、战场直播、密集导弹攻防……陆、海、空传统作战力量在空间作战装备的整合下结成了一个大的作战体系，完全改变了人类常规战争画面。⑤ 美军在海湾战争中总共投入各类卫星 100 多颗，这些卫星为联军部

---

① 何奇松：《脆弱的高边疆：后冷战时代美国外空威慑的战略困境》，《中国社会科学》2012 年第 4 期。

② The International Wideband Global SATCOM（WGS）Program，参见 https：//www. defenseindustrydaily. com/americas – wideband – gapfiller – satellite – program – 02733/.

③ 熊小龙、李荣刚、由大德、张世燎：《夺取制外空权》，《飞航导弹》2005 年第 10 期。

④ Marcia S. Smith，“Military and Civilian Satellites in Support of Allied Forces in the Persian Gulf War，” Congressional Research Service Report for Congress，February 27，1991.

⑤ 郑道光：《外空军事对抗与国家安全》，《军事学术》2002 年第 3 期。

队提供了全面的侦察、监视、通信、预警、导航、气象等重要的作战保障。由于掌握了制天权，在卫星的指引下，美军对伊拉克的军事目标实施了不间断的精确打击。美军在总结这场战争时认为，空间军事设施极为重要，现代战争中空间军事设施需要有更加自主的指挥系统，成为一支更加独立的军事力量。① 当前，美国正把航天航空环境作为一个无缝隙的作战空间，通盘考虑航空与空间技术和装备的发展，同时促使美军在部队编成上出现一系列新变化。② 空、天一体化作为军事领域的重要趋势，必将对军事变革和转型产生极为重要的影响。目前全世界总共约有 1100 多颗卫星活跃在包括近地、半同步与同步轨道上。③ 这些卫星中相当一部分除用于军事侦察监测外，导航、通信也正成为主要的军事应用，并随着现在战争 C^4ISR 系统对其的依赖逐渐上升而日益重要。④ 为加强空间防御能力，提高空间态势感知能力，各国都十分重视空间监视能力的发展。俄罗斯致力于修补空间预警、通信和观测网络，格拉纳斯导航系统已完成补网，现有卫星 30 颗，其中 24 颗正处于工作状态，4 颗处于调试审查阶段，两颗备用，基本上实现了全球覆盖。⑤ 美军计划到 2030 年在轨卫星将达到 800 颗，形成庞大的空间军事支援系统。⑥ “天基空间监视系统”（SBSS）是由美国空间和导弹指挥中心（SMC）具体负责，由波音公司和 Ball Aerospace 公司共同开发的一套卫星感知系统，该系统由 4 颗卫星组成，几经推迟后于 2010 年 9 月 25 日成功发射了第一颗卫星。SBSS 完成后将对低轨航天器提供 24 ×7 全天候实时监视，收集、处理、识别信息，并进行空

---

① Gulf War 20th：Some Lessons Learned from the Land War，Defense Media Network，http：//www. defensemedianetwork. com/stories/gulf – war – 20th – some – lessons – learned – from – the – land – war/.

② The airforce association，Gulf war II – Air and space power led the way［EB/OL］. http//：www. saf. org/media/reports/gulfwar. pdf. 2004/02/10.

③ 参见 UCS Satellite Database［EB/OL］，截至 2014. 01. 31http：//www. ucsusa. org/nuclear_ weapons_ and_ global_ security/solutions/space – weapons/ucs – satellite – database. html.

④ 具有代表性的是美国，目前美国独自拥有 152 颗军用卫星，远远超过紧随其后的俄罗斯、欧洲各国和中国的总和。参见 UCS Satellite Database［EB/OL］，截至 2014 年 1 月 31 日。http：//www. ucsusa. org/nuclear_ weapons_ and_ global_ security/solutions/space – weapons/ucs – satellite – database. html.

⑤ GLONASS constellation status［EB/OL］，Russia Federal Space Agency Information – Analytic Center，截至 2014. 07. 04http：//glonass – iac. ru/en/GLONASS/.

⑥ 耿艳栋、肖建军：《关于空天一体化的初步研究》，《装备指挥技术学院学报》2004 年第 6 期。

间预警，成为美军空间情报网络（SSN）的重要组成部分。① “提高空间态势感知能力是美国一项首要任务，是在发展有效的空间威慑体制所需能力时必不可少的部分。”②

三是逐步推进从空间控制地球的打击威慑力。在保持传统的空间信息支援系统和控制空间的武器系统之外，具有空间优势的国家可能企图发展出一系列从空间对地球表面各种军事目标进行直接打击的武器系统，从而形成一种能够超越现今常规威慑和核威慑的空间威慑。③ 正如美国负责空间政策的助理国防部长格雷戈瑞·舒尔特（Gregory L. Schulte）所言，可以通过空间的态势慑止可能出现的武装冲突。④ 从美军发展空间系统的四个目标可以总结出，美军认为的空间武器包括能够攻击位于空间目标的武器以及部署在空间的武器两类。⑤ 新的空间威慑将能够部署在空间，作战区域是整个地球表面，它能从瞬间到短短的几小时，突破地球表面的任何防御体系，从空间对各种陆、海、空目标实施直接的战术性和战略性打击，其摧毁能力远大于传统的化学能量军事武器，而精确度和突防能力又远高于现今的核威慑运载系统，在与传统核武器进行系统集成后，也可以成为一种全新的威慑方式。⑥ 在常规威慑和核威慑基础上发展出空间威慑，形成一种其他国家再也无力撼动的全面性的军事优势，以此为后盾推行全球性的霸权控制，拥有空间霸权的一方在不必考虑遭受对方的报复性打击后，可以随时动用无比强大的威慑力量来维护其想要的全球秩序。

---

① 参见 Space and Missile Systems Center 的项目报告 Space Based Space Surveillance：Revolutionizing Space Awareness，Space and Missile Systems Center. 2010；以及 Space Based Space Surveillance Makes Headway [SBSS]，Defense Industry Daily. http：//www. defenseindustrydaily. com/preventing - a - space - pearl - harbor - sbss - program - to - monitor - the - heavens - 06106/.

② Forrest E. Morgan，Deterrence and First-Strike Stability in Space：A Preliminary Assessment，RAND，2010，pp. 4-59.

③ 万自明、杨宇光、邓隆范：《动能轨道武器的发展方向》，《当代军事文摘》2005 年 9 月 26 日。

④ Gregory L. Schulte，A New Strategy for New Challenges in Space—Remarks to the National Space Symposium，美国国防部网站（http：www. defense. gov/home/features/2011/0111_ nsss/docs/Ambassador% 20Gregory% 20Schulte% 20Speech% 20at% 20the% 2027th% 20National% 20Space% 20Symposium. pdf）。

⑤ 参见 The Physics of Space Security（2005），Union of Connected Scientists. http：//www. ucsusa. org/nuclear_ weapons_ and_ global_ security/solutions/space - weapons/the - physics - of - space - security. html.

⑥ *The New York Times*，May 18，2005.

2003年，美国空军在《2020年远景规划》中提出，空间是美国理应为之投放武器的最后一个合法边疆，只有控制空间才能控制地球。美国坚持不懈地发展攻防性空间武器系统，明确提出要把发展摧毁卫星能力作为威慑战略的组成部分。① 2004年8月，美国空军又提出了名为“全球打击”的新战略，强调美军要实现在空间“自由攻击”敌人并免于受到敌人攻击的目标，必须装备能携带精确打击武器的军用航天飞机，在45分钟内对全球的任何目标实施毁灭性的打击。为此，美国大力探索利用空间向敌人发动快速和精确打击的“全球快速打击系统”（C－PGS）②，利用超高速空间飞行器、弹道导弹等运送精确制导的常规弹头，对位于全球任何地点的高价值目标实施精确打击。“因为空间能毫无声息地为全球范围内军事战略打击提供支持，美国一些人将空间视为必争之地。此快速打击能力是‘9·11’后国家安全的核心战略，它不只为了震慑和击退任何潜在侵略者，而且为了阻止敌对国家或恐怖组织获得威胁国家安全的能力。”③ 美国全球快速打击系统（C－PGS）采取空间作战的方式，为美军提供远程快速打击能力，减少敌对国反介入和区域封锁给美军行动所带来的阻碍，提高美军对突发事件的反应速度，降低敌对国对美国的空间威胁。④ 近年来，美国又相继进行了几次弹道导弹拦截试验，成功发射了HTV－2高超声速试验飞行器⑤、X－37B空天飞行器以及X－51A高超声速验证飞行器，进一步加快了空间军事化的步伐。⑥ 美国海军于2006年3月公布的“常规三叉戟改装”（Conventional TRIDENT Modification，CTM）计划，旨

---

① 纽约《亚美时报》总主笔赵景伦：《美国与外空武器化》，香港《信报》专栏（“美国透视”），2008年2月27日。

② 美国设想的全球快速打击系统主要有以下几种：（1）弹道导弹，依靠陆基洲际导弹或潜射洲际导弹。（2）超高音速巡航导弹，如波音“驭波者”X－51A。（3）外空部署的武器发射平台，2010年4月美国发射的“猎鹰”计划的高超音速飞行器HTV－2、X－37B空天飞机都是进行的类此试验。

③ David Wright，Laura Grego and Lisbeth Gronlund，Space Security Physics，Reference Book，Massachusetts，Cambridge：The American Academy of Arts and Sciences，2005，pp. 4，http：//www. amacad. org/projects/science. aspx.

④ Amy F. Woolf，Conventional Prompt Global Strike and Long-Range Ballistic Missiles：Background and Issues，Congressional Research Service，May 5，2014.

⑤ Barry D. Watts，The Case for Long Range Strike：21st Century Scenarios，Center for Strategic and Budgetary Assessments（CSBA），Washington，2008. 12.

⑥ Keith Payne，Thomas Scheber，Mark Schneider，David Trachtenberg，Kurt Guthe，Conventional Prompt Global Strike：A Fresh Perspective，National Institute Press，June 2012. pp. 16，17，19.

在将美国海军现役的“三叉戟”潜射弹道导弹的核弹头改装为常规弹头。[①] 为提高空间控制能力，美国积极谋求把空间机器人技术应用扩展到军事领域，发展了“轨道快车”和“近期能验证的机器人技术”(FREND) 计划，其中“轨道快车”于 2007 年 3 月发射，同年 7 月结束任务，成功进行了诸多开创性试验。[②] 目前重点发展了针对敌方卫星的新一代空间机器人计划，该计划最大的特点是能实现对敌方航天器的捕获，这就使其很容易被改造为空间武器，而且由于“近期能验证的机器人技术”的最终运行轨道将在地球同步轨道上，这将使美国具备全轨道高度的反卫星能力。[③]

（二）美国空间威慑体系中反卫星武器发展降低了首攻稳定性

在国际安全领域，美国作为唯一的超级大国，试图凭借其强大的综合国力，特别是超强的军事实力，加快调整其国家战略威慑体系以寻求绝对安全，确保美国在全世界的“领导地位”。美国国家战略威慑重心由核武向空间转向[④]，其空间威慑体系中反卫星武器（A - SAT）的发展降低了首攻稳定性，对当前国际安全领域的战略稳定性造成潜在威胁与冲击。

首先，美国空间威慑体系中发展反卫星武器因其进攻性本质，容易产生“超临界”而导致“威慑失败”。首攻稳定性是格莱恩·肯特和戴维·泰勒于 1989 年提出的概念，可以把其理解为危机稳定性的一种特例。如果说危机稳定性是指两个国家因为冲突而陷入危机，它们也不太愿意向对手发动先发制人的打击的状态，那么，首攻稳定性是指“考虑某些特定危机中的心理因素，首攻稳定性侧重双方的部队态势和能力与弱点之间的平衡，如果对抗发生，这些因素会让危机变得不稳定”[⑤]。即首攻稳定性作为危机稳定性的一种特殊情况，是考虑双方特定心态下是否发动首先攻

---

① Amy F. Woolf, Conventional Prompt Global Strike and Long-Range Ballistic Missiles: Background and Issues, Congressional Research Service, May 5, 2014, p. 11.

② Orbital Express mission to end [N/OL], Spacetoday. net, Jul 5, 2007http: //www. spacetoday. net/Summary/3831.

③ 黎弘、滕建群、武天富等：《2010：国际军备控制与裁军》，世界知识出版社 2010 年版，第 197—205 页。

④ 苏晓辉：《美国外空战略的新动向及其发展前景》，《国际问题研究》2008 年第 4 期。

⑤ Forrest E. Morgan, Deterrence and First-Strike Stability in Space: A Preliminary Assessment, RAND, 2010, pp. 4-59.

击的情况。“在空间领域和核领域中的首攻稳定性之间存在一些相似的东西。第一，空间系统对地面作战能力提供的重要支持给潜在对手造成了极大威胁。同时，卫星对拥有攻击能力的敌人没有什么防御能力。因此，空间与核领域一样，在出现战争可能的情况下，双方都会趋于首先发动进攻。第二，空间威慑失效虽然不会立即带来灾难性后果，但考虑到轨道设施上的巨大投入和受空间系统支持的许多安全与经济职能，其后果也是非常严重的。第三，像核威慑失效一样，空间战也会给其他国家造成影响，因为目前全球经济彼此依赖，而且许多空间系统属于多国拥有。如果针对卫星进行动能攻击，会给重要的空间轨道留下大量碎片。最后，两者之间还有一个共同点就是都有一个失效临界点，如果超越这个界限将会导致报复、后续攻击和快速升级。”① 反卫星武器会引起潜在对手的恐慌，有可能提高对敌方的威慑能力，但也可能为潜在对手创造动因，使其以更加危险的方式行事。考虑到对方拥有的反卫星武器会对自己弱小的空间资产造成进攻性危害，潜在对手极易铤而走险，从而导致威慑失败。

其次，美国空间威慑体系中发展反卫星武器因其挑衅性的特征，容易产生“误判”而导致“威慑失败”，对手或潜在对手考虑到反卫星武器攻击所导致的信息中断将使战争迅速升级。对于一个军事指挥官而言，如果不知道发生了什么，那么除了利用自己的一切武器打击一切敌对目标外，别无选择。在反卫星武器部署后，空间意外事件很可能会引发核战争。迄今为止，空间预警系统既是预防敌方战略导弹突袭的主要手段，也承担着防止核攻击误判的功能。破坏敌方的空间预警系统是达成突然性，获取核进攻作战胜利的关键，广泛认为这是核战争的前奏。预警卫星结构复杂，又处于恶劣的空间环境中，可能会因各种原因而失效。现有的技术水平还不能区分卫星失效是由故障、碎片撞击还是由蓄意攻击造成的。2009 年 2 月，美俄卫星相撞，显示出国际社会已有的空间安全相关法规的作用仍然有限，迫切需要制定更加有效的空间安全规则。② 因此，反卫星武器在部署后，其首攻稳定性的下降，危机期间的意外事件很可能会引发核战争。

---

① Forrest E. Morgan, Deterrence and First-Strike Stability in Space: A Preliminary Assessment, RAND, 2010, pp. 4-59.

② Robert P. Merges, Glenn H. Reynolds, “Rules of the Road for Space?: Satellite Collisions and the Inadequacy of Current Space Law,” *The Environmental Law Reporter (ELR) News & Analysis*, Volume 40. Issue 1, 2010. 01.

空间首攻稳定性下降所极易触发的军事冲突一定会带来灾难性的后果。一旦战争或武装冲突爆发，空间那些投资巨大、涉及多方利益的设施应如何定性，如何保护，都是需要面对和解决的实际问题。空间对军事、政治、经济所呈现出的无比重要的价值，使各国围绕空间资源展开的争夺愈演愈烈。战争双方无论谁获得战争的胜利，都不能对空间行使主权。[①] 例如，如果在将来的武装冲突中向敌人的卫星发射大量反卫星武器，那么它在摧毁敌方的卫星系统，致使其军队、飞机以及核军舰等陷入瘫痪的同时，也会对整个国际社会及其正常运转产生窒息性的影响。由于卫星被摧毁，民用航空和通信可能会中断，手机会无法使用，银行里的自动柜员机也无法使用，等等，全球经济体系很有可能会因此而崩溃。[②] 另外，在摧毁敌方卫星系统所产生的空间碎片，会使空间在未来数十年里受到污染，从而无法使用。“不管谁发起这个战争以及战争中谁的卫星被摧毁掉，只要战争卷入了几百颗卫星和拦截器，结果都是一样的：所有低轨道卫星最终都会被摧毁，低轨道上不再能部署新的卫星或者允许卫星穿过。最后的结果是，任何国家都不可能成为空间战的胜利者。这是因为，在碎片完全消失前的至少几十年里任何国家都不能向空间发射卫星。这样的情形对整个国际社会都是一个灾难。”[③] 空间碎片还可能坠入大气层，对地面人员、财产等构成威胁。此外，空间碎片还能形成光污染和电磁污染，妨碍地球上的天文观测。

最后，美国空间威慑体系中的反卫星武器因其隐藏性手段，容易产生“事先干预”而导致的“威慑失败”。在现有系统基础上发展地基反卫星武器，美国的空间攻击能力主要隐藏在现有的导弹防御和空间快速响应计划中，利用这些现有计划，它形成了庞大的反卫星等空间进攻潜力。美国与卫星和航天器密切相关的导弹防御系统（BMD）就是名为防御性而实有进攻性的双重武器系统在内，包括陆基、海基、空基、天基的卫星攻击系统。国家导弹防御系统（NMD）分别由陆基中程导弹防御系统、舰基“宙斯盾”战区导弹防御系统、机载激光反导弹系统组成，每一种都跟天基导弹防御系统一样，其拦截器均有主动反卫星能力。再如，美国 2005

① 张明、李锁库：《空间信息作战与国际空间法》，《装备指挥技术学院学报》2003 年第 2 期。

② 朱文奇：《国际法与外空军事化问题研究》，《领导者》2008 年总第 22 期。

③ 李彬：《军备控制理论与分析》，国防工业出版社 2006 年版，第 128 页。

年的“深度撞击”彗星，是打着科学探索旗号而进行的空间打击能力测试，也可用于攻击人造卫星，将其撞击毁损或使其偏离轨道而丧失功能。[①] 如美国2008年曾借口失效间谍卫星“美国193”即将坠落地球，上面载有超过1000磅的有毒推进燃料联氨，为避免剧毒燃料造成危害，美国时任总统布什下令美军装有“神盾型”导弹系统的巡洋舰“伊利湖”号发射一枚经改良的标准-3型舰对空导弹，以摧毁卫星，但国际社会相关专家指出，美国此举更多的是为了测验美国反导系统的进攻性能力，展示美国拥有反导弹的军事力量。[②] 美国的实践被认为是企图在空间建立霸权，遭到其他国家的反对。此外，美国还有多个发展反卫星载具的方案，包括地基拦截弹、未使用过的以前的洲际弹道导弹的火箭、卫星发射火箭和“天马”空射火箭，以及“战区高空区域防御”反导系统，这些系统都具备改装为反卫星武器的技术潜力，配合正在开发的空间监视系统，可以在短时间内组成反卫星进攻系统。[③] 此外，地基定向能武器包括激光武器、高功率微波等，它们能使近地轨道的卫星致盲或部分失效。天基定向能武器，如美国战略司令部正研制“激光扫帚”计划，这种“激光扫帚”利用激光脉冲锁定空间垃圾，也可以清除致盲卫星等航天器。[④] 还有一种就是共轨反卫星武器，如目前美国进展最快的“高轨道微小卫星试验”（MiTEx）计划，演示了高轨道机动/追踪、接近观测/检查、绕飞伴飞技术的可行性，这实际上检验了检查或攻击地球同步轨道上卫星的能力。[⑤] 这种隐藏的反卫星能力的发展必将导致航天大国的连锁反应，为了防止被动挨打，对手或潜在对手就得事先防一手，进而引发空间对抗，使空间系统更加不安全。从理论上讲，任何能够发射卫星的国家都有着攻击单个卫星或使得某个星座产生漏洞的技术能力，要不然，起码也有着人为制造碎

---

① NASA Declares End to Deep Impact Comet Mission [N/OL], National Geographic, September 20. 2013http：//news. nationalgeographic. com/news/2013/09/130920 - deep - impact - ends - comet - mission - nasa - jpl/.

② U. S. to launch missile at broken satellite [N/OL], NBCNews. com, February 14. 2008; http：//www. nbcnews. com/id/23166344/.

③ 《卫星保护是外空新竞赛》，《简氏防务周刊》2009年10月28日。

④ 黎弘、滕建群、武天富等：《2010：国际军备控制与裁军》，世界知识出版社2010年版，第197—205页。

⑤ 《卫星保护是外空新竞赛》，《简氏防务周刊》2009年10月28日。

片，破坏他者天基系统的能力。① 为了预防对手反卫星武器的打击，弱者极易选择不计后果的先发制人，从而导致空间首攻稳定性的受到侵蚀。另外，空间首攻稳定性的降低将鼓励对空间不依赖的有核国家发展高空核爆等初级反卫星武器，由此可能对世界空间环境带来灾难性的影响。②

（三）美国空间威慑体系中反导防御系统的发展降低了军备竞赛的稳定性

来自经典军备控制理论的军备竞赛稳定性是指“一种军备行为是否会引起对手的反应并导致军备竞赛，这个状态也被称作军备竞赛稳定性。在某个军备格局下，如果一个国家发展军备的某个行为很容易引起对手扩充军备，那么，这种情况被称作军备竞赛稳定性很低；如果一个国家发展军备的某个行为不容易引起对手扩充军备，那么，这种情况被称作军备竞赛稳定性很高”③。美国威慑战略越来越倚重空间系统，其突出的表现之一，就是加快战略导弹防御系统的研发与部署。自从弹道导弹、巡航导弹、空地导弹等进攻性导弹武器问世后，美国一直遵循着“有矛必有盾”的规律，重视和发展导弹防御技术。美国空间威慑体系中反导防御系统会从多方面引发对手或潜在对手进行反制准备，从而降低了军备竞赛的稳定性。

第一，美国空间威慑体系中反导防御系统会引发对手或潜在对手发展进攻性核武器。显然，美国的空间武器系统具有攻防两重性，它们既不是纯进攻性的，也不是纯防御性的，而是攻防兼备的“矛与盾”的结合体。凭借这种几乎无敌的“利器”，美国空间防御系统所产生的威慑作用，是不言而喻的。④“一体化、分层弹道导弹防御系统（BMDS）是响应美国新的国家安全战略，采用渐进式方法来发展和部署的一个庞大、复杂的系统。”⑤ 按防御区域分为国家导弹防御系统（NMD）和战区导弹防御系统

---

① David Wright, Laura Grego and Lisbeth Gronlund, Space Security Physics, Reference Book, Massachusetts, Cambridge: The American Academy of Arts and Sciences, 2005, p. 11, http://www.amacad.org/projects/science.aspx.

② 中国国际战略学会军控与裁军研究中心：《国际军控与裁军形势分析及展望》，《求是》2008 年第 19 期。

③ 李彬：《军备控制理论与分析》，国防工业出版社 2006 年版，第 83 页。

④ 周辉：《美国外空战略开始转向?》，《现代军事》2009 年 6 月 1 日。

⑤ 樊晨：《美国一体化弹道导弹防御系统传感器发展综述》，《系统工程》2007 年第 2 期。

(TMD)。美国国家导弹防御系统(NMD)主要包括地基拦截导弹/外大气层杀伤武器(GBI/EKV)、改进的预警雷达(UEWR)、天基红外预警系统(SBRIS)、3X地基预警雷达(GBR)、作战管理与指挥控制通信(BM/C)系统五大部分。美国战区导弹防御系统(TMD)的设想由低层防御和高层防御两部分组成。低层防御设想包括"爱国者-3"(PAC-3)、"扩大的中程防空系统"(MEADS)、"海军区域防御"(NAD)系统,高层防御设想包括陆军"战区高空区域防御"(THAAD)系统、"海军战区防御体系"(NTW)、空军"助推段防御"(BPI)。美国"弹道导弹防御"(BMD)构想一旦部署成功,按美国军方的预期设想,它将构成对美国本土及其盟国的多层防御系统,从而对敌方的来袭导弹进行全方位的拦截。由此,美国弹道导弹防御系统破坏了冷战以来通过相互确保摧毁而形成的战略稳定性。这也就是说,美国可以单方面拦截对方的进攻性弹头而确保自身获胜。因此,2011年1月,在美国、俄罗斯新的《削减和限制进攻性战略武器条约》正式生效之际,围绕新的核裁军条约本身,美俄双方在批准条约的同时都通过了各自的附加条款。美国国会参议院在附加条款中再次要求政府对部署导弹防御系统做出承诺,对核武库实施现代化改造并就限制战术核武器与俄展开谈判。作为回应,俄罗斯的附加修正案规定,如果美方单方面部署威胁到俄方国家安全和防卫能力的反导系统或其他常规武器,俄将退出新核裁军条约;俄美双方应严格遵循条约序文中有关进攻性战略武器与反导系统之间关联性的内容。此外,俄方强调,将维持自己的核威慑能力,继续研发和试验新型武器。"美国建立导弹防御系统的目的是多重的,但这一系统率先在抵近俄罗斯和中国的战略地缘区部署,其指向昭然若揭,破坏了大国间业已存在的战略稳定态势。"① 美国借口要避免未来可能获得装有核、生、化武器的洲际导弹的新兴导弹国家的蓄意攻击,俄罗斯的意外、非授权或错误攻击,中国的攻击等,不断加速推进导弹防御系统的发展。2011年4月15日,美军"宙斯盾"导弹防御系统首次借助远距离陆基雷达站搜集到的导弹轨迹数据,拦截了射程超过3000公里的中程弹道导弹,堪称"迄今最具挑战性"的反导试验,验证了阶段性自适应法(Phased Adaptive Approach)的第一阶段效果,增

① 《美国导弹防御系统发展历程》,《人民日报》2007年8月9日。

加了标准3型（SM－3）导弹和“宙斯盾”系统的作战半径和能力。[①] 美国大力发展导弹防御系统也引起了相关国家不得不进行非对称战略的反制。为了反对美国政府大力推动的国家导弹防御系统，俄罗斯采取了一系列行动，积极运用最新技术试验洲际导弹——“白杨－M”。白杨－M（SS－27）是三级固体推进剂洲际弹道导弹，在美俄军控条约的制约下只携带一枚单核弹头，但该设计可以支持多弹头分导弹头。白杨－M使用PAD作为一级火箭的推动装置，最小化点火时间以逃避卫星侦测，通过GLONASS接收器采用自动数字惯性导航，能够高空机动变轨，并采用低弹道飞行技术，可以有效防御反导系统的拦截。此外，白杨－M能有效屏蔽辐射、电磁脉冲（EMP）和核爆炸的冲击，并能承受激光打击，还能携带诱饵目标以最大化生存概率。该导弹可以17400千米/小时的速度攻击11000千米以内的任何目标，号称可以突破任何反导系统。[②] 同时，俄军还采取一系列措施，努力提高空天侦察能力。……俄罗斯此番战略改革具有深远意义，它是俄罗斯应对21世纪“空间战”、确保国家战略安全，对美国部署NMD的重要反击。[③]在现实层面，俄美仍拥有世界上绝大多数的核武器，可以相互毁灭若干次。占有陆基核力量优势的俄罗斯正在研制新一代洲际弹道导弹，能够突破包括美国在内的任何一个国家的反导系统。[④] 欧盟国家日益认识到，军事上依赖美国，使“欧洲地区的事务由欧洲人解决”只能是一句空话，因此，欧盟确立了“独立自主”的空间安全战略。

第二，美国空间威慑体系中反导防御系统引发对手或潜在对手发展天基防御系统。导弹防御系统的工作过程如下：预警卫星DSP/SBRIS发现敌方发射的导弹，进行导弹来袭报警→升级的早期预警雷达站跟踪导弹→X波段雷达站利用先进的信号处理技术更加精确地跟踪导弹→作战管理/指挥、控制与通信系统做出战斗决定→陆基拦截器选择目标→拦截器进行

---

① Raytheon Completes SM-3Test Flight Against Intermediate Range Ballistic Missile［N/OL］, Reuters, April 15, 2011. http://in. reuters. com/article/2011/04/15/idUS83628 + 15 - Apr - 2011 + PRN20110415.

② Topol-M Intercontinental Ballistic Missile (ICBM), Russia, army - technology. com, http://www. army - technology. com/projects/topol - m - intercontinental - ballistic - missile - icbm/.

③ 赵秀兰、刘汉宗：《美、俄的外空战准备》，《现代防御技术》2004年第1期。

④ 魏良磊：《核裁军条约获批 俄美博弈继续》，新华社莫斯科1月28日电（国际观察）。

拦截→收集数据确信拦截成功。[①] 美俄等国都在利用现有反导防御技术，积极发展空间多样预警技术，尤其是空间态势感知系统，包括地基空间目标监视与识别系统、天基空间目标监视与识别系统和空间环境监测和预报系统。美国实现空间监视能力的核心主要是“天基空间监视系统”和地基的“空间篱笆”计划。2009 年 3 月，美国陆军航天导弹防御司令部、陆军战略司令部与波音公司共同启动合作开发计划，以论证集成航天和导弹防御（IAMD）与空间态势感知概念，利用并融合多种不同的传感器数据。[②] 2009 年 4 月，经过数年的推迟，一颗波音公司制造的“天基空间监视系统”卫星成功发射，“空间监视系统”星座由四颗以上卫星组成，按照试验性计划，该星座将于 2014 年完成部署，空军希望“空间监视系统”最终能够实时监视卫星和空间碎片。“空间监视系统”可以利用星载相机对其拍照定位，并提供比地基望远镜和雷达更加广阔的空间视野，波音公司称“空间监视系统”“将是空间态势感知的革命”[③]。在现代战争中空间军事信息支援使军力倍增，“表现为：首先，为战争提供实时的情报、侦察和监视、导航与定位信息，使军队能够有效地实施精确打击；其次，为作战提供通信保障；最后，探测来袭的导弹”[④]。此外，美国列入联合作战科学技术的天基红外系统（SBIRS）是目前世界上规模最大、耗资最多、技术最先进的战略导弹预警系统，可从主动段、自由段到再入段对弹道导弹进行跟踪，在美国正在发展的国家导弹防御系统中占有非常重要的地位，可以满足 21 世纪对战略、战术导弹预警的需要。[⑤] 美国国防部正安排在空间部署极高频通信卫星（AEHF）和“天基红外高轨系统”（SBIRS-high）[⑥]，截至 2014 年 4 月，SBIRS-high 系统共有两颗高椭圆轨道

---

① 陈超、张剑云、刘春生、游志刚：《美国国家导弹防御系统发展分析》，《雷达与电子战》2007 年第 2 期。

② 《波音与美军合作从事外空态势感知工作》，全球安全网（http：//www. globalsecurity. org/space/world/china/index. html），2008 年 3 月 15 日。

③ 黎弘、滕建群、武天富等：《2010：国际军备控制与裁军》，世界知识出版社 2010 年版，第 197—205 页。

④ 何奇松：《脆弱的高边疆：后冷战时代美国外空威慑的战略困境》，《中国社会科学》2012 年第 4 期。

⑤ 中国科学院国家科学图书馆：《天基预警有效载荷技术综述》，《科学研究动态监测快报——空间光电科技专辑》2008 年第 6 期。

⑥ William J. Lynn, III, “A Military Strategy for the New Space Environment,” *The Washington Quarterly*, Summer 2011, 34: 3, p. 14.

飞行器（HEO－1，HEO－2）和两颗卫星（GEO－1，GEO－2）处在运行状态，主要服务于美军弹道导弹早期检测，以及核爆炸的检测。[①] 作为回应，俄罗斯在2009年7月，将3颗“宇宙”系列军用卫星送入轨道，新卫星是俄OKo（眼睛）轨道导弹预警网络的一部分。而法国也在2009年2月成功发射了两颗“螺旋”（Spirale）导弹预警卫星。[②] 这成为欧洲自主天基预警系统的第一步，为未来法国获取国防预警系统奠定了基础。[③]

第三，美国空间威慑体系中反导防御系统引发对手或潜在对手发展空间进攻力量。“美国现在是打着反导的旗号，发展空间武器技术。空间军事化已经是现实了，中俄希望趁早限制空间武器化，但是美国坚决不同意。这表明，美国就是要发展空间武器。美国这是要占领空间战略制高点。现在空间武器化是美国反导计划的一部分，而将来，反导只是空间武器化的一部分。”[④] 导弹防御系统可以说是美国在空间攻防战阶段的第一块基石。导弹防御系统从近期看是对导弹的一种防御，但是如果同空间攻防结合在一起看，则是一种攻击性武器。因为反弹道导弹可以击中高速运动的导弹，那么它打那些相对静止的卫星就易如反掌。也就是说，它事实上是一种空间攻防力量，至于用于防，还是用于攻，则要根据美国的战略需要而定。[⑤] 实际上研制和部署导弹防御系统就是发展进攻性作战武器，客观上就会对其他国家构成现实威胁。尽管部署一方可以防范外来导弹的威胁为由，表明只用它来实施防御的态度，但其存在的实质性攻击力却无法消除他国的担忧。在国际社会里，如果一方只顾谋求自身的绝对安全，而置他国的安全于不顾，就必然会使他国感到威胁，从而迫使他国发展军

---

① Budget Busters：The USA's SBRIRS-High Missile Warning Satellites［N/OL］，Defense Industry Daily. June 26. 2014http：//www. defenseindustrydaily. com/cat/projects/project－management/feed/.

② 关于法国“螺旋”系统的具体资料可参见 Eoportal Directory 网站的 SPRIRALE 词条。https：//directory. eoportal. org/web/eoportal/satellite－missions/s/spirale。

③ 黎弘、滕建群、武天富等：《2010：国际军备控制与裁军》，世界知识出版社2010年版，第197—205页。

④ 徐纬地：“建立导弹防御系统，美国的战略考虑是多方面的”发言稿，2007年中国评论月刊主办的“美国坚持推行全球反导体系的战略意图及其影响”座谈会（第10次，总第118次）。

⑤ 赵小卓“控制外空的必要基石，凝聚盟国的新动力来源”发言稿，2007年中国评论月刊主办的“美国坚持推行全球反导体系的战略意图及其影响”座谈会（第10次，总第118次）。

备，使空间出现军备竞赛。由于担心美国主宰军用空间资产，欧洲正在发展伽利略（Galileo）卫星导航系统，日本则在发展其信息搜集卫星（IGS）系统。印度从2006年起开始进行大气层内外的反导试验，已经开展了多次成功试验，并于2014年与以色列达成共同建立导弹防御体系的协议。① 安全攸关方为了有效反制导弹防御系统对战略稳定性所造成的威胁，"战略导弹轨道反NMD系统探测，必须要反可见光、红外、雷达综合一体；弹头隐形仍具有重要意义，是反制NMD的一有效对策……反卫星作战，对战略导弹反NMD具有重要影响，是积极反制措施的一种。"②由此可见，空间的反制措施尤为关键。"许多反制措施所依赖的是基本的物理原理和简单易懂的技术。事实上，大量与研制和部署反制措施相关的技术信息能够公开获取到。"③ 仅就新兴导弹国家对付美国的导弹防御系统而言，极易获得的反制措施就有：使用生化战剂集束炸弹的压制防御，使用假目标压制防御的各种诱饵——模型诱饵、特征多样的诱饵、反模拟诱饵、延迟释放诱饵等，降低雷达特征，通过隐藏红外特征防止"击中即毁"——低辐射率表层、冷却防护罩，通过隐藏弹头防止"击中即毁"拦截器自动寻的，弹头机动和对防御系统实施先发制人的攻击等。④

（四）美国空间威慑体系中全球快速打击系统的发展降低了危机的稳定性

在空间安全领域，当空间威慑体系或两用空间设施即使在两个国家的关系因为冲突而陷入危机时，也不会直接导致空间对抗。因此，任何一方不大可能向对手发动先发制人的空间打击，也不大会担心对手发动这种空间打击，这样的状态可称作危机稳定性很高；反之，则是危机稳定性低。由此不难理解，尽管没有任何国际条约或法律条例明文禁止在地球轨道或空间其他天体和轨道上部署对地球上、大气层或空间目标进行打击的非核

① Israeli-Indian BMD System [N/OL], Israeli Defence, June 4, 2014; http://www.israeldefense.com/? CategoryID = 472&ArticleID = 2848.

② 金伟新：《战略导弹反制NMD效能分析模型与反制对策研究》，《系统工程理论与实践》2002年第11期。

③ ［美］安德鲁·M.赛斯勒（研究小组组长）等：《NMD与反制NMD》（原名：《反制措施》），卢胜利、米建军译，国防大学出版社2001年版，第5页。

④ 杨俊欣：《令人担忧的空间军备竞赛》，中国公众科技网—国防与科技（http://210.14.113.18/gate/big5/arm.cpst.net.cn/gfbk/2010_09/285755840.html），2010年9月29日。

类军事系统或武器，但每个国家都特别小心地避开从空间直接打击地面目标的武器，因为开发这类武器，很可能会降低危机稳定性。现今，以美国全球快速打击系统（C－PGS）为代表的这类空间系统的开发，由于其技术本身的军民两用性以及空间居高临下的战略地位，如此快速的飞行器系统的出现，极大地降低了空间的危机稳定性。

首先，美国在空间威慑体系中发展全球快速打击系统，谋求常规打击优势，将迫使其他国家谋求“平衡手段”，进而导致空间竞技格局发生危险的变化。如果说冷战后美国大张旗鼓地发展以国家导弹防御系统（NMD）和地区导弹防御系统（TMD）组成的导弹防御系统（BMD）还以“防御性武器”的幌子作为“遮羞布”的话，美国的全球快速打击系统的研发则是典型的进攻性空间武器。美军发展全球快速打击系统，在本质上是塑造其全维军事能力。从“猎鹰”到“冲浪者”，再到空天飞机的现身，表明世界军事技术正在进入一个跨越式进步的爆发期。但发展全球快速打击系统将使世界变得更加不安全。事实上，美国过于谋求常规打击优势，将迫使其他国家进一步谋求“平衡手段”，进而导致世界局势更加不稳定。[①] 亨利·基辛格曾说：“一个国家寻求绝对安全的作法对其他国家来说意味着绝对不安全。”美国的这种绝对安全必然导致其他方处于安全劣势中。为了获得同样的安全感，各方必然要强化自身的军事实力。[②]俄罗斯在高超音速技术领域一直处于世界领先地位，早已拥有闻名世界的“白蛉”、“宝石”等多种以冲压发动机推进的先进导弹，它们为高超音速技术发展奠定了坚实的基础。目前，俄罗斯高超音速新技术已进入飞行验证阶段，正在研究规划更接近实际的发展布局。此外，俄罗斯还在研制“新一代发射技术”——高超音速试验飞行器，将采用氢燃料超燃冲压发动机，可达6—14马赫。[③] 面对国际空天飞行器快速发展的新格局，俄罗斯加快发展一种小型、机动性强、可重复使用的新型空天飞机，以应对美X－37B轨道验证机。2011年3月5日，美国空军从位于佛罗里达卡纳维拉尔角的肯尼迪航天中心成功发射了第二架X－37B空天飞机；紧步其后

---

① 罗山爱：《美国推进多款先进武器 即时全球打击日渐成形》，《新京报》2010年6月2日。

② 余永胜：《美国空天飞机将挑起外空军备竞赛》，中评社北京2010年4月30日电。

③ 柴晓东、王华胜、周新红：《高超音速作战平台挑战现有联合作战体系》，中国军网—《解放军报》2011年8月4日。

尘，5月26日，英国最新型空天飞机“云霄塔”通过概念设计和重要的技术评审；法国、德国、日本、印度等也先后推出各自的航天飞行器计划。[①] 因此，国际社会对空天飞行器如此发展的担忧，正引起空间竞技格局发生危险的变化。

其次，美国在空间威慑体系中发展全球快速打击系统，谋求常规打击优势，所面临的最现实、最受质疑的问题就是可能由于“核误判”而引发意外核战争。美国的 X-37B 是轨道武器[②]的一种，是21世纪空间攻防对抗、全面夺取制天权的不可或缺的武器装备。它是航空技术与空间技术高度结合的飞行器，即常称的空天飞机。这种飞机能像普通飞机一样水平起飞，以每小时1.6万—3万公里的速度在大气层内飞行，而且可以直接加速进入地球轨道，成为航天飞机；返回大气层后，又像飞机一样在机场着陆，成为自由地往返天地之间的运输工具。[③] 其特点第一是反应速度快，短时间内就可抵达地球上任何一个地方执行作战任务，满足全球作战的需要；第二是生存能力强，将可以在任何防空火力范围之外飞行；第三是作战用途广泛，不仅可用作全球打击和空间激光反弹道导弹的平台，而且还可用作部署空间卫星和在全球范围内快速运送军事物资的平台；第四是使用灵活，由于空间飞行器在大气层外飞行，在目前国际社会对空间的界定尚未确定的情况下，不存在侵犯别国领空的问题。[④] 美国全球快速打击系统的快速打击能力进一步诱使其安全决策者认为，最好先下手为强，全副武装地抢占空间。由此可知，美国可从纯粹的技术方面利用全球快速打击系统，将其升级为战争，这种可能性逐渐升高，毕竟在茫茫空间中，任何一方都很难把有预谋的行动与“意外事故”区别开来。许多分析家担心俄罗斯等国家可能会将全球快速打击武器误判为战略核武器。[⑤] 在意识到空间设施日益重要，各种导弹威胁上升，并考虑到俄罗斯的地理位置以及空间技术的技术进程等现实后，俄罗斯的专家们开始达成共识，即俄

---

① 可参见维基百科词条 Spaceplane，http：//en. wikipedia. org/wiki/Spaceplane。

② 国内有关学者曾将轨道武器定义为：由运载工具发射到各种空间轨道上对空间或地球上的目标进行攻击的武器，包括天基平台和飞船、空间飞机或空天飞机等。

③ 《美抢占外空战略制高点》，《澳门日报》2010年4月23日。

④ X-37B 的相关技术指标可参见 NASA Fact sheet：X-37Demonstrator to Test Future Launch Technologies in Orbit and Reentry Environments，NASA，May 3. 2003. http：//www. nasa. gov/centers/marshall/news/background/facts/x37facts2. html.

⑤ 方勇：《美国推进快速全球打击计划》，《新时代国防》2010年第8期。

罗斯面临的最大威胁来自空间，认为除了核武器外，空间武器将是21世纪战争中的首选武器。①

最后，美国在空间威慑体系中发展全球快速打击系统，谋求常规打击优势，将迫使其他国家发展应对美国全球快速打击系统的手段，即打其弱点的非对称性反制战略。任何现代的武器系统都离不开电子器件，空天飞机等高速飞行器更不例外。尤其是高度依赖这些电子器件和为其提供飞行方向的预警指挥控制系统，一旦这些信息系统失灵，空天飞机等就会变成“无头苍蝇”。利用空中的、地面的或者将来布设于空间的激光、微波、离子束武器，完全可以有效地干扰、摧毁空天飞机和高超音速巡航导弹的飞行环境，甚至直接摧毁空天飞机和高超音速弹道导弹本身。这样，美国全球快速打击系统由于更易诱发破坏其电子系统的第一次打击，降低空间危机稳定性，因此，爆发空间冲突和战争的风险也将随之大幅增加。美国全球快速打击系统使得美国在空间安全领域形成对他国的明显优势，这一方面极易诱发有野心的安全决策者为了单方面的利益，轻率地先发制人地发动第一次打击。另一方面，一旦有国家觉得自己被对手甩在后面，为防止在未来冲突中陷入被动，在危机到来时，就会想到先发制人，在形势恶化之前发动攻击。两者相加，在竞赛中占据上风的一方，会有先发制人的念头，趁对方还未赶上自己时实施打击。同样，处于下风的一方为以防不测，也会有先发制人的念头，要趁对方还未准备防范时实施打击。一些人士可能会认为，美国当前加紧发展全球快速打击系统，是通过确保美国在空间战中的进攻能力，以起到威慑预防的作用。但必须看到，美国全球快速打击系统作为一种咄咄逼人的进攻性武器，一旦破坏了均势，其他国家做出理性反应，必然会导致各国竞相卷入空间冲突的非理性结果。美国正加速发展、部署全球快速打击系统，目前美国X－37B空天飞行器试飞成功等事件突出地显示，世界各国正徘徊在十字路口，急需做出抉择。防止全球快速打击系统的试验及使用，与各国自身安全利益息息相关。因此，空间军备控制应尽快禁止任何国家发展、部署全球快速打击系统，防止降低危机的稳定性。

---

① Jana Honkova, “The Russian Federation’s Approach to Military Space and Its Military Space Capabilities,” George C. Marshall Institute, November 2013.

（五）国际社会应对美国战略威慑体系调整与全球战略稳定性

国家战略威慑体系作为维护大国安全的“护身符”、“撒手锏”，主要用于战略威慑，即慑止对方对自己的进攻。因此，它主要用于战略威慑，用于实战的可能性微乎其微。美国空间威慑体系的新进展显示，空间威慑与核威慑是相分离的，[①] 甚至呈现出独立威慑不断加强的态势。美国不断强化的空间威慑体系的核心组成部分所具有的杀伤能力愈来愈强大，如空间动能武器会导致空间碎片的增加，而空间碎片碰撞的级联效应则会阻止任何国家再次进入空间。一个国家在研发、使用战略武器方面表现出轻率的态度，有时甚至是伤害其大国地位的。因此，维护各大国日益独立的空间威慑体系之间的战略稳定性事关国际安全，也是大国维护自身国家安全的必然选择。

一是要维护战略威慑中的空间、反导和核武系统的互动稳定。国家利益是各国政府处理对外关系的最高准则，是国际关系的“通用语言”。维护大国间战略稳定性的前提是要使主要空间大国认识到这种合作有利于实现和维护各自的国家利益。其中美国的态度最为关键。国际社会应通过各种渠道与美国沟通，力争使美国认识到，谋求空间权力固然是美国的国家利益，但空间安全问题则是更现实、更亟待维护的利益，防（核/导弹）扩散更是与空间安全紧密相连的。空间、导弹防御系统和核武三个议题密不可分，任何一方发展针对进攻性核武器的导弹防御系统，势必会影响相关国家间的互动稳定关系。[②] 防止空间军备竞赛，包括禁止空间武器和禁止损害战略稳定的反导武器系统是关键。正是这方面的严重事态阻止了核裁军进程，正在破坏防止核扩散的基础。[③]“随着《反导条约》变为废纸，发展导弹防御系统已不受约束，一国拥有的‘盾’不断增加，势必刺激他国发展‘矛’的热情。”[④] 空间武器化和军备竞赛是一种对国际和平与安全的新威胁，因此，应将防止空间武器化及空间军备竞赛纳入联合国集

---

① 何奇松：《脆弱的高边疆：后冷战时代美国外空威慑的战略困境》，《中国社会科学》2012 年第 4 期。

② 丁树范：《中美关于外空、导弹防卫与核武政策争议之研究》，《中国大陆研究》2010 年第 53 卷第 1 期。

③ 同上。

④ 黎弘：《复杂多元化的全球核安全环境》，《和平与发展》2010 年第 3 期。

体安全机制。加强联合国安理会对国际社会发展、部署、使用空间武器的监督与核查机制的建设，对于从根本上防止空间武器化和军备竞赛具有十分重要的意义。[①] 美国不但屡次否决空间军备控制倡议，并积极在空间进行全方位的备战，“美军不单是在大气层外部署武器系统，同时还包括导弹防御在内的地面武器系统，用美军术语说，这就是‘全频谱能力’，目的是保证美国拥有‘全频谱优势’”[②]。国际社会不仅要呼吁美国放弃部署以反恐需要为借口的导弹防御系统，还要探索满足各国安全需要的替代性技术与机制，呼吁相关各方合作，完善空间物体发射登记制度、导弹和火箭发射预先通报制度、军事热线机制等，并通过发展高性能侦察监视卫星，以确保其不受干扰地运行作为技术核查手段和建立信任的措施。[③] 同时，国际社会应争取联合更多的国家就未来国际法律文书的主要内容向裁谈会提出具体建议，积极与相关国家、国际组织共同研讨确保空间安全，防止空间军备竞赛的相关对策和措施。

二是要促进空间军备控制中的安全战略沟通。世界各国竞相进入空间发展，纷纷从军事、经济以及信息的角度出发，寻求各自国家利益的拓展。但由于空间技术的双重安全功效，这就要求以空间安全战略沟通厘清空间武器化及军备竞赛与空间正向军事利用的边界，有效控制空间武器化及军备竞赛的危险，发挥空间正向军事利用对军控核查及国际安全的积极作用，确保大国间的战略稳定性。空间安全战略沟通能提供完全的信息从而减少不确定性。在“市场失灵”理论中，信息的不对称是最为重要的一种失灵现象。在空间这种因怀疑对方遵守军备控制条约的诚意而不能达成协议的现象，正是当前空间军备控制迟滞的重要原因之一。空间安全战略沟通恰恰能够提供一套行为标准来帮助各国政府评估他国的信誉，从而消除信息的不对称性。这种沟通也包括一些国际军控组织，它们不仅参与调停，而且也平等地向所有成员提供一些公正的信息。这些都有助于消除不确定性，增大安全合作的机会。空间安全战略沟通还因其具有规模性的特点而促使面临空间武器化和军备竞赛威胁的国家聚集到一起进行多边磋

① 李寿平：《外空的军事化利用及其法律规制》，《法商研究》2007 年第 3 期。

② 滕建群：《外空实力竞争与限制外空武器化》，《2009：国际军备控制与裁军报告》，世界知识出版社 2009 年版，第 132 页。

③ 仪名海、马丽丽：《外空非军事化的意义》，《2009：国际军备控制与裁军报告》，世界知识出版社 2009 年版，第 152 页。

商和谈判，提高协商获益的效率，使行为主体在机制内比在机制外更容易达成一致。与此同时，它还能将军控领域的许多具体问题汇总起来，加以一并解决。这种方式比双边磋商或是就单一问题的磋商要有效得多，它可降低交易成本，使成员之间的合作机会增大。空间军备控制包括严格限制条约缔约国的空间行为，例如对卫星及其他空间或轨道飞行器的发射、机动进行规范，禁止对空间目标进行武力攻击、干扰或俘获等；限制缔约国的空间军事化能力，尤其是进攻能力，例如削减、禁止在空间进行的武器部署；由国家主动提供本国空间活动的信息，表明本国没有威胁其他国家的空间活动，由此消除其他国家的疑虑和担心。美国不顾国际社会反对空间军事化的呼声，连续6年以“无法证实”为由拒绝中俄提交的“防止在空间放置武器、对空间物体使用或威胁使用武力条约”的草案（PPWT），拒绝通过国际社会有关禁止部署空间武器草案的提案。[①] 现实表明，美国的阻碍使得以全面禁止一切空间武器，即以禁止试验、生产、安放、部署和使用一切空间武器并销毁现有的空间武器为主要内容的国际条约的达成成为一项复杂而艰巨的任务。[②] 根据目前空间活动的形势，特别要注重积极支持有关各方推进空间行为规则的制订。[③] 美国于2011年1月发布了《国家安全空间战略》，考虑到日益增多的空间探索与利用活动所产生的空间碎片对美国空间安全可能造成的威胁，在该文件中美国表示将为负责任的空间活动提供包括行为规范在内的支持。[④] 但不久即遭到美国国会的否决。和平探索与利用空间，才是全人类最明智的选择。美国空间威慑体系并不能达到慑止他方力量，保护自身空间资产安全，反而会诱发空间军备竞赛，降低大国间战略稳定性的负面影响。因此，国际社会寻求各种措施促进空间军备控制中的安全战略沟通，提高战略稳定性，对于各个国家来说都是明智的选择。世界各国必须毫不气馁地致力于寻求多边外交和法律措施，尽快缔结禁止全球快速打击系统的国际条约，实现空间军备控制。

---

① 苏晓辉：《美国外空战略的新动向及其发展前景》，《国际问题研究》2008年第4期。

② 卢敬利：《俄美外长为签署核裁军条约铺路》，新华网（http://news.xinhuanet.com/world/2010-03/20/content_13209670.htm），2010年3月20日。

③ 李彬、吴日强主编：《国际战略与国家安全——科学技术的视角》，中国传媒大学出版社2008年版，第70页。

④ National Security Space Strategy Unclassified Summary, U.S. Department of Defense and Office of the Director of National Intelligence, 2011.01.

三是要加强空间复合相互依存中的多元领导与有效协调。国际社会越来越认识到，随着卫星与空间碎片数量的大量增加，空间活动的危险性也在不断提高，而空间武器的部署和使用只能给空间环境的安全性造成更大的威胁。[①] 欧洲航天局在阐述空间碎片的来源时指出，除了人类正常航天活动和意外事故产生的大量空间碎片外，反卫星实验和在轨飞行器的碰撞、爆炸也是空间碎片的主要来源。[②] 近地轨道的空间碎片还来自美国当前仍在研发中的地基和天基弹道中段导弹防御系统或其他空间武器试验。[③] 今天，地球轨道就有超过 1100 个飞行器和 22000 多块空间碎片围绕着地球运行，空间变得越来越拥挤而充满竞争的风险。[④] 空间碎片数目的增多和相互间碰撞概率的增大，会导致"连锁式碰撞"，增加了与航天器碰撞的可能性，将成为人类未来空间活动的极大威胁。[⑤] "我们所依赖的空间正因为空间碎片变得越来越拥堵……空间能力的全球联系性和内部关联性，以及世界各国对空间依存度的不断提升，意味着空间中不负责任的行为将会为所有人带来恶果。"[⑥] 基于此，国际社会应当重视空间环境安全问题。目前，空间碎片和空间核动力源问题已经成为联合国和平利用空间委员会最近数年来讨论的固定议题。[⑦] 空间环境安全有利于空间和平利用的深化，如卫星通信、遥感以及空间旅游的发展等。[⑧]但是，"国际社会里的制度谈判如同其他社会环境中的制度谈判一样，充斥着集体行动的困境；这些困境能够并且也确

① Kevin Whitelaw, "The Problem of Space Debris," (4 December 2007), U. S. News and World Report, online: http: //www. usnews. com/articles/news/2007/12/04/the - problem - of - space - debris. html.

② 参见欧洲航天局（ESA）网站（http: //www. esa. int/Our_ Activities/Operations/Space_ Debris/About_ space_ debris）。

③ Jeremy Singer, "Space-Based Missile Interceptors Could Pose Debris Threat," *Space News* (13 September 2004).

④ William J. Lynn, III, "A Military Strategy for the New Space Environment," *The Washington Quarterly*, Summer 2011, 34: 3, p. 8.

⑤ 参见 National Research on Space Debris, Safety of Space Objects with Nuclear Power Sources on Board and Problems Relating to Their Collision with Space Debris, Committee on the Peaceful Uses of Outer Space, November 30, 2001, 联合国文件编号 A/AC. 105/770.

⑥ Frank A. Rose, "State's Rose on Security of Space Environment," June 10, 2014, Geneva. http: //iipdigital. usembassy. gov/st/english/texttrans/2014/06/20140610301045. html? CP. rss = true # axzz36Tld8DuR.

⑦ 李彬：《军备控制理论与分析》，国防工业出版社 2006 年版，第 128 页。

⑧ David Koplow, "International Safe Standards and the Weaponization of Space," Space: The Next Generation-Conference Report, 31March - 1April 2008, Geneva: UNIDIR, 2008, p. 64.

实经常延缓或阻滞制度性安排协议的达成，而这些协议并非只是高尚情操的表述。”① 要达成这种全体一致，政治领导就是一个不可回避的问题，成员越多，对强有力的政治领导的需要就越紧迫。② 但就目前情况看，由于技术水平上的巨大差距，美国在空间开发方面的优势正在不断加大，空间领域的国际权力结构严重失衡。在美国看来，空间力量对美国应对非传统安全问题、进行非对称性打击至关重要。例如，美国依赖卫星进行通信、收集情报、应对紧急情况、引导部队行进、进行精确打击，并有效地降低了伤亡率。③ 为此，美国不但拒绝承担推进空间军备控制的领导责任，甚至在配合自律方面，也与国际社会的期盼与意愿背道而驰，国际军备控制成长所需的权力分配结构认同很难达成。与此同时，美国不但不愿意承担空间国际安全合作的领导责任，反而为了追求自身的绝对安全，极力阻挠他国的国际合作。欧洲的“伽利略计划”包含了包括中国、巴西、印度、以色列等外国合作伙伴的参与，然而美国为了防止中国在相关卫星技术领域取得突破，使其技术优势受到挑战，以存在军事技术转让为由进行干涉，使中欧关于“伽利略计划”的合作中断，“伽利略计划”迟滞，失去了市场先机，中国不得不独立进行“北斗”导航系统的研发。④ 由此可见，美国阻挠正是当前空间安全合作难以取得进展的最主要原因。由此，现实地来看，当前的政治领导很难成为有最大空间的大国——美国参加的集体领导，而只能是一种多元领导。“相比集体领导而言，多元领导是描述这种有差异的、采取主动行为进程的恰当词语。”⑤ 目前，能与美国在空间决一高低的国家只有俄罗斯。为维护空间的战略力量平衡，“中俄联手提案，对于促进国际社会凝聚在空间问题上的共识将会产生积极影响，得到世界大多数国

---

① ［美］萨莉·马丁、贝思·西蒙斯编：《国际制度》，黄仁伟、蔡鹏鸿等译，上海人民出版社 2006 年版，第 8 页。

② Oran R. Young, “Regime Dynamics: the Rise and Fall of International Regimes,” in Stephen krasner (ed.), *International Regimes* (Ithaca: Cornell University Press, 1983), pp. 100-101.

③ Robert G. Joseph, Remarks on the President's National Space Policy—Assuring America's Vital Interests, Remarks to Center for Space and Defense Forum, Jan. 11, 2007, URL.

④ James Andrew Lewis, “Galileo and GPS: From Competition to Cooperation,” Center for Strategic and International Studies, June 2004, pp. 6-7.

⑤ 罗伯特·基欧汉、约瑟夫·奈：《权力与相互依赖》，门洪华译，北京大学出版社 2002 年版，第 244 页。

家响应”[①]。在具体条件许可的情况下，中俄还可和欧盟或欧空局联手形成多元领导，反对空间霸权，维护战略稳定性。空间中的对抗或合作是地面上国家关系的延伸。空间军备竞赛只会导致两败俱伤，合作共赢才能维系和平与发展。全球化的世界必然会导致全球化的空间探索、利用事业。就现实而言，无论是传统的陆、海、空、电磁领域，空间系统都已是不可或缺的嵌入性力量，是传统军事力量得以几何级扩充的力量倍增器。现在有霸权者意图染指空间，意图通过获取空间霸权来独霸世界，对此，空间超级大国也应认识到空间系统复合相互依存的特征，只有维护空间威慑体系间的战略稳定性，才能真正确保其空间资产的安全，才能保证空间的持久安宁和人类的长远和平。

四　21 世纪初美国空间攻防对抗准备[②]

进入 21 世纪，国际社会围绕空间的争夺日益激烈，空间安全形势日趋紧张。作为空间技术的超级大国和空间军事化、武器化的主要推手，美国在 2001 年单方面退出《反弹道导弹条约》，并在过去十多年间通过一系列战略规划，大力发展空间武器装备，积极建设空间作战部队，试图通过空间攻防对抗准备来谋求在空间的绝对霸权地位。空间攻防对抗准备是指在空间态势感知的基础上，对空间、在空间和自空间的军事行动（包括进攻性空间攻防和防御性空间攻防）所进行的各种准备。毫无疑问，这些举措实质上是将美国在冷战时期奉为圭臬的威慑战略进一步拓展到空间领域，即通过确立空间技术和装备上的绝对优势，阻止其他国家潜在的攻击意图，以实现美国的空间安全和全球霸权。在这一状态下，美国的威慑战略往往会造成其他国家安全感的下降并加快自身能力建设，从而导致军事化升级和安全困境的产生。[③] 然而，威慑理论的视角仅仅描绘了国家间围绕空间能力优势的争夺所展开的简单博弈，

---

① 滕建群：《外空实力竞争与限制外空武器化》，《2009：国际军备控制与裁军报告》，世界知识出版社 2009 年版，第 138 页。

② 本节内容以“21 世纪初美国外空攻防对抗准备论析——基于攻防理论的视角”为题，发表于《外交评论》2013 年第 3 期上。

③ 何奇松：《脆弱的高边疆：后冷战时代美国外空威慑的战略困境》，《中国社会科学》2012 年第 4 期；Bao Shixiu，“Deterrence Revisited：Outer Space，” *China Security*，Winter 2007，pp. 2-11.

并不能有效解释空间争夺的不同战略选择（例如，是以战略进攻为主还是战略防御优先），以及这些选择对整体博弈态势所造成的结构性影响。具体而言，已有的分析框架未能准确揭示美国推动空间武器化的核心特征和深层战略逻辑，因而无法为国际社会走出空间安全困境提供有效的指导。

相比之下，作为结构现实主义分支的攻防理论（Offense - defense Theory）从攻防能力对比这种结构性的因素来探讨战争与和平的关系，[①]在国家战略选择与技术变革的动态关系上更具解释力。一般攻防理论的核心概念是攻防对比（Offence-defense Balance），即为获得胜利所需投资或者成本的比率。[②]“进攻方为了成功而必须投入的武装力量成本与防御方投入的武装力量成本之比。若防御方对防御力量的投资为X，进攻方若要取得胜利，则需对进攻力量投资Y，那么攻防对比即是Y与X之比。比值越大，表明进攻方需投资越多，对进攻方越不利。”[③]本论著以攻防理论为视角，旨在分析当前美国空间武器化战略的核心特征和空间安全博弈的根本内涵，并为中国空间外交战略提供理论依据。不仅如此，作为新的军事战略制高点，空间无国界、空间攻防对抗是全球性的，战场没有前方和后方的区别。从战略的层面研究空间攻防对抗的准备和演练，无疑具有重大的军事应用价值。

（一）美国空间攻防对抗准备升级使定向攻防对比向进攻占优转变

21世纪初，由于技术水平上的巨大差距，美国在空间开发方面的优势不断加大，空间国际权力结构出现严重失衡的态势。美国是世界上唯一拥有航天飞机和唯一进行过载人登月的国家。美国有着完备的空间攻防对抗准备的组织、领导机构、理论体系、兵力编制、武器系统以及空间攻防对抗准备的培训基地，有着庞大的航天工业和雄厚的人才储备，其规模远远超过世界各国的总和。但它的危机感比谁都强烈，空间攻防对抗准备演习已进行了好几次。虽然出于政治、科技、经济、外交等多种因素的考虑，美国一直未公开表明要部署空间武器，并一直延续至今，但是令人不

① 李彬：《军备控制理论与分析》，国防工业出版社2006年版，第89—112页。

② Charles L. Glaser and Chaim Kaufmann, “What Is the Offense Defense Balance and Can We Measure It?” *International Security*, Vol. 22, No. 4, Spring 1998, pp. 46-50.

③ 李彬：《军备控制理论与分析》，国防工业出版社2006年版，第108页。

安的是曾经一度促使美国采取克制态度的那些资金、技术、政治和国际条件正在消失。美国作为在空间拥有绝对优势的国家，其空间攻防对抗准备尤为引人关注。

1. 美国空间攻防对抗准备的战略构想

根据攻防理论，攻防平衡有主观的（想象中的）平衡与客观的（真正的）平衡之分。对于攻防理论来说，两者的作用是不同的，主观的平衡主要用来解释特定时间、特定国家的外交政策，比如美国不顾国际社会的强烈反对，执意发动第二次海湾战争，很显然是受想象中进攻优势的鼓励。[①]而客观的平衡主要用来解释国家之间广泛的行为模式、错觉理论的基础以及外交政策的指导基础，最为明显的例子是美国安全决策者越来越倾向于认为美国在空间进攻占优势能确保美国的绝对安全，从而使得空间安全形势日益严峻。[②] 进入21世纪，美国相继出台了《空间经营与组织倡议》（2001）、《美国国家安全战略报告》（2002）、《联合空间战纲要》（2003）、《弹道导弹防御国家政策》（2003）、《2020年远景规划》（2003）、《美国空军转型飞行计划（TFP）》（2003）、《制天权》（2004）、《空间对抗作战》（2004）、《战略总体规划》（2004）、《美国国家军事战略》（2004）、《美国国家空间政策》（2006）、《美国国家安全战略》（2006）、《空间作战》（2006）、《战略攻击》（2007）、《美国国防战略》（2008）、《美国国家空间政策》（2010）、《美国国家安全战略报告》（2010）、《四年防务评估》（2010）、《国家安全空间战略》（2011）等一系列与空间攻防对抗准备密切相关的文件。这些文件阐述了美国空间攻防对抗准备的目标和规划，主导着美国21世纪空间攻防对抗准备的发展趋向。下面选取几个美国空间对抗准备的标志性文件进行相关分析，以此了解美国空间攻防对抗准备的基本思路和措施。

《空间经营和组织倡议》（2001）。2001年5月8日，时任美国国防部部长的拉姆斯菲尔德宣布《空间经营和组织倡议》，要求美国军方为了避免"在某一日清晨醒来时发现已遭遇'空间珍珠港'"，应就快捷与连续、

---

① 李志刚：《攻防理论及其评价》，《国际论坛》2004年第6期。

② Robert Jervis, "Cooperation under the Security Dilemma," *World Politics*, Vol. 30, No. 2, January 1978, pp. 190-191.

防御与进攻的空间行动进行组织、训练与装备上的准备。[①]为此，美军应大力推进空间控制战略，谋求在增强空间态势感知能力的基础上，积极提高防御性和进攻性空间对抗能力，建设更加完善的空间攻防对抗体系。[②]美国空间攻防战略的基础在于其对空间防御脆弱性的感知。正如某位学者所指出的那样："美国对空间资产的依赖程度远远超过其他所有国家，而空间资产与生俱来的一个特点就是对攻击具有脆弱性，即空间资产的自身防御存在很大的弱点。"[③] 根据攻防理论的基本观点，"一个国家在拥有或认为自身拥有强大进攻和薄弱防御能力的时期，往往会发动和进行更多的战争"[④]。为此，美国进一步抢占先机，加快发展其空间优势，企图为未来的空间争霸打下强势基础。

《美国国家安全战略报告》(2002)。"9·11"事件改变了美国对其安全形势的看法，认为其不仅面临着来自世界上地区强国的威胁，而且还面临着恐怖主义袭击和核、生、化、空间和导弹扩散等不对称威胁。2001年12月，美国单方面退出《反弹道导弹条约》，突破了空间武器化的最后一道法律屏障，使得其空间攻防对抗准备朝着攻势占优的危险方向发展。2002年《美国国家安全战略报告》明确提出了"先发制人"的打击战略原则。在战略手段上，加快以军事转型为重点的国家安全体制的全面转型。美国将以导弹防御系统为纽带在亚太地区形成一个以美国为主导的"多边防务"网络：部署陆基拦截导弹、海基拦截导弹、"爱国者"PAC－3型导弹防御系统以及陆基、海基和空间基传感器。同时，计划在阿拉斯加州中部部署100枚拦截导弹，在阿留申群岛中的一个荒岛上建立一个新的雷达站。在2010年前向近地轨道发射24颗卫星，用以对导弹发射情况进行昼夜监视。在2015年前将在北达科他州部署150枚拦截导弹。美国希望通过这些导弹防御拦截系统，实现对本土的防御，对恐怖主义以

---

① United States Department of Defense, "Secretary Rumsfeld Announces Major National Security Space Management and Organizational Initiative," *News Release*, No. 201－01, May 8, 2001, http://www.defenselink.mil/news/May2001/b05082001_ bt201-01.html.

② 王友利、伍赣湘：《美国空间对抗体系及典型装备发展研究》，《2012：国际军备控制与裁军》，世界知识出版社2012年版，第102页。

③ 何奇松：《脆弱的高边疆：后冷战时代美国外空威慑的战略困境》，《中国社会科学》2012年第4期。

④ 邹明皓、李彬：《美国军事转型对国际安全的影响——攻防理论的视角》，《国际政治科学》2005年第3期。

及“无赖”国家的“先发制人”打击，达到建立一个以美国为主导的单极世界的目的。

《美国国家空间政策》《空间作战》（2006）。在阿富汗战争和伊拉克战争过程中，对空间的利用和依赖，让美国更加深刻地感受到了空间优势所带来的好处，更加坚定了美国进行空间攻防对抗准备的决心。2006 年，时任美国总统的小布什正式签署一项新空间政策，与以往相关政策相比，该文件突出强调美国享有绝对自由的行动权；拒绝就任何可能会限制其进入或使用空间的协议进行协商谈判，反对与这一原则相违背的任何形式的空间协议或规定；如有必要，美国有权力不让任何“敌视美国利益”的国家或个人进入空间。这一政策文件精神体现了美国不容他人“染指”空间、追求空间霸主地位的意图。① 数月之后，美国批准了新版《空间作战》文件，进一步界定了空间攻防对抗准备的协作机构、联合部队空天组织指挥官履行职责的任务、空间作战部队的使命等内容。这一系列空间战略规划给美国加快空间攻防对抗准备“开启了一道更大的门缝”，而且“充满了单边主义的口吻”②。

《国家安全空间战略》（2011）。美国在依赖空间优势获取巨大利益的同时，也面临着空间战略环境急剧变化的巨大挑战：首先，空间日益变得拥挤。空间运转的卫星越来越多，空间轨道的碎片越来越多，以及因卫星增多而导致轨道间隔越来越小，卫星相撞和干扰的可能性越来越大。其次，空间日益充满对抗性。而离开了空间系统，美军几乎不能打仗，或者其战斗力将受到极大减损。最后，空间日益具有竞争性。③ 针对上述问题，《国家安全空间战略》明确了美国空间安全的战略目标：一是强化空间的安全与稳定；二是维持并增强空间系统给美国国家安全所提供的战略优势；三是加强为美国提供国家安全保障的空间工业的发展。为实现上述三大战略目标，该战略概要地为美国空间安全战略提出了五大战略方针：其一，确保各行为体负责任、和平、安全地使用空间；其二，提高美国空间能力；其三，与负责任的国家、国际组织、商业公司结成伙伴关系；其四，预防与威慑对支持美国国家安全的空间资产与基础设施的侵犯；其

① 徐能武：《外层空间国际关系研究》，中国社会科学出版社 2010 年版，第 38 页。

② 邓然：《美走向“武装外空”遭质疑》，《新闻晨报》2006 年 10 月 19 日。

③ 程群、何奇松：《美国国家安全外空战略评析》，《现代国际关系》2011 年第 3 期。

五，准备挫败攻击，并在退化的环境中行动。综上所述，美国通过一系列重要文件，确立了控制空间、推动空间武器化的较为完整的政策体系，[①]构成了美国空间攻防对抗全方位准备的基本框架。

2. 美国空间攻防对抗准备的装备保障

归根结底，美国空间攻防战略直接体现为进攻性空间武器装备的开发和部署。根据美国空间攻防对抗准备计划和纲要，美军空间攻防对抗准备部队的武器系统主要包括反导武器系统、反卫星武器系统、空天飞机、轨道轰炸机和空间战斗机、载人飞船和空间站，以及作战保障系统等。[②]预计到2025年，美军各种天基、反导、激光武器、反卫星武器及空天飞机和轨道轰炸机等将全部登台亮相。从攻防理论的视角，最为关注的是“攻防平衡对战争的影响，进攻性武器能够与防御性武器区别开来，是前者而非后者诱导战争，应该销毁”[③]。然而，进入21世纪，美国开发与部署的各类空间武器装备均以进攻性为根本指向（见表3—1），致使空间攻防对比日益趋向进攻占优的负面结构。

表3—1　**美国典型的空间进攻武器装备**

类型	计划名称	技术类型	发展动态
硬杀伤摧毁方案	地基动能拦截器	动能反卫星武器	完成关键技术研究，但未开展飞行试验，研究重点向“可逆杀伤”方向发展
	地基中段导弹防御系统	动能反卫星武器	具备接近实战的反卫星能力，可拦截部分中低轨道卫星
	海基中段导弹防御系统	动能反卫星武器	可拦截400—500千米高度的卫星，2008年曾拦截失控间谍卫星USA193
	空基反卫星导弹	动能反卫星武器	计划中止
	地基激光武器	定向能反卫星武器	已具备了一定的实战能力
	空基激光武器	定向能反卫星武器	计划处于停滞状态
	天基激光武器	定向能反卫星武器	计划处于停滞状态

① 美国的这些文件提出了控制空间、全球作战、力量集成和全球合作等作战思想，既勾画了包括美国进入外空和在轨作战在内的空间能力建设蓝图，也提出了包括欺骗、阻断、扼止、削弱、摧毁在内的针对外空系统和卫星进行进攻性和防御性外空对抗的作战样式。

② 谭显裕：《21世纪美军外空战发展的武器装备研究》，《航天电子对抗》2004年第1期。

③ Jack S. Levy, “The Offensive Defensive Balance of Military Technology: A Theoretical Analysis,” *International Studies Quarterly*, Vol. 38, No. 2, June 1984, p. 220.

续表

类型	计划名称	技术类型	发展动态
信息对抗技术装备	卫星通信对抗系统	信息对抗干扰	已经投入实战部署
	地基侦察监视对抗系统	信息对抗干扰	系统论证发展阶段
新型自主操作轨道飞行器	X－37B	可重复使用轨道机动飞行器	2010年4月23日—12月3日、2011年3月5日—12月3日、2012年12月11日—2014年10月17日开展了三次飞行试验。 X－37B的第四次任务计划于2015年实施①
	实验卫星计划（XSS）	自主接近交会小卫星	XSS－10、XSS－11试验已经完成，XSS－12计划即将展开
	微卫星技术实验计划（MiTex）	自主接近交会小卫星	2008年底到2009年初开始对出现故障的美国DSP－23卫星进行追踪、逼近和监测操作
	轨道快车计划	近地轨道自主在轨服务	2007年3—7月间，"轨道快车"计划的两颗卫星成功验证了近地轨道自主在轨服务技术，验证了对合作目标的捕获能力
	通用轨道修正航天器计划	地球同步轨道自主在轨服务，将实现对非合作目标的捕获	目前重点研究立体测绘成像技术、多自由度空间操作机器人技术

资料来源：王友利、伍赣湘：《美国空间对抗体系及典型装备发展研究》，《2012：国际军备控制与裁军》，世界知识出版社2012年版，第112页。

首先，自退出《反弹道导弹条约》以来，美国固执地坚持其反导防御立场，声称反导系统是其全面反恐举措的一个有效组成部分。然而，美国反导防御系统诱发对手升级突防能力，迫使对方的攻防对比向进攻占优的方向变化。美国反导防御系统对国际安全的危害是直接冲击核安全领域的战略稳定性，诱发进攻性战略武器的纵向扩散。对方只要花相对很小的代价提升自己的导弹技术，尤其是多弹头的洲际导弹，就可使防御方防不胜防。所以，这个时候，双方在反导防御系统上的军备竞赛极不利于增加战略稳定性。因此，发展反导系统并不能真正增加自己国家的安全。"反

① 郭爽：《美军X－37B神秘航天飞机着陆 已在轨停留两年》，原标题《美X－37B飞行器结束"秘密任务"返回地球》，新华网2014年10月19日。

导系统的发展态势又促进了弹道导弹突防技术的升级换代。弹道导弹与反导系统是一对矛与盾，有矛必有盾，盾坚矛更利。弹道导弹是主动进攻的利矛，而反导系统只是被动防御手段；反导系统通常只能对付已经服役使用的某几种型号的弹道导弹，而难以有效拦截采用新式突防技术的新型弹道导弹。弹道导弹占有主动之利，同时可采取数量规模和技术优势进行综合突防，反导系统充其量只是‘虚幻的盾牌’。”①

另一方面，美国动能反导系统直接提升了反卫与防卫进攻能力，也推动了自身攻防对比向进攻占优的方向变化。美国空间攻防对抗的全方位准备强调提供支持导弹预警系统的“空间能力”，发展“多层面和整体的导弹防卫能力”。例如，美军在海湾战争和伊拉克战争中，摧毁弹道导弹发射装置远比其拦截弹道导弹的效果好。美国舰载“宙斯盾”战区导弹防御系统的工作原理与陆基拦截器一样，该型拦截器发射如果当反卫星武器使用的话，能轻松击中在距地球表面400—500千米轨道上运行的卫星。此外，美国的天基导弹防御系统就更有打击卫星的能力了。美军加紧在空间部署部分反导设备，包括在近地轨道部署“天基反导系统”。天基系统可以提供不受地理位置、战略警报和批准部署基地等条件限制的导弹防御设施，还可能在弹道导弹飞行中段将其拦截。同时，美国正积极在中欧部署导弹防御设施，随后将扩展导弹防御计划，包括部署海基导弹，在空间部署导弹追踪系统。2004年7月，美国军方在阿拉斯加州的格里利堡部署了一枚长约17米的陆基拦截导弹，标志着美国开始实际部署国家导弹防御系统。这个原理就是将导弹装在部分“杀手卫星”上，伺机对敌方的卫星发动空间攻击。美国已经开始在本土、欧洲和亚太加紧部署反导系统，因此可以肯定地说，美国用导弹打卫星的能力已经完全成熟。

其次，美国不断增强空间打击能力，使其能够先发制人地使用空间武器打击试图攻击其卫星和地面辅助设施的敌对国家或恐怖组织。美国宣称：“我们保留自卫的权力，防止敌对攻击和干扰空间资产。”美国政府认为，不能保证所有国家都和平利用空间，许多国家正在发展或取得对抗、攻击和打败美国空间系统的能力。同时，美国的电信、运输、供电、供水、天然气和石油储备、紧急救援、银行和金融业、政府等行业高度依赖卫星传输的数据。为了维护美国空间资产安全和相关利益，允许“先

---

① 葛立德：《弹道导弹的战略作用》，《瞭望新闻周刊》2012年9月3日。

发制人”攻击他国卫星或地面指挥站，剥夺对手空间对抗的能力。美国空军公布的《空间攻防对抗准备》文件更是重申了由拉姆斯菲尔德奠定的美国空间攻防对抗准备原则。在必要的情况下，美军要利用空间系统对敌手发动先发制人的打击。① 根据这一指导思想，美军公布了一份规划中的空间武器名单，既包括反卫星武器，又包括对陆攻击武器，其中主要包括空基发射的反卫星导弹，其小型导弹能拦截低地轨道的卫星；反卫星通信系统，这种系统可以杀伤敌方的天基通信和早期预警卫星；反侦察和反观测系统，目前主要是建立空基侦察和观测系统；地基激光，即指从地面打击低地轨道卫星，形成具有防御性和攻击性的空间控制能力；超高速动力棒，要求美国空军具备能在几分钟内部署、加强、保持和重新部署天基力量，具有从空间打击地面任何目标的能力。众所周知，无论哪种形式的反卫星装置都是典型的进攻性武器，“有利于进攻而不是防御的军事技术的革新会刺激体系中大国或帝国的扩张，加强其在国际体系中的地位”②。美国军方拒绝参加禁止反卫系统谈判，而热衷于反卫星战，因为它认为，低轨道卫星可能是目前最不可或缺的通信设备，不管是在军事或民间的应用上。而美国具有反卫星作战的能力，对任何潜在竞争对手都是最致命的威胁。而一旦参加反卫系统谈判并签署条约，无疑会束缚其手脚。美国发展反卫能力明显地推动了攻防对比向进攻占优转化。

最后，美国积极开发新概念空间武器装备系统，增强进攻性空间军事的存在。美国空军提出，到 2025 年要在空间部署攻防对抗准备机动部队，以保卫美国的航天器。美国加快研制自主操作轨道飞行器这样一种典型的进攻性空间对抗装备，在一定意义上代表了其未来空间攻防对抗准备的发展趋势。2007 年 3 月 8 日，美国军方发射的“轨道快车”小型卫星，名义上是为了空间防御目的而开发的一种空间维修技术验证卫星，但其显而易见的军事价值是对那些在空间交战中受损的高价值航天器进行抢修，在无需冒什么风险的前提下，就可提升美军空间攻防对抗准备体系的生存力和作战实力。伸出“手臂”抓卫星也可摧毁敌方目标，因此，此次试验最令人关注的还是美军独一无二的“空间掳星”

---

① Paul Mann, “Bush Team Rethinks Strategic Doctrine,” *Aviation Weekly & Space Technology*, Vol. 154, No. 4, January 22, 2001, p. 26.

② Robert Gilpin, *War and Change in World Politics* (New York: Cambridge University Press, 1981), p. 61.

技术。另外，“轨道快车”作为小型卫星，可以放在改装后的弹道导弹头部或者是空射火箭头部发射。这些发射工具本身就是军用装备，发射准备周期很短，可靠性高，成本低廉，能够满足实际作战的需要，可随时大量向空间部署武器。

加强进攻性空间军事存在的另一重点项目是能摧毁地球任意区域目标的全球快速打击系统（C－PGS）。正如攻防理论所指出的：“提高机动性的革新一般有利于进攻，从而导致进攻者能够在短时间内取得决定性的胜利。”[①]美国发展全球快速打击系统直接增强了空间攻防对抗准备中挑衅行为出现的概率。美军发展全球快速打击计划所面临的最现实、最受质疑的问题，就是可能会由于“核误判”而引发意外核战争，许多分析家担心俄罗斯等国家会将全球快速打击武器误判为战略核武器。[②]美国国防部计划于2011—2016财年投入20亿美元用于全球快速打击系统研发项目，其中2011—2012财年共投入5.4亿美元。目前，美国已成功进行了两次X－37B空天飞机（轨道武器[③]的一种）飞行试验，2012年12月11日，X－37B开始第三次秘密飞行试验，在结束22个月的空间飞行后于2014年10月17日返回地球。这是该飞行器迄今为止耗时最长的“秘密任务”。X－37B的第四次任务计划于2015年实施。[④]美国全球快速打击系统的快速打击能力进一步诱使其安全决策者认为，最好先下手为强，全副武装地抢占空间。反过来，他国应对美国的全球快速打击系统的手段之一是打其弱点的非对称性和平反制战略。美国全球快速打击系统更易诱发破坏其电子系统的第一次打击，降低空间危机的稳定性，因此，爆发空间冲突和战争的风险也将随之大幅增加。

综上所述，美国空间攻防对抗无论在战略思想还是装备研发上都表现出鲜明的进攻性特征，从而致使空间攻防对比向进攻占优转变。美国的空间军事部署使得美国在空间安全领域形成对他国的明显优势，这一方面极易诱发美方为了单方面的利益，轻率地、先发制人地

---

① 李志刚：《攻防理论及其评价》，《国际论坛》2004年第6期。

② 方勇：《美国推进快速全球打击计划》，《新时代国防》2010年第8期。

③ 国内有关学者曾将轨道武器定义为：由运载工具发射到各种外空轨道上对外空或地球上的目标进行攻击的武器，包括天基平台和飞船、外空飞机或空天飞机等。

④ 郭爽：《美军X－37B神秘航天飞机着陆 已在轨停留两年》，原标题《美X－37B飞行器结束“秘密任务”返回地球》，新华网，2014年10月19日。

发动第一次打击；另一方面，一旦有国家觉得自己被对手甩在后面，为防止在未来冲突中陷入被动，也会想到先发制人，在形势恶化之前发动攻击。两者相加，在竞赛中占据上风的一方，会有先发制人的念头，趁对方还未赶上自己时实施打击。同样，处于下风的一方为以防不测，也会有先发制人的念头，趁对方还未准备防范时就实施打击。这种进攻占优的攻防态势深刻地影响着空间安全的博弈模式，导致空间军事化进一步扩散。

（二）美国定向攻防优势的追求导致空间军备竞赛

美国在空间攻防对抗准备中加快部署空间武器，从而引发空间军备竞赛，极不利于世界的和平与稳定。尽管欧盟和俄罗斯、日本、印度等国纷纷加大涉足空间的步伐，空间权力结构出现了由单极向多极发展的趋势，但从现实来看，美国占压倒性优势的地位异常突出。在日内瓦裁谈会上，美国始终以现有外层空间条约已经足够和空间不存在军备竞赛为由，拒绝就防止空间武器化和军备竞赛问题展开谈判和讨论。2005 年 10 月，联合国各成员国就禁止在空间部署武器的提案进行表决，只有美国投了反对票。2011 年 2 月出台的美国《国家安全空间战略》在提出加强国际合作、支持建立新的空间活动行为准则的同时，强调美国将“进一步增强空间态势感知能力，增加透明度并促进空间信息共享”；针对空间对抗，美国将“采取多层次的威慑方案来预防和慑止对手的空间进攻”，“提高侦察对手攻击的能力、加强空间系统的恢复能力，一旦威慑失效，保留还击的权力”①。俄罗斯总统普京指出，“有些国家正试图放手在空间部署武器……”并进一步批评道：“一些国家采取非法及单边行动，企图漠视国际伙伴的合法利益而无理地一意孤行”②。在美国空间攻防对抗准备的刺激下，新的空间争夺“多米诺骨牌效应”正在显现，继美国后，欧洲与俄罗斯也先后公布了空间攻防对抗准备计划，而这些计划无一例外地都带有浓重的军事应用色彩。

---

① 王友利、伍赣湘：《美国空间对抗体系及典型装备发展研究》，《2012：国际军备控制与裁军》，世界知识出版社 2012 年版，第 106 页。

② John Mohanco, *Russia Concerned About Space Weapons Deployment-Putin*, Moscow News, November 9, 2006. http://www.mosnews.com/news/2006/11/09/spacewar.shtml〉.

1. 美国的空间攻防战略加剧其主要竞争对手的不安全感

首当其冲的便是俄罗斯。为了应对可能出现的空间军事对抗，俄罗斯加快了军事航天力量的建设，不断提高空间兵力兵器的作战能力，并赋予空间部队发射各种军用航天器和打击敌空间武器系统的任务。针对美国的空间攻防对抗态势，俄罗斯一方面积极推进反卫星武器的研制和部署，另一方面则试图压制和削弱美国的反导体系。为此，根据俄罗斯航天10年计划，反卫星武器是俄罗斯的重点发展对象。目前，俄罗斯在继承苏联反卫星技术的基础上，主要研制两大类反卫星武器——共轨式反卫星武器和激光与粒子束反卫星武器。俄共轨式反卫星拦截器的作战发射区域为1500千米×1000千米，作战高度为150—2000千米，作战反应时间为90分钟；制导方式采用雷达寻的或红外寻的，圆概率偏差（CEP）≤1千米；接近目标的相对速度为40—400米/秒，拦截目标卫星的时间为1小时左右（第一圈轨道内拦截）到3.8小时（第二圈轨道内拦截）。目前，俄罗斯已建成15个快速反低轨道卫星系统发射台。而在激光与粒子束反卫星武器方面，俄罗斯计划部署的平台有地基、空基（机载）和天基，其中地基反卫星激光器进展较大。地基反卫星激光器摧毁卫星需要的能量比摧毁导弹的要低，且不需要天基反射镜，故更适用于反卫星作战。在粒子束反卫星武器研究方面，俄罗斯正处于由实验探索阶段向实用系统发展的阶段。此外，俄罗斯还设计了反未来军用卫星的其他空间攻防对抗准备手段：一是把空间雷（杀手卫星）部署在敌卫星的轨道附近，作战时，通过接收地面指令，用常规引爆方法使卫星夭折。二是先行在大气层上方爆炸核装置，产生强烈红外辐射，使敌反卫星导弹的探测、预警和传感器等系统失灵，同时破坏对方的空间C^3系统。三是在敌天基激光反射镜轨道上设置反向运动卫星，向反射镜投放大量的钢球。由于钢球的相对速度可达16千米/秒，即使是1克重的钢球，也可穿透12毫米厚的铝板。四是在敌方地基激光器上方的大气层投放由大片吸光材料形成的云层，让激光束发散。

随着美国在中东欧地区部署反导系统的活动逐渐展开，俄罗斯从攻防两方面下手，不仅要挑战美国反弹道导弹系统的能力，更要全面削弱美国的战略威慑力。其中主攻的为“白杨-M”导弹，主守的为S-400“凯旋”反导系统。俄罗斯战略导弹部队在未来两三年内将装备“白杨-M”的分导式多弹头型，加强“白杨-M”战略导弹攻击力。任何一种拦截系统要想在“白杨－M”高速而飘忽不定的飞行中拦截到它都是非常困难的。俄罗斯政府军事委员会也通过了S－400导弹列装和研发第五代一体化反导防空导弹系统的决议。S－400的性能远远超出了美国的“爱国者”最新改进型。它融多层次防空反导于一体的作战能力为俄罗斯要地防空和点防御提供了坚实的盾牌，也将使美国的威慑大打折扣。2011年12月，俄罗斯成立空天防御兵，取代原航天兵和空军空天防御战略战役司令部，以整合战略预警、导弹防御、要地防空、空间监控、航天支援保障等力量，提升空天作战能力。

2. 美国欲独霸空间的攻防对抗准备也导致其盟国的不满和反对

欧盟各国及加拿大等国都已公开表示反对美国在空间建立军事优势。其盟国的担忧主要集中在两个方面：一是担心华盛顿不愿参加有意义的对话，拒绝商讨如何采取合作措施以确保未来空间安全；二是害怕美国空间攻防对抗准备会削弱已经建立起来的反对部署反卫星武器（ASAT）和天基武器的共识。的确，其盟国的相关官员多次指出，美国在空间，特别是空间军事方面缺乏外交，一直令他们不满和无奈。从更广义上讲，美国空间攻防对抗准备也许会导致国际社会采取更加一致的行动来制定外交措施，以限制美国在空间的行为，或者至少会争取从政治上阻碍及进一步孤立华盛顿。有些国家选择利用联合国和平利用空间委员会来“大声疾呼”，指责美国空间政策违反法律准则，以期委托“法律小组委员会”对其进行调查。加拿大也正领头推动裁军会议成立非正式的“讨论”小组来讨论防止空间军备竞赛（PAROS）问题，这一努力已经获得了广泛的支持。对美国有关空间武器的作为，加拿大保守派领导的联合政府故意采取较低调的处理方式，而反对空间武器是加拿大外交政策一贯坚持的原则。加拿大正在改变对待美国的方式，从公开坚定拥护到批评其立场，再到加强幕后努力以影响其决策。加拿大外交官声称，加拿大政府仍然强烈反对空间武器化，并将继续努力维护和开拓以国际合作为基础的空间安全、和平的局面。

同时，欧盟正试图达成共识，制定自己的空间攻防对抗准备计划。这种努力背后的问题之一是：在空间军事领域，欧盟需要建立何种程度的战略自治。美国空间攻防对抗准备计划加深了欧盟长期以来的看法，致使他们认为，美国是个靠不住甚至是不愿意合作的伙伴。由此，欧盟也许将进一步倾向自主，并使俄罗斯的合作倡议看起来更具吸引力。作为欧盟的主导国之一，法国历来把开发空间技术作为国家重点发展战略之一。近年来，随着法国空间预算的逐年增加，多项军事空间计划陆续出台，涉及军事侦察、军用通信及导航、遥感等许多方面。法国成功发射“锡拉库斯 -3B”（Syracuse -3B）军用通信卫星，就是朝发展独立的军事航天能力迈出的重要一步。正如法国总统所言，该卫星成功上天，不仅有助于加强法国的军事卫星通信系统，同时还可提升法国和欧盟的军事行动能力。2006 年 12 月，德国租用俄罗斯的“宇宙 -3M”（Космос -3M）火箭，成功地将其 SAR - Lupe 合成孔径雷达卫星送入空间，可以在任何气象条件下对地表进行分辨率小于 1 米的拍照。难怪美国媒体惊呼：“当美国还在给自己的空间雷达下定义时，德国的卫星系统很快将开始向欧洲的军事指挥官们发送高分辨率雷达图片。”① 但是，这并不意味着欧盟可以马上拥有和美国一样的空间军事力量，除了技术储备和科研经费相对于美国均显匮乏外，欧盟内部的意见不一致也为其实现空间攻防对抗准备目标增添了不少障碍。

总的来看，美国过于谋求在空间的常规打击优势，将迫使其他国家进一步谋求“核或非核的平衡手段”，进而导致世界局势更加不稳定。②亨利·基辛格曾说：“一个国家寻求绝对安全的作法对其他国家来说意味着绝对不安全。”③ 美国的这种绝对安全，必然导致其他国家处于安全劣势中。为了获得同样的安全感，各方必然要强化自身的军事实力。④以空天飞行器为例，美国于 2010 年和 2011 年接连发射两架 X -37B 无人空天飞机，这一技术不仅进一步打破了美国与其他国家的空间力量平衡，而且美国始终对其真实用途和规划遮遮掩掩，造成世界各国危机感的加剧，它们纷纷加大空天飞行器的研发力度。俄罗斯在高超音速技术领域一直处于世界领先地位，早已拥有闻名世界的“白蛉”、“宝石”等多种由冲压发动机推进的先进导弹，它们为高超音速技术的发展奠定了坚实的基础。目前，俄罗斯高超音速新技术已进入飞行验证阶段，正在研究规划更接近实

① Chris Pocock, *Germany's SAR-Lupe constellation puts Europe ahead*, Defense News, November 6, 2006. http://www.defensenews.com/worldnews/2006/11/06/Europeannews.shtml〉.

② 罗山爱：《美国推进多款先进武器即时全球打击日渐成形》，《新京报》2010 年 6 月 2 日。

③ 转引自《世界上没有“绝对安全”》（本文作者为国防大学军事后勤与军事科技装备教研部教员），《人民日报》2010 年 6 月 8 日。

④ 余永胜：《美国空天飞机将挑起外空军备竞赛》，中评社北京 2010 年 4 月 30 日电。

际的发展布局。俄罗斯还在研制“新一代发射技术”高超音速试验飞行器，将采用氢燃料超燃冲压发动机，可达6—14马赫。[①] 此外，在美国发射升空第二架X-37B后不久，英国最新型空天飞机“云霄塔”也已通过概念设计和重要的技术评审；而日本、印度等也不甘落后，竞相推出各自的发展计划。[②]因此，国际社会担忧空天飞行器的急速发展，正使空间竞技格局发生危险的变化。

（三）以转变攻防对比、促进防御占优化解现实威胁

从上述分析不难看出，当前在空间开发中已经取得优势的国家，不肯谦让；后来者却拼命想挤进来占有一席之地。在此情况下，如果美国一意孤行地武装空间，必将导致类似于核恐怖平衡的空间冷战，从而给整个世界的和平发展带来严峻的负面影响。国际社会也清醒地认识到，妥善应对空间安全领域可能出现的威胁和挑战，推动空间国际军备控制是国际社会面临的共同而紧迫的任务。为实现这一目标，国际社会“应树立以互信、互利、平等、协作为核心的新安全观。……要摒弃以军事实力谋求安全优势的思维模式，以协商化解矛盾，以合作谋求稳定”[③]。推进空间安全机制成长的首要任务应是有针对性地先行构建抑制空间武器化的原则、标准和规则。美国空间攻防对抗准备必须直面这样的现实：世界各国的发展都将需要更多的类似空间这样的“战略空间”。事实上，除美国以外的世界各国都承认并乐意给各自这样的空间。面对超级大国谋求“空间霸权”的企图，全世界所有希望开发空间的国家都应该行动起来，推动建立和平、合作、和谐开发空间的国际机制和法制框架，坚决反对空间霸权，强化和平开发、利用空间的能力，合作推进人类对浩瀚宇宙的探索。面对美国作为进攻方的定向攻防对比变化所引发的危险，当务之急是从两方面着手：转变攻防对比态势，促进防御占优；抑制空间军备竞赛和空间武器化的步伐，促进空间攻防对比的力量平衡。

---

① 柴晓东、王华胜、周新红：《高超音速作战平台挑战现有联合作战体系》，中国军网—《解放军报》2011年8月4日。

② 秦立新、李大光：《航天飞机将谢幕，空天飞行器欲登台》，《解放军报》2011年7月21日。

③ 《中国代表团团长胡小笛大使在第60届联大一委一般性辩论中的发言》，纽约，2005年10月4日，中国军控与裁军协会编：《2006：国际军备控制与裁军报告》，世界知识出版社2006年版，第310页。

1. 转变攻防对比态势

从通过国际军控解决空间安全困境的意义来看，转变攻防对比态势是国际社会面临的共同而紧迫的任务。正反两方面的教训足以让人们在空间的开发热中多一些冷静。从某种意义上说，空间开发不仅是对人类智慧和科学技术的挑战，也是对未来世界和平的考验。美国虽然拥有空间优势，但并不拥有空间技术的垄断权。越来越多的国家进入空间，是无法阻挡的潮流。未来如果爆发空间战争，将不会出现绝对的胜利者。“美国不希望用国际规范约束本国的空间活动，到头来损失最大的还是美国，因为如果潜在对手对美国空间资产进行破坏、攻击等活动，美国就没有法律依据对潜在对手实施报复，即使能够确定攻击的来源与性质。”①各国现有的数万亿美元的空间资产，很有可能瞬间化为空间垃圾，人类探索宇宙的宏伟计划，将成为永远的梦想。作为空间第一大国的美国，在防止空间武器化、防止空间军备竞赛、确保空间用于和平目的方面负有特殊责任，应该率先带领世界回归理性。世界各国应从空间技术发展和国家安全互动现状出发，加快促进空间国际军备控制，以抑制空间武器化的危险，确保人类对空间的和平开发利用。

美国空间攻防对抗准备中定向攻防对比的变化趋势，也暴露出现有国际制约机制的不足。不可否认，现有防止空间军备竞赛的国际条约曾起到一定的积极作用，但由于当时政治、军事和技术条件的限制，过去的条约也存在严重的缺陷或漏洞，不足以防止空间军备竞赛。例如，《外层空间条约》由于不禁止在空间部署非大规模毁伤性武器，也没有禁止发展、生产和使用空间武器，使其对防止空间军备竞赛的作用受到限制，也为日后空间武器化留下了隐患，而美国正是利用了这一点。这个问题已引起国际社会的高度关注。中国、俄罗斯等多个国家主张，为保证《外层空间条约》的有效性，需要进一步完善它的内容，根据当前形势增加一些新的条款。2002 年 6 月，中、俄等国联合提出了《关于未来防止在空间部署武器、对空间物体使用或威胁使用武力国际法律文书要点》的工作文件，以后又根据各国的意见起草了《关于空间法律文书的核查问题》和《现有国际法律文书与防止空间武器化问题》两份非正式文件，但由于美

---

①　何奇松：《脆弱的高边疆：后冷战时代美国外空威慑的战略困境》，《中国社会科学》2012 年第 4 期。

国始终不愿将这个问题列入联合国裁军会议的议程，这一进程一直未取得进展。近几年来，由于裁谈会难以启动空间军控谈判，空间“透明和建立信任措施”（TCBM）问题的热度明显上升。为积极施加影响，中俄于2010年共同提出第65、68号联大决议，成立联合国空间TCBM问题政府专家组。专家组成员包括安理会五个常任理事国、巴西、南非、智利、韩国等15国政府专家，于2012年7月、2013年4月和7月召开3次会议，拟就空间TCBM问题向联合国秘书长提出建议。2012年6月5日，欧盟与联合国裁研所在维也纳举行“国际空间活动行为准则”首次多边研讨会。美国重申不支持空间军控条约谈判，对新文案关于“支持裁谈会工作”、“事先通报”等内容仍有关切。

2. 促进防御占优

从通过国际军控解决空间安全困境的途径来看，促进防御占优是最佳的战略选择。美国空间攻防对抗准备反映出空间已日益成为美国经济、国家和国土安全的重要组成部分，也迫使其他国家必须奋起直追。加之，国际社会近期难在空间军事利用方面达成协议，其他国家想与美国在空间安全领域展开一场对话是非常困难的。从攻防理论视域来看，其根本原因在于，“美国的军事优势地位本身说明了攻防平衡严重朝美国方面倾斜，因而导致了‘美国的霸权在进攻’的局面”①。如果这一问题无法解决，那么，世界各国想在军事利用空间方面达成协议的前景黯淡。攻防理论认为：“如果相关国家的军事力量是以防御性为主的，那么，安全困境就不严重，战争爆发的可能性就很小。因此，可以通过军备控制来调整各国军事力量的属性，使其更具有防御性，这样就能避免军备竞赛，减少战争。”②面对美国在空间攻防对抗准备中咄咄逼人的态势，世界各国应该团结起来积极推进空间国际军备控制。正如罗伯特·吉尔平所指出的：“攻防平衡影响到现状改变的代价，代价越高，发动战争的可能性就越少。”③

为化解美国空间攻防对抗准备所带来的现实威胁，一方面，应通过空

---

① 李志刚：《攻防理论及其评价》，《国际论坛》2004年第6期。

② 邹明皓、李彬：《美国军事转型对国际安全的影响——攻防理论的视角》，《国际政治科学》2005年第3期。

③ Robert Gilpin, *War and Change in World Politics* (New York: Cambridge University Press, 1981), pp. 62-63.

间国际军控迫使美国空间安全考虑向防御占优的方向转变。“如果进攻性武器与政策和防御性武器与政策能够相互区别的话，国家对防御性武器与政策的追求便不会引起别国的怀疑；即使国家采取进攻性措施，别国也可以由于攻防区别及早得到预警。”[①] “所以攻防区别有利于消除国家间的误读，能够使其他国家对一国追求安全的行为采取较为温和或较为保守的反应，从而避免或缓和安全困境，使合作得以进行。”[②]积极推进空间国际军控，迫使美国将更多的投资和精力转向民用、商用空间技术领域，不仅会使其国家形象和民众热情获得极大的提升，也有利于空间和平开发利用事业的发展。和平利用空间技术的发展，是世界和平的福音。空间民用、商用技术发展是空间事业的重要组成部分，对各国的经济建设、社会发展和国家安全都会起到非常重要的作用。

另一方面，世界各国应提高空间和平开发、利用能力，增加维护空间国际安全的筹码。“美国对哪一国威胁大，哪一国发展（反制）空间/弹道导弹能力的动力也就越大。”[③]制衡的力量多一点，空间的和平可能就会增加一点。发展以天基为主的天、空、地一体化综合信息网络系统，满足未来信息化作战的需要；发展快速、机动、可靠、廉价的进入空间的能力，确保国家进出空间通道的畅通；对国家空间设施采取适当的安全防护措施，增强空间设施的抗干扰能力和生存能力；发展少量先进顶用的空间力量，对敌形成威慑，打破强敌控制空间、垄断空间资源的图谋，削弱其空间攻防对抗准备的优势。空间非军事化已经提了很多年，但是总不能达成一致，就是因为有的国家把空间利用看成是自己的专利、自己的特权。当越来越多的国家具备空间技术后，霸权者才有可能醒悟到搬起的石头也会砸到自己的脚，才有可能实现空间的真正和平。任何国家空间技术的每一次突破性进展都是对空间霸权垄断的有力冲击。中国“嫦娥”探月工程在国际安全领域的战略价值，从各国相继跟进的探月动作中就可以看到。这些探月秀绝不是争风吃醋，而是在国际政治领域对话语权的激烈争

---

① Robert Jervis, "Cooperation under the Security Dilemma," *World Politics*, Vol. 30, No. 2, January 1978, pp. 43-44.

② 邹明皓、李彬：《美国军事转型对国际安全的影响——攻防理论的视角》，《国际政治科学》2005 年第 3 期。

③ 何奇松：《脆弱的高边疆：后冷战时代美国外空威慑的战略困境》，《中国社会科学》2012 年第 4 期。

夺，在实际应用领域对技术制高点的激烈争夺。中国航天在“嫦娥”探月工程、“神舟”载人航天工程的带动下，正向实用化、系统化、规模化的方向发展，中国的国家利益也增加了一层空间的安全屏障。

第四章　空间政治体系暴力控制与军备控制

从复合建构主义的视角来看，防止空间武器化作为各国“利益—权力”理性博弈的过程，其实质是空间多样权力的社会建构。分析空间权力类型及其互动，既可正确把握防止空间武器化国际法律制度的特征，也可现实地探讨推进防止空间武器化国际法律制度现实建构的有效路径。由于空间军事利用往往耗资巨大，军民融合式发展以资源节约的方式构成空间军控和平红利的内部生成机制。在国家安全互动中，基于降低交易成本的多途径实施，构成空间军控和平红利的自然生成机制。因空间技术具有典型的军民两用性特征，对空间相关装备和技术进行出口管制，构成空间军控和平红利的外部生成机制。通过国际合作寻求安全的军备控制是解决这一矛盾的根本途径。但机制构建中权力分配结构的失衡、共同利益基础薄弱、基本理念和道义准则存异等因素，使得空间军控机制成长目前仍然面临着巨大的压力。因此，加强机制谈判中的政治领导就是空间军控机制成长走出困境的最有效方法，也是最现实的出路。空间军控核查在现实操作层面，由于空间主体的多样化和安全互动的多层次化，使得核查共识和授权难以达成。联合国安全机制的内在不足也使核查中集体行动的逻辑困境难以获得有效的权力化解。核查涉及先进技术和敏感军事信息的保护问题，使得相关容忍、配合尤其困难重重，政治成本较高。空间军控基于相关系统和物项的内在能力而不是其验证过的能力，以及空间技术本质上是军民两用技术的悖论，使得核查方式和标准技术的成本明显偏高。核查的高度复杂、敏感导致国家反复算计中所急需的经费和资源支持时常受到干扰。核查活动的持续性、长久性也明显加大了其收益成本。因此，目前似宜暂时搁置核查，待今后条件成熟时，可考虑为军控条约增加核查议定书。

一　防止空间武器化国际法律制度的复合建构①

随着世界各国先后进入空间进行开发利用，防止空间武器化问题对于国家生存与发展具有愈益明显的重要性，使之逐渐成为国际关系研究的崭新领域。强调权力和观念过程建构的复合建构主义非常适合分析地缘政治与天文政治交错的空间国家安全互动实践。从复合建构主义的视域来看，实现空间安全与和平开发、利用的国际军备控制的实质是各种类型权力的社会建构。② 积极利用各种类型权力的互动作用，千方百计推进防止空间武器化国际法律制度的复合建构是国际社会合理有效的选择。

（一）防止空间武器化国际法律制度是空间安全形势发展的紧迫需求

空间与国家领空不同，因地球自转和公转以及太阳系和银河系的运动，各国上空的空间发生着瞬息变动，进入其间的物体遵循着空间飞行动力学的相关规律运动，难以成为地面国家行使主权的范围。由于空间的无疆域性和空间不适用国家主权原则，维护空间安全需要国际社会特别是世界各主要空间国家的相互合作，寻求有效措施，以维护人类和平探索、利用空间的共同利益，维护各国的国家利益和空间活动安全。空间技术及其应用最显著的特点是全球性，早在人类进入空间时代之初，各国政治家乃至普通公众就已认识到这一点，空间探索与利用应为全人类谋福利与利益也已成为国际社会的共识。21 世纪，空间的探索、利用迎来了一个新的高潮，其标志有美、俄、欧盟等 16 国合作的国际空间站工程的动工与运行、中国“神舟”系列载人飞船和“天宫一号”目标飞行器、“北斗”卫星导航定位系统加紧组网和“嫦娥”系列探月卫星的成功发射、欧洲“伽利略”卫星导航定位系统的研制和部署，以及印度、日本等国空间科技的迅猛发展等，这些都是人类和平、合作利用空间的新的里程碑。

空间是广阔无垠的，利用它所得的技术性级差空租会随着空间技术的

---

① 本节内容以“论防止外空武器化国际法律制度的现实建构”为题，发表于《北京航空航天大学学报》2012 年第 4 期上。

② Min-Hua Huang, “Constructive Realism: An Integrated IR Theory of Idea, Strategy, and Structure,” paper prepared for presentation at the Annual Conference of the Midwest Political Science Association, Chicago, April, 2003, pp. 3-6.

进步而呈正比的增加。与此同时，在空间安全领域，由于各国谋求自身在空间利益的最大化与人类共同利益理念追求之间的矛盾，空间国际关系发展缓慢，国家间的安全合作有限，空间安全形势令人担忧。空间军事化问题在现代空间技术发展之初即已存在，并成为美苏军备竞赛的重要领域。冷战结束后，美苏抗衡的空间均势发生了根本性的变化，美国占压倒性优势的地位更为突出，其独霸空间的企图使空间安全困境进一步加剧，引起了全世界的关注与不安。随着美国退出《反弹道导弹条约》[①]，其在研制部署空间武器方面失去了政治和技术制约，又迈出了空间武器化的危险步伐，将严重威胁空间和世界的和平，其标志是导弹防御系统的部署。一些军事大国热衷于组建天军、建立空间军事基地，为争夺“制天权”做积极准备，空间武器化和空间军备竞赛的趋势对空间安全构成严重威胁。人类意识的缺失、国家利益至上论的局限和国家间的不信任状态造成了空间安全合作举步维艰的局面。虽然国际社会抑制空间武器化和空间军备竞赛有着共同的空间利益，但也意味着要让渡出部分权力，如独立自主地进行空间安全决策的权力等。由于空间安全的特殊地位和空间难以估量的开发前景，引诱着各国竞相进入，而在对未来威胁的认知上，还远不如已发生过的令人震撼的毁灭性核爆炸；至今没有真正出现空间战的后果使不少国家心存侥幸。因此，一个国家在牺牲自身利益和获取共同利益之间的权衡和选择比在其他领域内更加困难。同时，空间的资源分配和利益分享、空间环境保护、空间科技应用的社会文化冲击等问题也长期困扰着国际社会，迄今尚未得到解决。随着国际空间站的建成和月球资源的商业开发成为现实，国际上围绕这些问题的争论将变得更加尖锐。

一直以来，一些国家努力谋求研发和部署空间武器系统，只是受特定的历史条件限制而未能成为现实。随着科技的不断成熟，空间军事化将走向武器化。这种趋势不仅阻碍了对空间的和平探索与利用，还将引发进一步的空间军备竞赛，导致其他武器特别是大规模杀伤性武器的扩散，对国

① 全称为《美苏关于限制反弹道导弹系统条约》，1972 年 5 月 26 日签署于莫斯科。该条约严格限制研制、试验或部署用于拦截来袭战略弹道导弹的导弹系统。与外层空间行为相关的主要规定体现在第五条和第十二条中。第五条第一款规定“双方保证不研制、试验或部署以海洋、空中、空间为基地的以及陆地机动的反弹道导弹系统及其组成部分”。第十二条则规定了两国可以使用“国家技术核查手段”监督条约的遵守情况，另一方不得干扰。按照这一规定，不但通过卫星进行的天基监视的合法性得以承认，而且这种卫星成为国际军备控制体制的必要组成部分。

际安全格局造成严重的消极影响。因此，防止空间武器化已是十分现实和紧迫的问题。“美军备战空间是全方位的，不单是在大气层外部署武器系统，同时还包括导弹防御在内的地面武器系统，用美军术语说，这就是‘全频谱能力’，目的是保证美国拥有‘全频谱优势’。”[①] 目前，能与美国在空间决一高低的国家只有俄罗斯。为维护空间的战略力量平衡，俄罗斯对美国空间战准备保持着较高的警惕。空间武器化和军备竞赛是对世界和平与安全的重大威胁，空间领域的军备控制斗争是反对空间武器化和军备竞赛的重要形式。空间的安全形势急迫地需要国际社会进一步推进防止空间武器化国际法律制度的现实建构，积极与相关国家、国际组织共同研讨确保空间安全，防止空间军备竞赛的相关对策和措施。

（二）防止空间武器化国际立法谈判是“利益—权力”理性博弈的过程

汉迪·布尔认为，无政府状态是国际社会生活的主要事实与理论思考的起点，就许多关于国际社会生活富有成效的研究而言，它们都与其由于缺少政府而所带来的后果有关。[②] 空间安全领域更是如此，将其放于无政府、无疆域性的背景下，可以看到空间安全互动中相关主体寻求的空间利益及其在空间权力结构中地位之间的张力决定着防止空间武器化国际立法谈判的进展和命运。防止空间武器化国际立法谈判在实践的反复检验下，其内在遵循的原则逐渐显现，这就是无一例外地按照“利益—权力”理性博弈的原则行事。在空间安全领域，从根本上说，防止空间武器化国际法律制度往往反映了国际政治权力的社会建构，而它的功能从起点到归宿都是为了追求国家空间利益。与此同时，主权国家选择参与防止空间武器化国际法律制度也是完全遵循“利益—权力”理性博弈的原则，既要不断追求国家空间利益，又要冷静、客观地审视自身在空间权力结构中的现实地位，尽最大的可能求得国家的生存与发展。对空间探索、利用中“和平目的”的不同理解和争论实质上就是空间领域霸权主义和反对霸权主义的斗争。那些空间技术较为发达并企图独霸空间的国家认为，“和

---

① 滕建群：《外层空间实力竞争与限制外层空间武器化》，《2009：国际军备控制与裁军报告》，世界知识出版社 2009 年版，第 132 页。

② ［美］詹姆斯·德·代元主编：《国际关系理论批判》，秦治来译，浙江人民出版社 2003 年版，第 81 页。

平”就是“非进攻性”，允许在空间进行一定限度的军事活动，这是比较低的要求。[①] 空间军事设施所发挥的支援、保障作用能够极大地增强陆、海、空战场武器系统的效能，确立霸权国家压倒性的军事技术优势，而那些空间技术薄弱的国家将处于更加不利的地位。将“和平目的”理解为“非军事化”，严格限制空间一切军事性质的活动，有利于维护广大发展中国家的权益，维护国际公平与正义。

防止空间武器化国际法律制度缘于各国追求技术性级差空租——国家空间利益，但防止空间武器化国际立法谈判中的博弈最终取决于国家间的权力。“利益—权力”理性博弈的原则贯彻到防止空间武器化的国际立法谈判中，就要求各国将其追求的空间利益与自身在其中的国际权力结合起来，做到既不失时机又千方百计地推进防止空间武器化国际法律制度的建构、运转和变革。已有的防止空间武器化的国际法律制度，或许由于它的高昂的维持费用和功能的实现费用，而易于被从“弊端”的发现中感受到机制维护和追求的利益与机制实际运行所需要的国际权力之间的差距。而理想的防止空间武器化的国际法律制度，由于其描绘的高效率，而被人类期待着新的更大利益。但是，也可能由于未遵照“利益—权力”理性博弈的原则，在这种机制的建构中或者看到利益、抛开了权力而使之形同虚设，或者想到权力、忘记了利益而使之功能适得其反。例如，不同于《外层空间条约》抽象的原则性规定，《月球协定》试图明确月球及其他天体的国际法地位，有不少条文反映了较严格的军备控制要求，但因触及了各国尤其是空间大国的实际利益，因而引起了广泛的争议，成为联合国五个空间法条约中签约国最少的一个。[②]《月球协定》提供了这样一个例子：如果有关国家认为它们获得的利益过于背离其权力，很容易由此拒绝加入该条约，从而使得该条约几乎不具有实际用途。因此，在防止空间武器化国际立法实践中必须遵循“利益—权力”理性博弈的原则，从而促进与权力相应的利益的最大化。

在建构和优化防止空间武器化国际法律制度的过程中，按照“利

---

① Thomas C. Wingfield “Legal Aspects of Offensive Information Operations in Space,” *Journal of Legal Studies* (USAFA), 1998/1999 (9), pp. 121-146.

② 截至2001年1月，仅有九国批准该协定：澳大利亚、奥地利、智利、墨西哥、摩洛哥、荷兰、巴基斯坦、菲律宾、乌拉圭，五国签署该协定但尚未批准：法国、危地马拉、印度、秘鲁、罗马尼亚。可以发现，批准该条约的没有一个国家拥有独立的卫星发射能力。

益—权力”理性博弈的原则，要求对防止空间武器化国际立法实践做以下评估：（1）防止空间武器化国际立法谈判中的“利益—权力”考虑，这是权力建构的重要尺度。只要运用了这一尺度，就能使防止空间武器化国际立法实践沿着接近目标模式的正确方向发展，就能克服许多障碍和阻力。（2）目标模式反映的权力与利益的关系。这更多地停留于理论规划与谈判磋商中，因此能够比较清晰地分析处理。（3）某些现行的具体防止空间武器化国际法律制度运转中的权力与利益是否协调。尽管总体上各国都已深深感到自身的权力无法单独抑制个别国家追求绝对安全利益的企图，但是，如何沿着“利益—权力”理性博弈的路径，寻求空间安全困境的合作解，需要世界各国深刻地认识到防止空间武器化国际法律制度权力建构的实质，将国家利益同人类共同利益结合起来，兼顾防止空间武器化国际法律制度内容的理想性与现实可行性。在当前因个别空间大国妄图凭借其超强实力追求空间绝对优势和绝对霸权，空间军备控制实践举步维艰之际，国际社会唯一现实的途径就是充分利用空间国际关系中由不同利益要求互动所形成的各种类型的权力关系，积极推进切实有效的防止空间武器化国际法律制度的制定和落实，加强各国在探索利用空间的人类共同事业中的团结与协作，增进各国和全人类的共同利益。

（三）防止空间武器化国际法律制度的建构应充分发挥多样权力的积极作用

空间国际安全互动中国家利益与人类共同利益的基本矛盾决定了“利益—权力”理性博弈的防止空间武器化国际法律制度权力建构的实质。[①] 因此，对防止空间武器化国际法律制度的理论思考可立足于复合建构主义：把防止空间武器化和军备竞赛作为国际努力的目标，以空间主体直接互动的利益关系所形成的强制性权力制约空间霸权企图，以直接互动利益关系建构的结构性权力强化军备控制的合法性与有效性，以互动利益关系扩散所形成的制度性权力保障军备控制的国际影响力，以扩散互动利益关系建构的生产性权力作为实现军备控制目标的指引。在实际操作层面，强调反对空间武器化和军备竞赛方法的多样性：可以是外交、法律的

① 参见徐能武《论外层空间军备控制权力建构的实质》，《南京航空航天大学学报》2010年第4期。

斗争，也可以是舆论的压力，但最为根本的是要具备与积极谋求空间武器化的国家基本相当的空间科技实力，并使之认识到谋求空间武器化不符合自身的国家利益，进而放弃空间武器的发展，回到通过协商解决国家间的分歧和冲突，在集体安全的框架内实现自身安全的道路上来，达到维护空间和平与安全的目的。

一是利用强制性权力维护空间战略稳定性。从关注空间相关国家的直接互动关系中可以看到，防止空间武器化国际立法中的强制性权力作为形成、发展于主体之间的一种内在化的强制性的社会关系，不仅意味着一个主体使用物质资源控制其他主体的行为，还包括主体使用象征性和规范性资源实现自身的利益。[①] 各国在空间技术性级差空租追求中，空间技术实力的差异构成了空间强制性权力的基础。一方面，空间技术实力较强的一方凭借这一优势与他方直接互动，与之形成一种强制性权力关系；另一方面，由于空间技术的脆弱性与各国在空间安全中的复合相互依存，空间技术较弱的国家也极易通过“非对称战略”获得反制能力优势而形成另一种强制性权力。例如，某些空间实力相对较弱的国家通过适当的制衡手段展示，反对所谓“阻止敌国进入空间”的霸权行径，捍卫自身自由出入空间的天然、合法的权利。综合运用不同来源的强制性权力推进防止空间武器化国际法律制度的现实建构，有利于维护空间的战略稳定性。

二是利用结构性权力增强军控的合法性与有效性。防止空间武器化国际立法中的结构性权力关注的是空间行为体社会能力与利益的建构，它以两种方式塑造空间行为体的命运与存在条件：一方面，空间权力结构给处于不同位置的行为体分配了不同的能力与优势，如国际电信联盟有专门的部门来负责无线电频率和同步轨道资源的分配，基本原则是先来先得。虽然要求变革的呼声日益高涨，但仍然是目前最有效也是最公平的空间公共物品的分配方式。诚然，这种注册登记的现实有效性正缘于这一机制实际上承认了由各国空间技术水平决定的相应领域的权力结构对其间国际关系的决定作用，即凭实力且登记注册而获得合法性，使得相应空间财产受到国际社会的承认和保护。另一方面，防止空间武器化国际法律制度中的权力结构不仅建构了空间行为体及其能力，还塑造了行为体的自我理解与主观利益，从而让行为体经常愿意接受它们在现存秩序中所扮演的角色。这

---

① 焦兵：《现实建构主义：国际政治的权力建构》，《世界经济与政治》2008 年第 4 期。

样，行为体的自我理解与行为方式有助于复制而非抵制结构性权力所建构的不同能力与优势。

三是利用制度性权力优化空间国际管理。从防止空间武器化国际法律制度权力建构中关注权力运行其中的互动或建构性社会关系是直接具体的还是间接扩散这一维度，可以看到空间国际政治权力对国际关系的塑造，除了强制性权力、结构性权力的形式而施加的直接影响外，还可能以制度性权力、生产性权力的形式施加间接的、扩散的决定性影响。[①] 防止空间武器化国际法律制度现实建构中的制度性权力是行为体通过互动关系的扩散而对其他行为体施加的间接控制。它关注的是用建构防止空间武器化国际法律制度的方式对空间行为体施加影响，实现自己的权力意志。这种间接控制体现在空间与时间两个方面：在空间上，某一空间行为体的行为仅仅通过制度安排（如空间方面的国际条约）来影响其他行为体的行为，而不是向对方直接施加压力；在时间上，某一时点确立的防止空间武器化国际法律制度将会发挥持续而意想不到的作用，进而影响行为体未来的空间行为。第一颗人造卫星升空 14 个月后，1958 年 12 月 13 日，联合国大会就通过了题为《外层空间之和平使用问题》的第 1348 号决议，指出“……深愿避免目前各国之竞争角逐，推及于此新领域……”自 1981 年至今，联合国大会仅题为“防止空间的军备竞赛”的决议就多达 19 个，反映了国际社会对空间军备竞赛的担忧和对防止空间武器化的共识。

四是利用生产性权力促进空间安全合作。防止空间武器化国际法律制度现实建构中的生产性权力是扩散性社会关系对主体的改造，它关注建构空间行为体能力的社会进程以及这些进程对行为体自我理解与主观利益的塑造，特别是一般的、间接的社会化进程如何发挥作用。防止空间武器化国际法律制度现实建构中的生产性权力的作用往往体现为广泛的社会领域中知识体系与推论式实践对具有不同空间力量的所有行为主体的建构。防止空间武器化国际法律制度现实建构中的生产性权力关注空间开发利用中的共有观念得以生产、确定、存在、实践与转化的话语、社会进程与知识体系，话语是社会权力关系的场所，因为话语确定了空间探索、利用实践的场所并界定了可以想象的、可能的空间行动领域。这种共有观念所构成的空间文化赋予空间主体社会身份以意义，这些空间主体在防止空间武器

① 焦兵：《现实建构主义：国际政治的权力建构》，《世界经济与政治》2008 年第 4 期。

化国际法律制度中具有特定的身份、实践、权利、责任与社会能力。将人类和平开发、利用空间实践中全人类共同利益的理念追求切实地转化为防止空间武器化国际法律制度现实建构中的生产性权力，通过联合国大会、和平利用空间委员会、裁军谈判会议及其他相关机构的审议，确立为国际空间法，有利于推动空间和平红利生产[①]和人类共同疆域的有效开发利用。

二　导弹扩散治理中的政治领导与机制设计[②]

随着现代军事技术的发展，导弹作为一种最有威慑力的武器运载系统，其射程从几百公里到一万多公里，一旦配备了威力强大的核弹头，弹道导弹足以让对手集结的几万兵马灰飞烟灭，也足以使对手的任何大型军事基地成为一堆废墟。世界一些国家基于安全利益的考虑，觊觎获得导弹技术，由此引发了各国对导弹扩散治理机制构建的积极关注。“导弹扩散控制机制就是人类在面临导弹扩散危机的情况下，通过国际规制对导弹扩散进行治理。”[③] 确实，导弹扩散治理机制能否顺利成长已成为国际社会继管制核武器和生化武器扩散的机制后，一个日益凸显的复杂而敏感的国际安全问题，急需一套有效的国际安全机制进行调控，以保证人类对导弹这一威力巨大的武器的有效管控。

（一）导弹扩散治理机制的制度谈判困境

一般认为，国际安全机制是“关于特定国际安全领域，为达成某一共同的安全目标而建立的，容许国家相信其他国家将予以回报，而在它的行为上保持克制的那些原则、规则和标准。这一概念不仅指便于合作的标准和期望，而且指一种超出短期自我利益追逐的一种合作形式”[④]。合理

---

① Roger Zane George, “The Economics of Arms Control,” *International Security*, 1978 (3), pp. 99-115.

② 本节内容以“政治领导与机制设计：导弹扩散治理机制的成长”为题，发表于《哈尔滨工业大学学报》2009 年第 1 期上。

③ 李小军：《导弹扩散治理机制的困境及其出路》，《国际问题论坛》（上海）2006 年第 42 期。

④ 唐永胜、徐弃郁：《寻求复杂的平衡——国际安全机制与主权国家的参与》，世界知识出版社 2004 年版，第 6 页。

的国际安全机制对于促进安全合作的实现具有十分重要的作用，在“没有制度的情况下，实际的合作常常比可能的合作要少”①。在导弹扩散治理机制的构建中，也存在着类似的现象。

国际机制作为一定国际预期的“制度性安排”，国际社会中的机制谈判具有一个鲜明的特点，这就是“参加这类谈判的行为体一般都遵从全体一致（Unanimity）的规则，而不是某种形式的多数表决制”②。要达成这种全体一致，政治领导就是一个不可回避的问题，成员越多，对强有力的政治领导的需要就越迫切。有关导弹扩散治理机制的谈判最早是在1983—1987年，由美国领导的英、加、法、意、西德、日七国，通过秘密谈判达成了“导弹技术控制制度”（MTCR），并就控制大规模杀伤性武器（WMD）导弹运载系统的扩散达成协议。诚然，MTCR这一作为导弹扩散治理方面最粗糙的机制，目前，仍发挥着最现实的作用，它的有限作用生成与美国在这方面的政治领导息息相关。健全的导弹扩散治理机制谈判作为与成员国核心利益密切相关的国际安全机制建构，更需要有力的政治领导。事实上，在很多情况下，需要纳入的成员国增多、机制效果增强，就更需要政治领导。奥兰·扬曾用“强加规则”（Imposed Order）③来说明这个问题。克拉斯纳引用“性别战”模式④来解释国际机制的达成。所谓“性别战”是指一对恋人在安排业余时间上的博弈：男的想看足球，女的却想看芭蕾舞，但是这两人又都想共同度过这个夜晚。在这个博弈模式中不存在相互欺骗的可能，因而合作的成败与信息交易成本没有任何关系，有关系的只是权力因素。⑤ 换言之，是否合作和如何合作不再取决于两人如何更好地交流和建立相互信任，而是取决于谁听谁的政治领

① ［美］罗伯特·基欧汉：《霸权之后——世界政治经济中的合作与纷争》，上海人民出版社2001年版，第79页。

② ［美］萨莉·马丁、贝思·西蒙斯编：《国际制度》，黄仁伟、蔡鹏鸿等译，上海人民出版社2006年版，第7页。

③ Oran R. Young, “Regime Dynamics: the Rise and Fall of International Regimes,” in Stephen Krasner (ed.), *International Regimes* (Ithaca: Cornell University Press, 1983), pp. 100-101.

④ Stephen D. Krasner, “Global Communications and National Power: Life on the Pareto Frontier,” *World Politics*, Vol. 43, 1991, pp. 336-366; “Sovereignty, Regimes, and Human Rights,” in Volker Rittberger (ed.), *Regime Theory and International Relations* (Clarendon Press, Oxford, 1993), pp. 235-265.

⑤ Stephen D. Krasner, “Global Communications and National Power: Life on the Pareto Frontier,” *World Politics*, Vol. 43, 1991, pp. 336, 362.

导问题。

“由于机制对成员国具有约束力，因而机制本身也是一种权力资源。”① 对导弹扩散治理机制中的规则、决策程序的制定权、对其运作过程的影响力，也将按一定比例在成员国中进行分配。从这个意义上说，导弹扩散治理机制的本质就是要将各国在防导弹扩散安全领域内的权力结构以一定的规则和程序等方式固定下来。冷战后，美国为了实现自己的全球战略，忙于在这一领域寻求绝对优势和绝对霸权，而不愿通过构建相关安全机制来束缚自己的手脚，退出《反导条约》就是明证。美国不愿意承担政治领导责任，导弹扩散治理机制成长所需的权力分配结构认同就很难达成。

涉及国家核心利益的国际安全机制谈判，虽然往往存在着巨大的协议或契约空间，但制定出宪章性契约的条款仍然困难重重。“国际社会里的制度谈判如同其他社会环境中的制度谈判一样，充斥着集体行动的困境；这些困境能够并且也确实经常延缓或阻滞制度性安排协议的达成，而这些协议并非只是高尚情操的表述。”② 正如“囚徒困境”和“捕鹿游戏”两个模型所揭示的那样，为了解决相关困境，参与合作的国家须将防导弹扩散方面的安全合作行为以一定的形式固定下来，同时采取一定的约束措施来提高背离合作的成本，以增加导弹扩散治理机制的有效性。诚然，这种宪章性契约条款的达成和有力的管理机构的建立，都需要有效的政治领导来保证。1987 年创设的 MTCR 表明“西方七国同意相互协商和分享导弹出口信息，对导弹供给国和需求国共同施压”③。MTCR 的基本设想就是凭借西方强大的技术优势，组建导弹供给国的非条约自愿协商机制，从而达到限制、禁止导弹及其技术出口的目的。MTCR 对巡航导弹和导弹防御技术控制的薄弱，以及包括导弹供给国、需求国的宪章性契约条款和有力的管理机构这种强机制的缺乏是导弹扩散治理机制成长的现实压力，克服这些致命缺陷，急需有效的政治领导。

---

① Stephen D. Krasner, “Global Communications and National Power: Life on the Pareto Frontier,” *World Politics*, Vol. 43, 1991, p. 363；［美］斯蒂芬·D. 克拉斯纳：《结构冲突：第三世界对抗全球自由主义》，浙江人民出版社 2001 年版，第 4—6 页。

② ［美］萨莉·马丁、贝思·西蒙斯编：《国际制度》，黄仁伟、蔡鹏鸿等译，上海人民出版社 2006 年版，第 8 页。

③ 李小军：《导弹扩散治理机制的困境及其出路》，《国际问题论坛》（上海）2006 年第 42 期。

一国是否参与一个完善、有效的导弹扩散治理机制，都会从安全利益的角度进行精密的计算。1995 年，俄罗斯之所以加入 MTCR，主要是考虑到采取不与美国和 MTCR 对抗的政策所得收益大于不加入 MTCR 的收益。“巴西、南非之所以选择加入 MTCR，就说明它们并不愿意通过扩散导弹技术来损毁自身的国际形象。”① 然而，随着全球化和激烈的贸易竞争使得导弹扩散治理机制成长面临着明显的阻碍。导弹供给国越来越感到军控措施所带来的严重的经济损失压力，转出口贸易的频繁增加也使得把导弹技术扩散给可疑用户的概率大增，而相关技术的军民两用界限的模糊，也给防扩散实践带来现实困难。对参与导弹扩散治理机制的主权国家而言，一方面可能意味着实现共同利益，另一方面则意味着因让渡出部分权力和丧失部分利益而付出一定的自我牺牲。考虑到防扩散安全领域特殊的敏感性，国家在自我牺牲和获取利益之间的权衡与选择比在其他领域更加困难。在导弹扩散治理机制构建过程中，对于部分成员国的犹疑态度，需要某类政治领导的帮助和指引。

随着世界各国经济社会的发展，在国家利益方面都存在着不同程度的拓展，这种拓展从客观上推进了各国之间相互依赖程度的提高，同时也使国际安全问题进一步复杂化。冷战结束以来，国际政治格局可以简约地概括为“一超多强”，即美国作为唯一的超级大国和欧盟、日本、俄罗斯、中国等构成了当前国际社会的主要战略力量。一个国家开发利用导弹的能力，从某种程度上决定着它在现代军事领域中国际地位和防扩散国际事务中的发言权，因此，对导弹技术的开发、利用对于各国在国际政治方面具有重要的战略意义。美国宣布退出《反导条约》（ABM）后，强化了自身的导弹技术，积极部署“国家导弹防御体系”（NMD）和“地区导弹防御体系”（TMD），从而迫使俄罗斯等国改进、升级导弹的有关技术。譬如，美国在太平洋舰队核潜艇部队中，最有威慑的武器是远程弹道导弹 C－4 和D－5。C－4 导弹，编号为 UGM－96，全长大约 10 米，可以携带 8 枚核弹头，袭击 7400 公里远的战略目标，威慑范围几乎覆盖整个亚洲地区。D－5 导弹，全长 13 米多，编号为 UGM－133，可以携带 8 枚核弹头，袭击 1.2 万公里远的重要目标。为了作战的需要，太平洋舰队每天都

---

① 李小军：《导弹扩散治理机制的困境及其出路》，《国际问题论坛》（上海）2006 年第 42 期。

有核潜艇进行战备值班。此外，美国陆军还在西太平洋地区部署了一定数量的战术弹道导弹，型号包括射程只有 130 公里的“长毛”导弹等。目前，西方某些国家纷纷跟进美国主导的导弹防御体系建设，试图以此强化自身在导弹相关技术方面的优势地位，从而不断增强以军事实力为轴心的硬实力，以便在国际政治斗争中争取更多的发言权。

而部分发展中国家也积极努力，意欲或已经参与到与导弹相关的军事领域的竞争之中，进而提升本国在国际政治方面的影响力。近年来，朝鲜和印度相继试射不同型号的弹道导弹，引起广大亚洲国家的关注，也引起世界一些国家的关切。目前，仅就中国周边地区而言，已有多个国家拥有弹道导弹，包括俄罗斯、朝鲜、韩国、印度和巴基斯坦等。而且，一些国家正在研制更先进的弹道导弹。因此，可以明显察觉到的是，当前，防止导弹扩散在一定程度上已经成为世界各国间政治斗争的大舞台。参与成员的广泛性和复杂性对导弹扩散治理机制的形成造成了现实的阻碍作用。如何承认、尊重这种差异性和多样性，寻求不同文化、不同意识形态国家之间尽量在一些非常有限、非常基本的理念（如相互尊重主权、互不干涉内政等）的基础上开展建立、健全导弹扩散治理机制的有效谈判，极需具备较成熟的机制谈判的政治领导，从而将导弹扩散治理机制的谈判纳入共同接受的轨道。

（二）政治领导类型与导弹扩散治理机制的成长

诚然，导弹扩散治理机制成长的困境是由多方面的原因造成的，并且目前仍然面临着巨大的压力，但有效政治领导的缺乏是一个万万不可忽视的重要因素。若就最紧迫的脱困之策考虑，加强机制谈判中的政治领导是导弹扩散治理机制成长走出困境的最有效方法，也是最现实的出路。

1. 结构型领导与机制谈判转化

结构型领导“把对物质资源的拥有转化为谈判筹码的专家，他们把这些筹码又变成适合于具体制度谈判实例中利害攸关问题的谈判条件”①。在把结构性权力转化为谈判筹码的努力中，需要洞察力和创造力来克服制度谈判中集体行动的困境。在防导弹扩散这种多边整合性的谈判过程中，

① ［美］萨莉·马丁、贝思·西蒙斯编：《国际制度》，黄仁伟、蔡鹏鸿等译，上海人民出版社 2006 年版，第 12 页。

没有一个利益方能在谈判一开始便对可供选择的制度性安排所产生的收益做出自信的预测。因此，“结构型领导的本质特征在于把结构性权力转化为谈判筹码的能力，这些筹码被用来作为在类似于国际社会的那种社会环境中在宪章性契约条款上达成协议的工具”①。在完善导弹扩散治理机制的谈判过程中，将结构性权力转化为谈判筹码，既可“施压”，亦可“行贿”。譬如，美国在国际社会期待的完善导弹治理机制谈判中，对于MT-CR现有“漏洞”的修补，利用所拥有的结构性权力而施以不同的作用。在印度“布拉莫斯”巡航导弹问题上，美国通过“施压”的方式迫使印度放缓或禁止该类导弹的大规模生产和部署。对于有关谈判参与方期许将导弹防御系统纳入导弹扩散治理机制的努力，美国通过向盟国“行贿”的安全承诺为治理机制的完善设置“路障”，并反其道而行之，大力推动美国导弹防御系统的扩展和扩散。

从国际层面讲，防导弹扩散安全领域有关各国对军备竞赛威胁的“共同厌恶”使各方在安全问题上拥有一系列的共同愿望和要求，大多数国家都希望对导弹技术扩散的趋势加以抑制，这就导致了导弹扩散治理机制成长的根本动力。但是，尽管世界各国在导弹扩散治理问题上存在着共同的安全利益，但实际中的防扩散安全合作却开展得并不顺利，这往往涉及结构型领导的暂时缺失问题。对于现有国际军控机制仍“网开一面”的各国巡航导弹的发展，由于类似于美俄等结构型领导的不作为，相关机制修补至今未见启动，明显放纵了全球巡航导弹的发展和扩散。美俄等导弹强国认为，巡航导弹在其军事战略中仍占重要地位，特别是近年来巡航导弹已成为应对弹道导弹防御，强化战略威慑的重要手段。当然，机制的罅隙也导致许多新兴巡航导弹国家积极谋求新的对抗手段，呈现出巡航导弹力量发展迅猛的危险态势。

2. 企业家型领导与机制谈判整合

企业家型领导“依靠谈判技巧，以培育整合性谈判的方式构建问题，汇总、归并各种交易（Deals），否则，这些交易将会使致力于通过制度谈判形成国际机制的谈判参与者陷入困惑与僵局”②。利益的汇聚与整合对

---

① ［美］萨莉·马丁、贝思·西蒙斯编：《国际制度》，黄仁伟、蔡鹏鸿等译，上海人民出版社2006年版，第12页。

② 同上书，第16页。

于导弹扩散治理机制的成长至关重要。有关谈判方是否积极推动机制谈判朝着完善的方向发展，都会从各自的安全利益方面进行精密的计算。“收益大于成本，国家一般会选择加入机制；收益和成本大致相抵，则会选择成为‘遵从国’；反之，则选择反对加入机制。”[①] 例如，巴西在德国波恩举行的导弹技术控制协议第10次全体会议上被批准为导弹技术控制协议成员。这既是巴西相关政策转变的结果，同时也与机制扩展中，作为机制主导国的美国谈判人员充分发挥企业家型领导者的作用分不开。巴西在其导弹发展处于攻坚阶段之际，却出人意料地撤销了弹道导弹发展计划，这是由诸多因素综合造成的结果。

除了当时阿根廷和巴西都是民主政府掌权，这给两国之间建立信任和把各自建设的重点放在民用工程上提供了可能，以及巴西的工程技术人员在克服建造火箭工程、导航系统和控制部件相关技术难题中遇到了严重挫折外，美国政府正式主导通过了MTCR新成员资格标准，其中之一就包括申请者只有在放弃MTCR清单规定的类型I弹道导弹计划的情况下，才能在保留火箭发射工程的情况下成为MTCR成员。美国也不“支持MTCR之外的国家发展或获得空间发射装置”。巴西要在保留自己民用火箭发射工程的情况下加入MTCR的话，就必须废除所有的弹道导弹计划，从而遏制了巴西的发展意志。巴西在美国主导的机制设计面前，发现不加入MTCR的收益远小于加入的收益。最终，巴西政府同意让巴西在保留空间计划的同时进入MTCR机制。当然巴西加入了MTCR，美国也不再担心巴西将会把空间发射装置转化为弹道导弹，从而为其西半球的战略利益添加了重要砝码。美国作为一个参与谈判过程的强国，其代表充分施展企业家型领导作用，使巴西代表在形势不明，也就是说他自身在对加入机制的盈余量把握不准时，美国提出的新政策选择方案的介入就变得意义重大。

3. 智慧型领导与机制谈判创新

智慧型领导“提供塑造制度谈判参与者的观点的智慧资本（Intellectual Capital）或创新性思想体系，并由此在决定国际社会里达成宪章性契约条款协议的努力之成败方面发挥重要作用”[②]。导弹扩散治理机制的培

① 李小军：《导弹扩散治理机制的困境及其出路》，《国际问题论坛》（上海）2006年第42期。

② ［美］萨莉·马丁、贝思·西蒙斯编：《国际制度》，黄仁伟、蔡鹏鸿等译，上海人民出版社2006年版，第21页。

育现状急需制度谈判者大力构建在防导弹扩散安全领域相关参与方都较容易接受的全新理念。根据当前国际局势的新特点，以中国为代表的爱好和平的力量极力倡导新安全观——“国际社会应树立以互信、互利、平等、协作为核心的新安全观，努力营造长期稳定、安全可靠的国际和平环境”①。对照防导弹扩散安全领域的现状，应强调以新安全观作为推进导弹扩散治理机制完善的共同理念和道义准则。妥善应对防扩散安全领域可能出现的威胁和挑战，推动导弹扩散治理机制的顺利、健康成长，努力缔造一个和平、公正、民主、繁荣的世界，是国际社会面临的共同而紧迫的任务。为实现这一目标，国际社会“应树立以互信、互利、平等、协作为核心的新安全观。世界是一个大家庭，和则共赢，合则同安。各国在安全上应相互信任，通过互利合作维护地区和国际安全。要摒弃以军事实力谋求安全优势的思维模式，以协商化解矛盾，以合作谋求稳定”②。

防止各种导弹技术和导弹防御系统的纵向和横向扩散的价值有目共睹，只可惜现有的 MTCR 还仅仅是一种松散的协调机制，远不足以起到令人满意的防导弹扩散治理作用。美国宣布退出《反导条约》（ABM）后，积极部署“国家导弹防御体系”（NMD）和“地区导弹防御体系”（TMD），使防导弹扩散安全领域乌云再起。与此同时，正如有些专家所分析的，“全球化和激烈的贸易竞争给 MTCR 的技术阻禁带来了挑战”。“就效果而言，MTCR 的技术禁运对技术实力薄弱的国家可能是有效的，对技术实力雄厚的国家却未必奏效。”③ 俄罗斯从完善导弹扩散治理机制的目标出发，提出“全球导弹控制体系”（GCS），GCS 的概念主张宣布建立导弹发展和发射的透明机制，努力保障放弃 WMD 导弹运载工具参与国的利益；建立确保所有参与国利益的机制，反对执行双重标准；建立为参与国提供激励和安全保障的措施。诚然，要推进类似于 GCS 所倡导原则的落实，就需要有合作安全的理念和制度框架作保证。但现有的导弹扩散治理机制所存在的问题及其所面临的挑战，防导弹扩散的技术出口管制

① 江泽民：《在庆祝中国共产党成立八十周年上的讲话》，人民出版社 2001 年版，第 48 页。

② 《中国代表团团长胡小笛大使在第 60 届联大一委一般性辩论中的发言》（2005 年 10 月 4 日，纽约），中国军控与裁军协会编：《2006：国际军备控制与裁军报告》，世界知识出版社 2006 年版，第 310 页。

③ 李小军：《导弹扩散治理机制的困境及其出路》，《国际问题论坛》（上海）2006 年第 42 期。

原则及其导弹防御体系大肆扩展的危险，防导弹扩散宪章性条约探讨与某些国家国内法的冲突等相关问题，均有可能引发意想不到的后果。面对防导弹扩散安全领域权力结构的极端失衡、现有国际安全机制滞后和国际合作障碍重重，亟须能切实推进机制顺利成长的智慧型领导观念，以促使机制谈判尽快走向成功。

总而言之，克服导弹扩散治理机制成长中所面临的诸多困境，出色的政治领导虽然不能完全保证机制谈判的成功，但就这些制度谈判困境产生的原因来看，政治领导则是机制设计的必要条件。“领导的存在确确实实增加了为设计所有参加者都乐意接受的宪章性契约条款而进行的努力获得成功的可能性；这种可能性的增加幅度常常是令人吃惊的。”[①] 这也就是说，没有政治领导，导弹扩散治理机制的完善就不可能在宪章性契约的条款方面达成协议。与此同时，任何一种领导形式本身对在国际层面的机制谈判中制定出宪章性契约来说都是不够的。因此，最现实的出路需要在谈判手段、谈判技巧和智慧创新的有效互动中培育导弹扩散治理机制的成长、成熟。

三 军民融合式空间军控和平红利的生成机制[②]

国际军控理论文献都认为，“减少军备发展会带来经济上的好处，即所谓的和平红利（Peace Dividend）”。空间军事利用往往耗资巨大，并且空间军备与经济社会发展关系密切，因此，空间军控所带来的和平红利非比寻常。为了全人类的共同利益，限制、减少空间军备的数量和质量，促进和平红利的生成，具有重要的现实意义。

（一）资源节约：空间军控和平红利的内部生成

经济因素是一个国家经济社会发展与空间军事利用投资权衡中所必须考虑的一个重要因素。经济与安全的平衡问题是国际政治经济学的主要关注对象之一。不同流派的学者对经济与安全的关系有相当不同的看法。不

---

① ［美］萨莉·马丁、贝思·西蒙斯编：《国际制度》，黄仁伟、蔡鹏鸿等译，上海人民出版社2006年版，第9页。

② 本节内容以“论军民融合式外空军控和平红利的生成机制”为题，发表于《求索》2012年第11期上。

同国家之间的军备互动以及军民两用品的出口管制属于典型的既涉及军备又涉及经济的问题。

1. 空间技术军民两用性的影响

当今世界以空间技术为代表的高科技，充分显示出其军民两用技术的特征，能同时为国防和经济建设与科学技术的发展带来强大动力，而为世界各国所重视。航天工业很多都是由军民两用技术来支撑的，与航天有关的，如卫星及其应用、无人机、各类探测雷达等都是典型的军民两用技术和产品。因此，各国都十分注重军民两用空间技术（或系统）的开发和应用，在积极发挥军用空间技术的民用和商业用途的同时，还注重充分挖掘民用和商业空间系统的军用价值。例如，在开发多种用途的空间系统时，执行空间技术的通用性政策，坚持相同的技术、实验设施和地面空间基础设施，这样就可以既为民用、商用，又可以为国防目的的空间系统服务。空间技术军民两用性是指既具有军事用途，又有很大民用潜力，可以维持一定工业规模的技术。譬如，导弹虽然不能直接作为民用，但导弹作为空间飞行器来说，其通信、侦察、运输的功能和其他很多技术都是可以军民两用的。再如，无人机、地效飞行器、超空泡、高超声速飞行器、雷达等，均可充分利用空间技术军民两用性，既强化航天工业能力、降低成本，又能提高军事能力。

空间技术发展一方面担负着发展军用高新技术和武器装备的任务，为维护国家安全提供保障；另一方面利用其技术和产业优势，促进国家的科技进步，增强国家的工业基础，推动国民经济的发展。空间军民两用技术有着良好的军用价值和显著的商业价值，在统筹兼顾军用和民用双重目标的基础上进行开发和产业化，可以最大限度地满足航天工业建设和国民经济建设的双重需求。因此，实行空间军控，遏制纯空间武器的研发、生产，转而大力发展空间军民两用技术，既可使航天工业融入国民经济建设之中，促进国民经济的发展，也可使航天工业摆脱因国防预算削减、军品订购不足所带来的发展困境，通过产业化来提高航天工业自身的基础能力、技术实力、经济实力以及市场竞争能力，使航天工业和国民经济都得到发展。

2. 空间技术和产业的军民融合式发展

空间技术军民两用性的特征也诱使越来越多的国家强调走军民融合式的发展道路，在国际形势相对缓和的情形中，也有利于空间军控和平红利的形成。马克思曾深刻地指出，军队虽不生产谷物，但生产安全。简而言之，谷物与安全的需求，必然会推动军民融合式发展。冷战结束后，世界各国纷纷调整国家安全战略，摒弃传统的“军民分立”国防建设模式，在发展经济和国防建设之间寻找最佳平衡点，以期实现双赢。军民融合发展战略正是在这种背景下应运而生的。

从国家发展战略的高度推进空间技术和产业的军民融合式发展，一方面，要求积极参加空间国际军控，遏制单一的空间武器生产、部署的危险趋向；另一方面，要求积极考虑发展军民两用技术，充分、足够地为国家安全提供必要的保障。空间军控主要是反对空间武器化和军备竞赛，尤其是反对纯空间武器的开发利用。从国家安全的角度考虑，空间技术和产业只有将军用、民用技术及产业统一起来，使其相互促进与协调健康发展，才能解决平战结合问题，求得持续稳定的发展。空间军控客观上要求空间技术发展应尽可能地走军民融合式的发展道路，将军民两用技术的研究从军工企业拓展到民用企业，从军转民拓展到军民互转，从技术研究拓展到产业化。优先发展适宜军用、民用，且市场前景好的军民两用技术，加速实现产业化，使空间技术和产业在军、民两用上获得最大的综合效益。

3. 军民融合式发展中的自行军控

空间军事项目往往需要大量的人力物力和财力的投入，是典型的长线投资，因此，在一定的时间和技术条件下，有些国家可能基于经济原因实行单边军控，从而节约资源用于空间的民用开发。众所周知，空间军备竞赛需要消耗巨额资金。美国的导弹防御计划，开始的总预算不过六七百亿美元，后来发现这点钱根本不够，也许最终要耗费3000亿美元。更有美国科学家预测，待计划全部完成，可能要耗资上万亿美元。从空间军事化的需求看，导弹防御计划仅是其中很小的一个方面，各种类型的动能武器、定向能武器，以及天基武器系统、空天飞机等，要花的钱肯定大大超过导弹防御计划。如此巨额的投入，对经济强国的经济发展也是一个沉重的负担，更遑论一般国家了。可以预言，随着空间武器化和军备竞赛的加剧，世界经济发展将会遭遇巨大的负面影响。

空间军备发展耗资巨大，因此，基于经济约束的自行单边军控更容易出现。“在一段时间里面，一个国家能够支配的资源是有限的，因此，决策者需要考虑如何最优地利用这些资源。……民品数量、军备数量和可用资源之间存在着约束关系，即民品和军备投资合在一起不能超过总的财政支出。……在财政总预算的限制下，决策者会选择一个最优的策略，或者说，选择偏好值最大的决策。……这表明，即使一个国家没有受到国际压力，出于国防与经济建设的平衡考虑，它也可能限制其军备发展。这种单边军控源于资源的限制。在这里，资源的限制并不一定表示这个国家没有任何多余的资源可用于军备发展；通常的情况是部分资源需要用于其他目的，例如，民品的生产，因此，不得不对军备的发展进行限制。”①

（二）交易成本：空间军控和平红利的自然生成

空间生产性权力的作用，除了由于资源节约所导致的单边军控以外，在国家安全互动中，为避免空间武器化和军备竞赛威胁，相关国家可能会遵循“利益—权力”理性博弈的原则，从降低交易成本的考量出发，实行空间的多边（含双边）军控。由于在空间军控谈判中，基于降低空间军控交易成本的考虑，可通过多种途径来保证空间军控机制的有效实施，从而增加空间军控的和平红利。

1. 军民融合式发展中降低交易成本的空间军控的战略考量

如果参与空间军控比不参与空间军控更加有利，国家就会参与空间军控。这样，不参与空间军控条约的预期收益绝不能超过遵守这一空间军控条约的预期收益，当这一条件能得到满足时，空间军控就可以达成。在空间军控中，如果缔约方在国际制度中有效地使用抵押（Hostage）、互惠（Reciprocity）和问题联系（Issue - linkage）的办法，就可以降低实施空间军控的交易成本。

从理性主义的视角看，如果单方面追求空间技术性级差空租并不必然会获取近期的安全收益。因此，在空间领域存在着军控机制先行构建的历史契机和理论逻辑。冷战后空间军控的困境表明：要确保空间的持久和平利用，就应加紧建构合理有效的空间军控机制，但目前在此方面仍然面临着巨大的压力。因此，当由于条件限制，空间军控条约一时难以达成之际，就应寻求降低空间军控交易成本的有效之途，以此作为化解空间军控“困境”的最有效方法，并确保有限的空间军控的有效实施。

2. 军民融合式发展中降低交易成本的空间军控策略

威廉姆森认为，这样的抵押既可以在事前起防患未然的作用，也可以

---

① 李彬：《军备控制理论与分析》，国防工业出版社2006年版，第137—138页。

在事后起利害与共的作用。从这个意义上说，抵押是防止机会主义行为的一种重要手段。如果一方向另一方提供了抵押，那么他的承诺就会变得更加可信。如果某国违反了空间军控机制，其他成员国将对这个国家关闭某些合作项目，从而使该国所需的空间技术或设备无法获得，空间利益受损。这些空间技术或设备供应由于其专用性质而具有了抵押的功能，减少了成员国违反空间军控机制的收益，从而使成员国采取机会主义行为的概率大为降低。

空间没有国家所有权的问题，空间开发利用的收益也不是绝对空租。任何国家进入空间追求的是技术性级差空租，为了防止技术先进国家捷足先登地擅自垄断空间技术性级差空租，就需要制衡任何称霸空间的企图。空间也不同于领空，也不存在天然性级差空租。因此，任何国家在开发利用空间的过程中，都没有“经营权垄断”的问题，不能擅自独占技术性级差空租。空间领域的问题联系作为双边（或多边）交易的重要手段可以形成对国家行为的制约，从而弥补限于单一领域的互惠在上述情势中的不足。问题联系，即通过政策手段将不同的问题联系起来，可提高空间军控实践的效率。譬如，美国由于在空间技术上与其他国家之间实力差距巨大，强硬地拒绝国际社会关于抑制空间武器化和军备竞赛谈判邀约，国际社会既要清醒地记住国际政治斗争中“实力才是和平的基础”，也可有意利用空间技术军民两用的模糊特点，采用问题联系策略，将空间军控与美国所关心的其他防扩散问题联系起来，逼其就范。

3. 军民融合式发展中降低交易成本所带来的空间军控的和平红利

空间军控通过控制或减缓空间武器化和军备竞赛的趋势，可以促使降低军事开支，消融紧张和鼓励国与国之间的相互信任，帮助制止空间武器的发展和支出，并降低空间冲突的风险和严重性，从而增进稳定和释放资源做其他活动之用。通过促进经济和社会进步以消除贫穷、加强社会稳定，从而为增进安全和福祉创造条件。研制或维持空间武器的财政、人力、环境、机会的成本极高，意外或故意使用这些武器的代价和影响不可估量。各种形式的空间军控有利于减少国与国之间的紧张关系，建立信任措施，从而有利于发展军备水平较低、军事支出减少的安全合作。

空间军控能够以多种方式释放或增加用于发展的财政、人力或有形资源，这些方式主要包括降低军事支出，军转民，通过建立信任加强安全，为经济、科学和技术合作创造条件，预防冲突与保证和平。削减军事开支和对抗程度减轻的国际环境将释放财政、技术和人力资源用于发展目的等和平红利。这包括扩大贸易、有效利用资源、减债和转让技术。用于空间武器化研究、发展和维持高科技武器和新方案的技术及人力资源会给社会强加沉重的机会成本，因此，空间军控可使科学家和研究人员从事非军事工作，促进经济社会的发展。空间军控可以促进透明度、信任和核查活动，同时实现诸多实际目标。空间军控领域的其他合作方面包括帮助国家立法、共享最佳做法、商定共同最低标准及制定行为守则等。

（三）出口管制：空间军控和平红利的外部生成

出口管制作为一种防扩散手段，是一国或者多个国家为达到特定的政治、军事和经济目的，利用行政和法律的强制手段，以限制和禁止某些物质、技术出口流向和规模的行为。因空间技术具有典型的军民两用性特征，军民融合式发展中对空间相关装备和技术进行出口管制是空间生产性权力在空间军控中发挥作用的一种重要表现形式，也是空间军控和平红利的重要生成机制。

1. 军民融合式发展中的空间相关装备和技术管制

由于国际安全形势变化和全球化的进一步发展，空间国际安全合作日趋紧密，空间相关装备和技术出口管制对空间活动的影响越来越大。“国际空间站已经成为防扩散的一个项目，用来让那些失去了工作的俄罗斯科学家有活儿干，这样就不会有导弹来捣蛋的可能性了。”[①] 空间相关装备和技术出口管制不但对空间探索、利用中的重大技术研发、技术创新、技术改造具有直接的制约作用，甚至对空间相关市场的培育、平台建设、人才引进与培养等都有着重要影响。如图 4—1 所示，当一项出口所带来的经济利益较大，而安全利益损失较小（图中的 *MN* 线段），出口是可取的；当一项出口所导致的安全利益明显受损，而经济利益不大时（图中 *MP* 虚线），往往会执行出口管制。在军民融合式发展中强化空间相关装备和技术出口管制，应积极研究应对规避空间相关装备和技术出口管制对

---

① ［美］琼·约翰逊—弗里泽：《空间战争》，叶海林、李颖译，国际文化出版公司 2008 年版，第 79 页。

其原料、技术、产品、服务等的阻碍影响，充分、有效地利用全球化过程中广阔的国际市场。

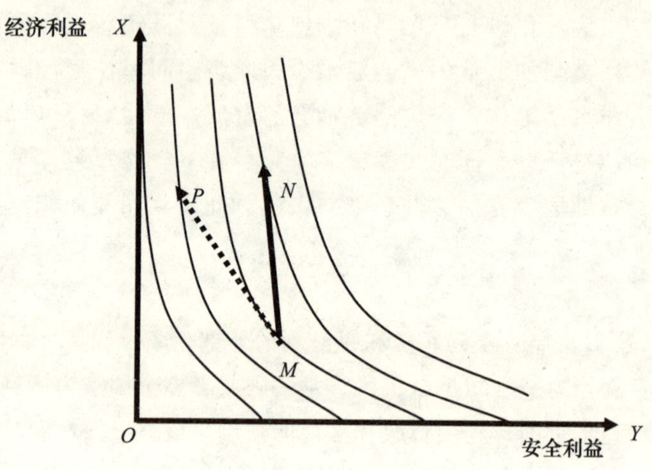

图 4—1 军民两用品出口的经济与安全利益

资料来源：转引自李彬《军备控制理论与分析》，国防工业出版社 2006 年版，第 158 页。

空间相关装备和技术出口管制既是出于国际社会维护世界和平与稳定的根本需要，也是确保自己国家安全利益以及在新的市场经济条件下规范敏感物项与技术的必然选择，更是空间军控又好又快推进的迫切要求。空间相关装备和技术出口管制既要进一步加强和完善相关法规和管理机制，加大执法力度和对政策、法规的宣传力度，也要进一步加强国际合作，以达到“多赢”的目标。为此，相关国家应从宏观上通过完善预警机制，强化认证工作，推进空间相关装备和技术出口管制改革，加大国际安全合作。作为空间相关装备和技术出口管制中的企业应熟悉、研究和利用有关规则，立足自身，通过提高产品和技术质量，提高企业自身的创新能力，积极争取认证资格。国际组织和政府管理部门应对空间相关装备和技术出口管制的各类条约、政策对各类产业不同的影响，进行分门别类的分析，为空间军控机制的完善提供一些有价值的依据。

2. 空间相关出口管制政策的调整及其作用

冷战结束后，特别是“9·11”事件和美国单方面退出《反弹道导弹条约》后，旧的空间相关出口管制的政治基础不复存在。随着国际政治多极化和世界经济全球化的发展，建立空间相关出口管制势在必行。而且，它应该建立在新的理论基础上，并有新的特点和效能。为适应新形势，使空间相关出口管制政策更好地服务于国家安全和对外政策目标，争取或维持空间技术优势，各国政府对出口管制政策进行了一系列改革和调整。例如，美国作为世界头号空间大国为使空间相关出口管制政策在新的形势下仍然发挥有效的政策工具作用，美国政府对空间相关出口管制政策进行了调整。

2010 年 6 月 28 日，奥巴马公布了美国新的空间政策，将“合作”定为其空间政策的主调。美国将不仅在空间碎片处理问题上谋求国际合作，还将开放遥感卫星项目，合作保护环境和进行气候监测。美国还将首次在 GPS 导航卫星系统上打开合作之门。奥巴马政府承诺将更清晰地界定军用和民用科技，以助非军事用途产品的出口。同时，新的出口管制机构将整合目前分散在美国国务院、财政部和商务部的审查权力，制定详尽的评估体系，放开那些非敏感产品的出口管制。在有关空间技术与产品的出口管制问题上，新政策大部分沿用了过去的做法，表明将依照《国际武器贩运条例》（ITAR）等美国现有法规对相关出口进行个案审理：对已经在美国以外的国际市场出售的技术与产品基本上不加管制，但是将严格防范先进的空间技术落入未经授权的用户手中。

3. 磨合中塑造国际空间相关出口管制体系

随着世界多极化趋势和国际关系民主化潮流的发展，有希望逐步建立几个空间大国之间的多边战略稳定机制，在国际社会成员特别是广大发展中国家广泛参与的情况下，形成空间相关出口管制体系。为此，国际空间相关出口管制的调整和重构应以现有的各种空间相关出口管制所形成的相辅相成关系为基点，共同为空间军控的推进服务，并成为其中重要的组成部分。新的国际空间相关出口管制体系的形成应有利于维护世界各国发展所需要的长期和平稳定的空间安全环境，从而有利于所有国家的全方位利益。“9·11”事件后，美国也认识到空间相关装备和技术出口管制重构的重要性。布什总统就曾说：“我们得到了百年不遇的最佳时机，建设一个各大国之间和平合作、不再持续备战的世界。”① “我们将用在大国之间

① U. S. President George W. Bush, “The Assurance of Freedom,” *New York Time*, September 12, 2002.

建立良好关系的方法来维护和平。"① 这些都表明，那时布什政府就有建立国际安全合作、保持和平的空间相关装备和技术出口管制的意图。

国际安全形势正发生着深刻的变化，空间军控的推进要求对现有国际空间相关出口管制体系进行全面、深刻的改革。只有这样，才能既应对安全挑战，又反映世界经济及技术变化的现实，增强各国航天企业的全球竞争力。各国政府要严格履行所承担的国际义务、国际承诺和联合国安理会有关制裁决议，按照国际通行的准则，建立健全政府、集团公司和出口企业各个层面的防扩散机制，以审慎态度对待空间相关装备和技术的出口。按照有利于提高接受国正当自卫能力，不损害地区与世界和平、安全与稳定，不干涉接受国内政等原则，对空间相关装备和技术出口企业实行特许经营制度，对空间相关装备和技术出口实行许可证管理，严格执行防扩散政策及法律。如俄罗斯政府高级官员所指出的："唯有通过密切的国际合作，才能真正地获得地区和全球稳定，才能解决俄罗斯面临的诸多问题。"② 这些主张也有利于空间军控和平红利的外部生成。

四 空间军控核查与普遍履约的效费比分析③

空间军备控制是指在空间安全互动中对空间武器及其相关设施、相关活动或者相关人员进行约束，它既包括通过国际协定或条约进行的控制，也包括不存在条约以及未宣布的军备控制。但不管哪种具体形式，空间军备控制作为一种国际安全机制，是"关于特定国际安全领域，为达成某一共同的安全目标而建立的，容许国家相信其他国家将予以回报，而在它的行为上保持克制的那些原则、规则和标准。这一概念不仅指便于合作的标准和期望，而且指一种超出短期自我利益追逐的一种合作形式"④。空

---

① The White House, "The National Security Strategy of the United States," September 20, 2002, http://www.whitehouse.gov/nsc/.

② 俄罗斯副外长阿列克谢·梅什科夫：《战略稳定学说——21世纪初的俄罗斯外交和安全政策》，［俄］《独立报》2002年8月8日。

③ 本节内容以"外层空间军控核查与普遍履约的效费比分析"为题，发表于《求索》2014年第1期上。

④ 唐永胜、徐弃郁：《寻求复杂的平衡——国际安全机制与主权国家的参与》，世界知识出版社2004年版，第6页。

间军备控制机制对于促进空间安全合作的实现具有十分重要的作用，其建构和持续存在，急需一种有形或无形的核查方式作为对对方合理预期的保证。但在现实操作层面，由于技术、权力结构、国家意图等方面的歧义，空间军控核查与普遍履约使得成本费用较高，效费比相对较低。

效费比（相对较低）：E = X/F = 效益（难确定）/费用（较高）

因此，在积极推进空间国际军控的过程中，应考虑尽快就防止空间武器化和军备竞赛达成法律文书，暂时搁置核查问题，待条件成熟后再增加核查议定书。

（一）空间军控的核查达成共识和授权的政治成本较高

“在一个集团范围内，集团收益是公共性的，即集团中的每一个成员都能共同且均等地分享它，而不管他是否为之付出了成本。…集团收益的这种性质促使集团的每个成员想‘搭便车’而坐享其成。集团越是大，分享收益的人越是多，为实现集体利益而进行活动的个人分享份额就越小。所以……理性的人都不会为集团的共同利益采取行动。”① 这种客观存在的集体行动的逻辑困境，在当前空间军备控制中体现得尤为明显。在空间安全领域，由于各国谋求自身在空间利益的最大化与人类共同利益理念追求之间的矛盾，国家间的安全合作有限，空间安全态势堪忧。

空间作为全球五大公域之一，具有极为重要的政治、军事等资源，而随着科技的进步和扩散，越来越多的国家开始参与到探索和利用空间的活动中（见图4—2）。而截至“和平利用空间委员会”第五十六届会议，“和平利用空间委员会”的会员国已达74个，加上此次会议新增加的白俄罗斯和加纳，目前该委员会已有76个会员国。空间中的各种设施也逐年增加，尤其近年来，各种卫星数量激增，空间的安全问题越来越突出（见图4—3）。

当各国进入空间开展探索利用活动日益成为人类社会实践的一部分时，空间相关主体的安全互动必然会引起整个国际体系中诸多参量的变化，形成了多样参与空间安全的社会进程。空间主体的多样化和安全互动的多层次化，使得达成空间军备控制的政治认同的难度大大增强。

---

① ［美］曼瑟尔·奥尔森：《集体行动的逻辑》，陈郁、郭宇峰、李崇新译，上海三联书店1995年版，第4—5页。

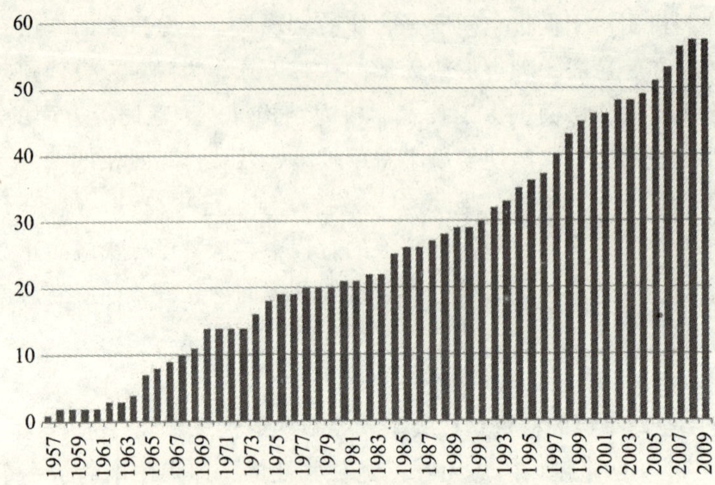

图 4—2 参与空间活动的国家、政府及团体数量

资料来源：转引自 *National Security Space Strategy Overview Briefing*，美国国防部、美国国家情报主任办公室，可从 http：//www. defense. gov/home/features/2011/0111_ nsss/下载，文件名为 *National Space Policy*，访问时间：2013/10/2015：30。

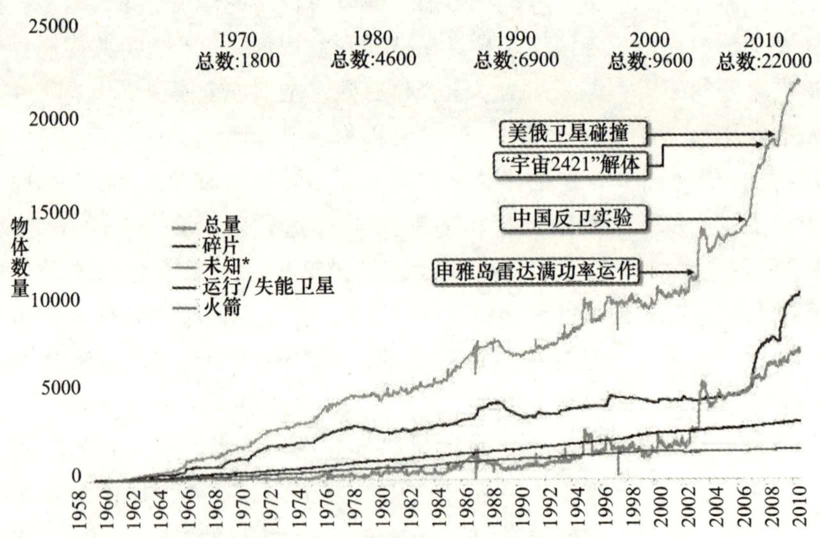

图 4—3 空间有记录的物体增长情况

资料来源：转引自 *National Security Space Strategy Overview Briefing*，美国国防部、美国国家情报主任办公室，可从 http：//www. defense. gov/home/features/2011/0111_ nsss/下载，文件名为 *National Space Policy*，访问时间：2013/10/2015：30。

＊未知：未知物体或未知来源物体。

集体行动的逻辑困境需要有效权力的化解。空间安全领域的权力对国际军备控制起着不可或缺的建构作用。“联合国安理会的团结一致是任何核查机制成功的关键。”① 但在空间军备控制的核查问题上，由于美国的战略意图与其他大国之间的歧义，安理会成员间的协商一致很难达成。美国的空间国家安全战略的目标之一，是提供美国国家安全的战略优势，为实现这一目标，美国认为应保持空间的自卫能力，而不应一味强调禁止空间武器，空间的军备控制应关注行为而不是能力。这与中国、俄罗斯、21国集团等大多数国家所坚持的“禁止在空间部署武器”的立场相矛盾，导致联合国裁军谈判会议关于空间军备控制这一议题一直不能达成有效协议，因而关于空间军备控制的核查问题自然也无法进行。即使在个别问题上，经过讨价还价、反复磋商，形成相互妥协，但安理会的决心并不容易保持。与此同时，空间安全秩序的整合强化应发挥“和平利用空间委员会”议题倡设，“裁军谈判会议”谈判缔约，“联合国大会及第一、第四委员会”立法审议功能，加强空间国际立法，同时促进各国空间国内立法。但时至今日，联合国“和平利用空间委员会”，联合国“裁军谈判会议”以及“联合国大会”，第一、第四委员会并没有构成空间安全秩序的议题倡设、共识谈判和国际立法这样一个环环相扣、互相配合的有机体系。甚至在“和平利用空间委员会”内部，有代表提出“和平利用空间委员会”应关注空间的开发和利用，而不应参与到空间军备控制的相关问题里，此类议题应交由裁军谈判会议等专门的裁军委员会讨论。这一提议若获得通过，将削弱和平利用空间委员会在空间军备控制和核查问题上的地位，使裁军谈判会议关于空间的裁军谈判更加艰巨。

此外，在空间国际安全合作方面，因为空间军备控制是典型的高政治领域，核查方面的容忍、配合尤其困难重重。政治方面，核查涉及一国先进技术和敏感军事信息的保护问题。特别是现场视察具有很强的入侵性，有空间能力的国家不会允许其他国家人员视察其实验室或在其发射场常驻（能力相当的国家之间除外）。此外，目前只有极少数国家掌握卫星遥测技术，它们很可能不愿与其他国家共享其“国家技术手段”；而后者也不会同意把多数国家尚不掌握的技术作为核查手段。在空间技术多领域占据

---

① 美国卡内基国际和平基金会研究报告：《普遍履约：全新的核安全战略》，中国军控与裁军协会译，世界知识出版社 2005 年版，第 63 页。

优势地位的美国，极其注重其空间技术的保密性，有极为苛刻的技术出口控制标准，美国军需控制清单（USML）和商务部管制清单（CCL）关于空间技术的控制涉及特别用途的卫星、地面设备、元件、特定服务、GPS接收器、雷达控制系统方方面面。这个事实反映出，虽然美国一再强调要建立空间安全的互信和透明机制，但实际上并不可能对外公开其先进的空间技术，尤其是军事领域的空间技术，这就意味着对美国空间军备控制的核查十分困难，也意味着让美国提供核查的技术和手段十分困难。而作为空间技术实际的领导者，美国对待空间军备控制和核查的态度，将在很大程度上为其他国家提供示范，在“对空间军备控制核查的不合作”这一行为上，如果美国率先选择，将为其他国家提供“选择不合作行为”的“搭便车”机会，而不必担心成本问题，如此一来，空间军备控制的核查将难以有效展开。联合国相关机构在核查方面的合法性较易获得，但其作为国际组织对于空间军备控制这样涉及先进、敏感技术的领域，往往缺乏应有的技术能力和手段。但仅倡导国家技术手段，很明显，它又主要集中在美国这样的空间强国之手，其有效性因其他国家的高度存疑而受到削弱。确实，美国很容易凭借其空间技术优势，借核查之名，侵犯他国合法权益，甚至干涉别国内政。

（二）空间军控确定核查方式和标准的技术成本明显偏高

在通过空间国际军备控制寻求解决矛盾的关系安排时，核查机制尤为关键。空间军备控制的核查机制是机制成员国负有义务允许国际机构或他国以一定方式和技术手段，从空间或其他境空间对本国空间设施和空间活动是否遵守军控要求进行监督、检查，在一定条件下，也包括允许国际机构或其他国家相关机构人员进入本国领土空间进行国际监督和检查，以确保履行相关国际义务的制度。在相关国家选择参与空间安全互动的过程中，空间军控核查机制的保证效度，在某种程度上决定着空间军备控制的持续进化能力的大小。分析空间军控核查方式及其标准，既可正确把握空间军备控制的基本特征，也可现实地探讨空间军备控制合理、有效推进的路径。任何核查工作都必须让核查对象相信，如果不履约将会出现怎样的后果。

“核查措施可以包括：公开信息分析；国家宣布；陆基观测空间物体；空中观测空间物体；空间物体自身携带探测器进行连续探测；现场核

查；谈判条约的各方需首先同意核查的义务及所需的信任程度。……技术方面，空间核查措施涉及监测、跟踪和定位等前沿技术，现阶段尚不具备充分技术条件建立有效的国际核查机制。”① 以往的军备控制实践表明，在军备控制中，限制的基准通常是相关系统和物项的内在能力而不是其验证过的能力。从国际军控机制来说，如果等到某个国家通过试验或实战证实其拥有某一武器能力，那么军备控制就失去了应有的预警作用。特别是像空间技术这样的高精尖技术，一旦被掌握，即使通过国际军控谈判，限制其发展或部署，但拥有技术的一方在实质上仍然对未掌握此类技术的一方构成战略压力，因此这种军控安全格局很难持续存在，国际安全就会蒙上一层挥之不去的阴影。然而，在空间军备控制与核查方面，这一共识却难以达成。欧盟在2010年10月于布鲁塞尔公布的《外层空间活动指导规范草案》（*European Union's draft Code of Conduct for Outer Space Activities*）中强调，空间活动所应遵循的一个基本原则是确保“主权国家固有的自卫和集体自卫权力”，其所建议的四个具体措施分别为空间活动通告、空间设施登记、空间活动信息共享以及建立协商机制。该草案反映出，欧盟不反对一国掌握空间军事技术和能力，认为空间军备控制及核查的重点在于一国行为，即验证过的能力，而非其内在能力。美国对此也表示赞同，并积极寻求与欧盟的合作以期能使上述立场在国际上得以确立。② 空间领域的两大行为体欧盟和美国，在空间军备控制与核查方面，所持的与以往军备控制实践经验完全背离的观点，使空间军备控制与核查面临着徒有军控其表，而无军控其实的危险。

与此同时，空间技术本质上是军民两用技术，因此很难根据空间相关系统和物项的内在能力而不是其验证过的能力，来设定国际军备控制的标准。譬如，今日美国已三次成功试飞的X－37B轨道试验飞行器，其强大的军事潜力使之成为控制空间的撒手锏和军备竞赛的催化剂。在X－37B项目启动之初，就有美国空军的参与。在项目最初的17300万美元的启动资金中，美国空军为其拨款1600万美元，用于“未来军用航天器的太阳

---

① 《中国、俄罗斯代表团联合向裁军谈判会议提交的关于“防止外空军备竞赛的核查”工作文件（CD/1781）》，中华人民共和国外交部网站（http：//www. fmprc. gov. cn/mfa_ chn/ziliao_ 611306/tytj_ 611312/zcwj_ 611316/t309185. shtml）。

② 参见 *FACT SHEET*：*International Code of Conduct for Outer Space Activities*，美国国防部，2012年1月。

能列阵和姿势控制技术”的研究开发。X－37B从其投资者本身来说就脱离不了军用技术的范畴。而X－37B本身所具有的在地球110—500公里的低轨道持续航行270天，并往返地面与空间的能力，使其对大多数低轨卫星具有现实威胁。但美国欲掩人耳目，反复强调它只是继航天飞机退役后可重复使用航天器接力者和空天机动飞行器的试验样品。针对此，在现有空间国际法框架下，国际社会确实无能为力。关键在哪里？那就是赞成军备控制者怎样认定美国X－37B是空间武器？标准何在？由此导致的空间安全互动两难困境，从一定程度上说是造成当前空间军备控制踌躇不前的重要原因之一。2008年中国与俄罗斯联邦向裁军谈判会议提交的《防止在空间放置武器、对空间物体使用或威胁使用武力条约草案》（PPWT）中，将“在空间武器”定义为：“位于空间、基于任何物理原理，经专门制造或改造，用来消灭、损害或干扰在空间、地球上或大气层物体的正常功能，以及用来消灭人口和对人类至关重要的生物圈组成部分或对其造成损害的任何装置。”虽然草案对“在空间武器”进行了明确定义，但由于美国等少数国家的反对，草案并未获得批准，也就不具备正式的法律效用，因而，实际上目前国际上仍然不存在普遍接受的关于空间武器的定义，进而导致对空间武器认定的标准也难以达成一致，空间军备控制与核查也就失去了立足点。所以，积极推进空间国际军备控制，就亟须准确把握空间军备控制权力建构的实质，探讨核查机制的建立和完善，实现空间合作安全，以确保空间的和平开发、利用与世界的安全稳定。

（三）空间军控核查经费和资源保障的收益成本较大

空间军控核查机制要跟得上空间技术发展的步伐，核查机构必须有足够的能力和资源，包括建立国际卫星监测机构、建立和平卫星（PAXSAT）体系，通过天基遥感监测进行核查，建立国际观察团进行现场核查等措施。从这些落实核查措施来看，确实，空间核查机制可能带来的经济难题不容忽视。如建立类似PAXSAT这样的核查系统将需要数十亿美元。和平卫星（PAXSAT）体系是加拿大在20世纪80年代中期提出的一个核查概念，分为PAXSAT A和PAXSAT B两部分，分别指利用空间设施和利用地面设施对地球轨道中的设施进行功能核查，以落实空间军备控制的相关规定和协议。PAXSAT至少需要4颗卫星，包括两颗低轨卫星，一颗中轨卫星及一颗地球同步卫星，另外还需要诸多配套的地面控制和接收设备，光是硬件基础，就需要很大的一笔投资，还有人员、维护诸多费用，使 PAXSAT 的成本十分高昂。这些费用如何筹集，核查体系由谁负责，向谁负责等问题制约了 PAXSAT 体系的建立，其他类似的核查机制的建立也面临着同样的问题。

同时，国际观察团在进行现场核查中，不受限制地接触科学家和进入现场并分享从许多国家得到的情报，是任何核查机制要取得成功的关键。但因为国家安全是国家利益的核心所系，在高度复杂敏感的空间技术方面，要保证核查人员能真正到达一国境内的可疑地点和接触有价值情报的人，往往容易与其主权发生冲突，因此很难做到，甚至可以说，在一定的情况下，这可能已不是一个技术问题，而是一个敏感的政治问题。所以，国际观察团对空间军备控制的核查要取得实质性的成果，将依赖于各国在政治上给予充分理解和配合，为国际核查机制提供必需的政治资源，确保核查能够有效进行。对于相关国家来说，将付出一定的政治成本，而是否能因此在国际上获得相应的政治信誉和回报，则依赖于其他国家是否同样愿意为核查支付政治成本。如果核查机制能够长期存在，根据博弈理论，各国可以预期暂时的让步能够获得长久的收益。然而困境在于，如何确保核查机制能够长期存在。当博弈反复进行时，各国只有选择合作才能够获得收益，因而各国才有选择合作的动机；但是博弈反复进行又需要以各国在第一轮均选择合作作为条件，而第一轮的合作并不会为各国带来收益，所以就没有合作的动机。即只要机制运作起来，就可以通过机制的自我激励而获得长期动力，但是推动机制运行的关键原始动力却不能自主产生。所以，原始动力需要由一个领导者，或者由领导集团提供，其他的国家则可以“搭便车”，推动机制自主运行。领导者或领导集团是否愿意率先提供政治资源，承担政治成本，使空间军备控制与核查的机制能够有效运作起来，为其他国家提供相关核查标准的公共产品，是空间军备控制与核查能否建立并运行的关键。目前看来，空间军事设施和技术的领导国美国并无意提供这样的公共产品，也无意率先提供政治资源，承担政治成本。

就空间军控核查所需的经费支持和资源保障层面而言，最主要的还是依赖于机制成员国的积极参与和有序提供。面对空间军控核查机制，主权国家在参与问题上，一定的“利”和“害”都是主权国家考虑和政策选择的最重要驱动力，并成为其考虑的核心内容。主权国家所考虑的这种收益与成本是由空间军控机制所规定的，因为任何一个空间军备控制的准则、规则和决策程序都包含了一定的权利和义务，参加机制就意味着接受这种形式的收益与成本。但像当前的美国为了追求所谓的绝对安全，臆断地认定，准备空间战比合作性地和平利用空间以及竞争性地和平利用空间都更为划算。因此，美国根本不愿意为空间军备控制包括核查在内的任何活动，提供切实的经费和资源支持，反而大力投资于其导弹防御体系，破坏国际社会的互信，推动空间军事化进程。2013 年 9 月 12 日，美国导弹防御局负责人詹姆斯·D. 萨林（James D. Syring）在给国会议员的信中写道，导弹防御局正在进行一项研究，考察美国东部 5 个地区作为新的导弹防御基地的可操作性。虽然由于预算等原因，近期该机构还未打算在这些地方兴建导弹防御基地，但其扩展导弹防御基地的意图已经很明显，可以预见，美国在未来将会继续发展导弹防御系统，以获得所谓的“绝对安全”。作为全球头号强国的消极举动，不但使急需经费和资源支持的核查活动难以开展，而且由此带了一个十分负面的“头”，严重打击了他国的国际军控积极性和热情。

另外，为保证持续地监督现有运行中空间设备是和平的而不是变化中的战争利器，也需要相应的资金和技术支援。这种成本因其长期性而愈发巨大。为了防止恐怖主义分子盗用空间设施用于恐怖袭击，除了确保各国空间设备的安保能力外，提高其防扩散能力也需要大量的经费和资源投入。空间军备控制将在一定程度上改变国家的外部安全环境，甚至会影响空间国际关系的格局。因此收益成本中还应当包括参加核查机制所带来的维持成本。譬如，在一个国家空间相关物项的出口管制中，不仅包括行政许可方面的成本，而且对于有些未在触发清单内的物项出口，为了履行核查机制的保证要求，该国相关机构还须核实出口物项在国外的最终用户和最终用途，这显然会增加其收益成本。因此，切实落实空间军控核查机制，反对空间武器化和军备竞赛，不是纯粹的政治宣示和口头承诺就可以实现的，还需要相关国家提供必要的经费和资源保障。

正是目前空间军备控制的核查机制建构存在上述政治、技术和经济等方面的困难，导致成本高企，效费比相对较低，因此，中国、俄罗斯代表团联合向裁军谈判会议提交的关于“防止空间军备竞赛的核查”工作文件在最后结论部分，指出可能的选择是“当前最重要的是以法律承诺和法律文书的形式达成共识，防止空间武器化和军备竞赛。为使这一共识早日达成，目前似宜暂时搁置核查以及其他可能有争议的问题。随着科技的进步，在今后条件成熟时，可考虑为条约增加核查议定书。”并且强调，对核查问题“还可从另一个角度来看，1967 年《外层空间条约》尽管没有核查机制，但仍重要且有效。然而，1967 年《外层空间条约》有一个严重漏洞，即未涵盖除大规模杀伤性武器以外的武器。目前，缔结一项新的外层空间条约以弥补这一漏洞的努力正在进行。新的条约如果有可靠、有效的核查机制则是最为理想的。但按照 1967 年《外层空间条约》，新的外层空间条约即使没有核查条款，也能发挥其作用”。该文件呼吁国际社会认真、清醒地看待这一问题，“新外层空间条约的核查问题十分复杂，涉及很多因素，值得各方进一步认真探讨和考虑”①。

---

① 《中国、俄罗斯代表团联合向裁军谈判会议提交的关于“防止外空军备竞赛的核查”工作文件（CD/1781）》，中华人民共和国外交部网站（http：//www. fmprc. gov. cn/mfa_ chn/ziliao_ 611306/tytj_ 611312/zcwj_ 611316/t309185. shtml）。

第五章　空间政治复合结构选择与国际合作

随着世界各国竞相进入空间拓展自身的国家利益，急需有效的外交努力进行调适，以保证人类对空间的真正和平利用。但在空间安全的外交努力方面，目前存在着共同利益基础薄弱，外部强制力不足，基本理念和道义准则存异和权力分配结构失衡等困境。所有这些都决定了脱困之途只能走维护现有空间国际法框架、支持有关各方积极努力、倡导新安全观和抑制空间武器化的外交努力优先的渐进性路径，以求在注意空间技术特点的基础上，营造共存共赢的合作局面。从可操作层面把握机遇，通过空间信任措施先行，增进聚合性认同，从而维护和促进空间安全“向善”关系的演进与发展。联合国空间安全谈判机制对空间安全起着不可或缺的权威建构作用。联合国和平利用空间委员会（COPUOS）是凝聚安全共识，深化安全议题探讨，倡导空间安全辩论的重要机构。联合国“裁军谈判会议”是空间军备控制多边谈判的最佳场所。联合国空间安全谈判机制中的立法审议主要通过联合国大会及其第一、第四委员会。联合国空间安全谈判机制的整合强化应发挥“和平利用空间委员会”议题倡设，“裁军谈判会议”谈判缔约，“联合国大会及第一、第四委员会”立法审议功能。复合建构主义认为，在空间探索利用中主体间关系的运行无法排除物质因素和观念因素所组成的复合结构的影响。冷战时期，空间物质权力结构的相对均衡，加之双方均害怕对方在空间技术优势方面取得突破，也不希望空间技术在更大的国家范围内扩散。同时，各自抢占国际道德的制高点，人类共同利益原则成为共有理解和共享观念。由此，具有进化取向的空间国际安全合作机制框架得以确立。冷战后，在空间国际安全互动实践中，出现了明显的权力失衡。美国试图通过空间绝对优势来谋求绝对霸权，使得分离性认同加剧，国际安全合作机制的建构与完善踟蹰不前。到实践中找答案，通过推动空间活动行为准则和军备控制并行不悖的建构，最终走向高政治认同与高暴力受控的复合结构，从而推动国际安全合作机制的顺利成长。

一　空间安全外交努力的困境及其思考[①]

随着现代科学技术特别是航空空间技术的发展，世界各主要国家竞相进入空间拓展自身的国家利益，由此引发了国际社会对空间安全外交努力的积极关注。“空间安全与空间武器化发展是当前国际社会高度关注的重大战略问题，也是国际军控和裁军领域出现的新课题。”[②] 确实，空间国际安全的外交努力能否顺利发展已成为国际社会继核安全、生物、化学军控和治理导弹扩散后，一个日益凸显的复杂而敏感的国际安全问题，急需有效的外交努力进行调适，以保证人类对空间的真正和平利用。

（一）空间安全外交努力的困境

一般认为，通过外交努力构建的国际安全机制是“关于特定国际安全领域，为达成某一共同的安全目标而建立的，容许国家相信其他国家将予以回报，而在它的行为上保持克制的那些原则、规则和标准。这一概念不仅指便于合作的标准和期望，而且指一种超出短期自我利益追逐的一种合作形式”[③]。合理的国际安全机制作为外交努力的成果对于促进安全合作的实现具有十分重要的作用，在“没有制度的情况下，实际的合作常常比可能的合作要少”[④]。在空间安全的外交努力中，也存在着类似的现象。

1. 共同利益基础薄弱

在空间安全领域，并不存在绝对的利益冲突，国家间的竞争也并不是

---

① 本节内容以“太空安全外交努力的困境及其思考”为题，发表于《外交评论》2007 年第 3 期上。

② 杨乐平：《国际外空安全与外空武器化评述》，《2006：国际军备控制与裁军报告》，世界知识出版社 2006 年版，第 189 页。

③ 唐永胜、徐弃郁：《寻求复杂的平衡——国际安全机制与主权国家的参与》，世界知识出版社 2004 年版，第 6 页。

④ ［美］罗伯特·基欧汉：《霸权之后——世界政治经济中的合作与纷争》，上海人民出版社 2001 年版，第 79 页。

完全的“零和博弈”。国家间不同程度地存在着共同的安全利益，如通过国家间的合作实现共同安全利益，就是空间安全外交努力向前推进的一个重要前提。这种共同安全利益可以是从正面进行规定的“肯定”利益，也可以是从反面加以规定的“否定”利益。肯定的共同利益是指国家追求一个共同的安全目标，包括抵御同一个外在的安全威胁，加强彼此的安全联系等，侧重于“追求、实现”某种可能性。而否定的共同安全利益则主要表现为“共同厌恶”（Common Aversion），即有关国家做出单方面行动的结局是彼此不愿看到的，或是不如通过协调达到的结果理想，侧重于“防范、限制”某种可能性。这种共同利益将促使有关各方理性地通过“协调”或“协作”来管理彼此间的矛盾和冲突，而不是导致严格意义上的“合作”。

目前，空间安全领域有关各国对军备竞赛威胁的“共同厌恶”使各方在安全问题上拥有一系列的共同愿望和要求，大多数国家都希望对空间武器化的趋势加以抑制，这就导致了空间安全外交努力出现的根本动力。但是，尽管世界各国在空间和平开发与利用问题上存在着共同安全利益，但实际中的空间安全合作却开展得并不顺利，特别是美国凭借其在空间发展上的“全能冠军”的绝对优势，极力谋求绝对安全和绝对霸权，总是处心积虑地为其全球战略的实现寻求更为有力的支撑。正是在这一利益上的歧义，使空间安全外交努力发展所需的“肯定”或“否定”的共同利益严重不足，因为美国在空间领域目前所占有的分量决定了没有它参加的空间安全的外交努力只会流于形式。

2. 外部强制力不足

正如“囚徒困境”和“捕鹿游戏”两个模型所揭示的那样，共同的利益并不一定能够超越对私利的追求，行为体存在着追求后者而牺牲前者的动机。而且，共同利益还与代价相联系，因为空间安全机制对参与的主权国家而言，一方面可能意味着实现共同利益，另一方面则意味着让渡出部分权力，如完全独立自主地做出空间开发利用的决策权力，自由支配本国空间物件的权力，等等，总之，需要付出一定的自我牺牲。考虑到空间安全领域特殊的敏感性，国家在自我牺牲和获取利益之间的权衡和选择比在其他领域里更加困难。在这种情况下，往往需要有一定的外部强制力来保证主权国家追求共同利益，哪怕付出必要的代价。

在对空间探索、开发和利用的过程中，无限广阔的空间和丰富的资源，不仅为新科技的发展提供了一个巨大的“科学实验室”，而且为解决人类日趋紧张的“资源危机”提供了新的途径。自1957年苏联发射第一颗人造卫星以来，航天科技不仅促进了天文、高能物理、材料、信息、制造工艺等新科技的不断发展，形成了大批高科技工业群体，而且还产生了巨大的社会和经济效益。据资料统计，近年来，与空间有关的产业每年以20%以上的速度增长，2010年，该数字至少增加了两倍，达1600亿美元以上。伴随着空间时代的到来，空间开发利用越来越广泛地深入现代人类生产和生活的各个领域，并在人类社会的可持续发展过程中发挥着重要的作用。空间难以估量的开发前景引诱着各国竞相进入，但在对未来威胁的认知上，远不如已发生过的核爆炸所产生的毁灭性的后果令人震撼，这正好表明空间安全外交努力顺利进展所必需的“外部强制力”是积聚不足的。

同时，对空间安全外交努力而言，它更多的是一种意在协调和控制已经进入空间发展的相关国家间的可能冲突，或更进一步寻求建立一个利益共同体。与核安全方面的外交努力相比，它明显缺乏先天的外部强制力。因此，形成空间安全的外交努力所需的外部强制力只能来自于相关国家的逐步认知，这需要一个较长的过程。①

3. 基本理念和道义准则存异

空间安全外交努力和所有其他的外交努力一样，需要某种共同的理念和道义基础。但是，在空间安全外交努力的现实进程中，时至今日，明显缺乏相同的基本理念和道义准则。

在当前空间开发利用方面，其国际格局也可简约地概括为“一超多强”，即美国作为唯一的超级大国在空间也同样拥有绝对的优势，其他进入空间发展的国家则构成了当前空间开发的主要战略力量。鉴于一个国家开发、利用空间的能力，在某种程度上决定着它在空间国际关系中的地位和空间国际事务中的发言权，因此，进入空间的开发、利用对于各国在国际政治方面具有重要的战略意义。目前，以美国为首的西方发达国家纷纷通过发展自己的航天事业，试图在空间中强化其优势地位，从而不断增强军事实力和经济实力，以便在国际政治斗争中争取更多的发言权。而部分发展中国家也积极努力，意欲或已经参与到空间领域的竞争之中，进而提

① 这在很大程度上与国家从历史和经验中的学习能力有关，认知要素在其中起了相当关键的作用。

升本国在国际政治方面的影响力。因此，可以断言的是，在不远的将来，空间一定会成为世界各国间政治斗争的大舞台。参与成员的广泛性和复杂性说明在空间安全领域引发合作所需要的共同理念或道义准则一时难以形成。诚然，这种当前基本理念和道义准则存异对空间安全外交努力造成了现实的阻碍作用。

现在所能做的就是尊重这种差异性和多样性，寻求不同文化、不同意识形态国家之间尽量在一些非常有限、非常基本的理念（如相互尊重主权、互不干涉内政等）的基础上建立起新的安全观。但是，形成较成熟的以建立共同体为目标的空间安全机制所需的理念基础要大得多，它不仅包括现实安全考虑，还涉及安全价值上的认同。从这一意义上说，基于确保空间和平开发、利用的目标，大力倡导空间领域的新安全观显得尤为重要。

4. 权力分配结构失衡

在国际政治领域，权力一直是一个不可回避的问题。作为与国家核心利益密切相关的国际安全方面的外交努力，更是与权力的分配紧密相关。事实上，在很多情况下，权力大的国家拥有更大的发言权，使得外交努力更多地为自己的利益服务，而“弱一些的国家可能就没有自主选择”①。克拉斯纳引入权力因素，用“性别战”模式②来解释为建立国际制度所做的外交努力。所谓“性别战”是指一对恋人在安排业余时间上的博弈：男的想看足球，女的却想看芭蕾舞，但是这两人都想共同度过这个夜晚。在这个博弈模式中不存在相互欺骗的可能，因而合作的成败与信息交易成本没有任何关系，有关系的只是权力因素。③ 换言之，是否合作和如何合作不再取决于两人如何更好地交流和建立相互信任，而是取决于谁听谁的问题。

“权力可改变由选择途径的不同而产生的结果（收益矩阵）”④。克拉

---

① Stephen krasner, “Structural Causes and Regime Consequences: Regimes as Intervening Variables,” in Stephen Krasner (ed.), *International Regimes* (Ithaca: Cornell University Press, 1983), p. 15.

② Stephen D. Krasner, “Global Communications and National Power: Life on the Pareto Frontier,” *World Politics*, Vol. 43, 1991, pp. 336-366; “Sovereignty, Regimes, and Human Rights,” inVolker Rittberger (ed.), *Regime Theory and International Relations* (Clarendon Press, Oxford, 1993), pp. 235-265.

③ Stephen D. Krasner, “Global Communications and National Power: Life on the Pareto Frontier,” *World Politics*, Vol. 43, 1991, pp. 336, 362.

④ Stephen D. Krasner, “Global Communications and National Power: Life on the Pareto Frontier,” *World Politics*, Vol. 43, 1991, p. 340.

斯纳等人所引入的权力因素正好触及了空间安全外交努力最为核心的部分。对空间安全外交努力中的规则、决策程序的制定权、对其运作过程的影响力，也将按一定比例在成员国中进行分配。从这个意义上说，空间安全外交努力的本质就是要将各国在空间安全领域内的权力结构以一定的规则和程序等方式固定下来。但是，现实的空间权力结构表现为严重失衡的状态，与美国相比，其他国家的差距几乎比任何先进技术领域都要大。美国不愿意，空间安全的外交努力所需的权力分配结构认同就很难达成。

（二）空间安全的现实出路：渐进性的外交努力

诚然，冷战后空间安全外交努力的困境是由多方面的原因造成的，并且目前仍然面临着巨大的压力，因此脱困之策就是通过渐进性的努力来逐步构建空间安全机制。制度的逐步修建是缝补空间安全“枪眼”（Loophole）的最有效方法。因此，最现实的出路是通过外交努力，一步一步地取得空间安全的成效。

1. 坚定地维护现有空间国际法框架

冷战期间，维持全球安全与战略稳定的基石是美、苏两个超级大国确保相互摧毁的核威慑战略，其核心是通过核威慑来达到遏制和制止战争的目的。虽然美、苏两个超级大国都将空间作为军备竞赛的重要战场，但是由于政治和技术原因，空间军事发展一直受到限制。空间军事对抗所带来的严重破坏性和两败俱伤的可怕后果，不仅使得双方重新思考空间对抗是否明智，而且促使双方同意禁止高空核试验，禁止将大规模杀伤性武器引入空间。

早在1957年10月，苏联发射第一颗人造卫星后不久，联合国即于1958年12月13日成立了和平利用空间特设委员会。1959年12月12日，联合国大会决定将该机构变为永久性机构并将其改为和平利用空间委员会，专门处理空间事务。空间委员会下设法律小组，专门处理空间法律问题，这在当时就形成了国际法中的一个新领域即空间法。它为人类开展空间活动，维护各国空间的合法权益，促进空间国与国之间的交流与合作提供了保障。1963年，联合国通过了《禁止在大气层和外层空间进行核试验的条约》，包括美、苏在内的117个国家签署了该条约。1966年12月，联合国大会通过了促进空间和平利用，防止空间军事化的《外层空间条约》（关于各国探索和利用包括月球和其他天体在内空间活动的原则条约）。《外层空间条约》自1967年10月10日起无限期有效，目前已有96

个国家批准加入。该条约对确保空间安全，防止空间武器化提出了一系列国际法原则和规定。1972 年，美、苏两国又签署了《反弹道导弹条约》，双方承诺不研制、试验和部署天基反弹道导弹武器系统。

这些外层空间条约和有关文件既是指导各国空间活动的依据，也是空间国际法框架的主要组成部分，至今，仍然是维护空间安全的基本依据。值得警惕的是，冷战后某些强国在空间军事化方面稳步发展，空间武器化的威胁正日益临近，维持和发挥现有空间国际法框架的约束作用，既是一种最为现实的选择，也是空间安全外交努力进一步推进的起点。

2. 积极支持有关各方推进空间安全的外交努力

空间被誉为是继陆地、海洋、大气层之后人类生存和发展的第四环境。伴随着人类对空间的进一步探索、开发和利用，空间对主权国家的生存和发展也具有越来越重要的意义。为了促进空间的和平开发与利用，有关各方积极参与空间安全外交努力。目前，国际社会愈来愈重视防止空间军备竞赛和空间武器化问题。

2000 年，中国向裁谈会提交了题为“中国关于裁谈会处理防止空间军备竞赛问题的立场和建议”的工作文件，指出防止空间军备竞赛应成为裁谈会最优先议题之一，建议重建特委会，谈判缔结一项有关国际法律文书。2002 年 6 月，中国、俄罗斯、白俄罗斯、印度尼西亚、叙利亚、越南、津巴布韦联合向裁谈会提交了关于“防止在空间部署武器、对空间物体使用或威胁使用武力国际法律文书要点”的工作文件，就未来国际法律文书的主要内容提出了具体建议，得到了许多国家的支持。

2003 年 1 月 23 日，比利时裁军大使以阿尔及利亚、智利、哥伦比亚、瑞典大使的名义，向裁谈会全体会议提出“五国大使工作计划建议”(CD/1693)，其中专项提出“防止空间军备竞赛”的议程项目，主张设立一个特委会来处理防止空间军备竞赛问题。2004 年 8 月，中国与俄罗斯在裁谈会联合散发了关于“现有国际法律文书与防止空间武器化”和“防止空间军备竞赛的核查问题”两份专题文件。在 2005 年裁谈会第一期会议 2 月 24 日全会上，荷兰大使桑德斯在“五国大使方案”的基础上提出工作计划的具体设想，简称“荷兰非文件”，其内容是：分别设立四个特委会，其中空间、核裁军特委会职权同“五国大使方案”。

2006 年 3 月，中国与俄罗斯、联合国裁军研究所和加拿大西蒙斯基金会联合举办了“确保空间安全：防止空间军备竞赛”国际研讨会。6

月，中国和俄罗斯代表团在裁谈会全会上联名散发了题为“防止空间武器化法律文书的定义问题”的专题文件。7月，中国在裁谈会全会二期散发了关于“确保空间安全：防止空间军备竞赛”国际研讨会的总结报告。

积极支持有关各方空间安全方面的外交努力，应充分考虑空间安全领域的技术特点。人类探索空间的卫星应用技术，卫星通信、卫星气象遥感、卫星导航、卫星侦察等，载人航天空间站等，对空间资源的开发及其对主权国家国际地位的影响，都有其鲜明的特色。这种技术特点赋予各国不同于在地球表面的一些特殊权力因素。虽然总体说来，空间技术要求以国家综合实力作为支撑，但不排除一枝独秀的跨越式发展。所以，空间技术的优势地位，不仅令一国可能占领空间开发与利用和国际传播的制高点，而且将大大提升自己的国际地位，改变自身对于空间安全外交努力的态度。

3. 倡导新安全观以增进空间安全外交努力的政治意愿

空间安全外交努力的现状急需国际社会重构自身在空间安全领域的国际政治意愿。当前国际局势是“整体和平、局部战争，整体缓和、局部紧张，整体稳定、局部动荡”[①]。据此，中国提出以“合作、相互依存和尊重世界多样性”为核心的国际战略思想，[②] 极力倡导新安全观——“国际社会应树立以互信、互利、平等、协作为核心的新安全观，努力营造长期稳定、安全可靠的国际和平环境”[③]，以此作为推进包括空间安全外交努力在内的国际安全领域外交所需的共同理念和道义准则。

妥善应对空间安全领域可能出现的威胁和挑战，进行空间安全外交努力，构建一个和平、公正、有效的空间安全机制，是国际社会面临的共同而紧迫的任务。为实现这一目标，国际社会“应树立以互信、互利、平等、协作为核心的新安全观。世界是一个大家庭，和则共赢，合则同安。各国在安全上应相互信任，通过互利合作维护地区和国际安全。要摒弃以军事实力谋求安全优势的思维模式，以协商化解矛盾，以合作谋求稳定”[④]。

---

① 《江泽民论有中国特色的社会主义》，中央文献出版社2002年版，第522页。

② 熊光楷：《江主席“七·一”重要讲话对国际战略思想的新发展》，《国际政治研究》2002年第3期。

③ 江泽民：《在庆祝中国共产党成立八十周年上的讲话》，人民出版社2001年版，第48页。

④ 《中国代表团团长胡小笛大使在第60届联大一委一般性辩论中的发言》（2005年10月4日，纽约），中国军控与裁军协会编：《2006：国际军备控制与裁军报告》，世界知识出版社2006年版，第310页。

空间和平利用的价值有目共睹：国际能源危机凸显了空间能源的经济意义；正在形成新兴空间产业——空间生物工程、空间材料加工业、以未来空间技术为核心的高科技工业群体；空间的商业应用；世界各国对空间的开发对本国、地区乃至世界经济的影响等。但要持续取得这种和平利用的价值，就需要有合作安全的理念和制度框架做保证。但现有的国际空间法存在的问题及其面临的挑战，空间使用核动力源的原则及其蜕变危险，空间普遍公约、空间法与某些国家国内法的冲突，民间进行空间开发活动缺乏管制等相关问题，均有可能引发意想不到的灾难。面对探索空间能力的极端失衡、现有外交努力滞后和国际合作障碍重重，急需以和平利用为目标，构建共存共赢的合作大框架。正如中国领导人所指出的那样："世界是丰富多彩的。世界上各种不同文明、不同的社会制度和发展道路应彼此尊重，在竞争比较中取长补短，在求同存异中才能共同发展。"①

4. 抑制空间武器化是当前外交努力的重中之重

作为现代科技革命中的制高点之一，空间探索对于一国的国家安全有着极其重要的地位。有的军事专家甚至预言，哪个国家要是控制了空间这个制高点，哪个国家就能夺取制天权、制信息权、制空权和制海权，进而控制整个地球。在过去的几十年中，谋求研发和部署空间武器系统的努力在一些国家从未停止过，只是受特定的历史条件限制而未能成为现实。目前，世界上一些军事大国纷纷为组建天军、建立空间军事基地、争夺"制天权"做着积极的准备。随着科技的不断成熟，空间面临武器化的危险。这种趋势的发展不仅会阻碍空间的和平利用，还会引发空间的军备竞赛，进而对国际安全格局造成严重的消极影响。由此可见，防止各国在空间活动的武器化已是十分现实和紧迫的问题。

推进空间安全的外交努力，首当其冲的就是有针对性地先行构建抑制空间武器化的原则、标准和规则。冷战后，各国空间战略的调整和加强、空间领域技术进步的军民两用性日益模糊、"星球大战"二代、"国家导弹防御系统"（NMD）、"战区导弹防御系统"（TMD）、"近地空间"的军事使用、新概念武器、空间作战力量酝酿、空间作战思想以及战争形态预估、各国主管机构的创建等，均强化了抑制空间武器化所需外交努力的紧

---

① 江泽民：《全面建设小康社会，开创中国特色社会主义事业新局面》，人民出版社 2002 年版，第 48 页。

迫性，可以说是“如箭在弦，势在必发”。

随着空间领域技术的快速发展，世界各国竞相进入其间发展，纷纷从经济、军事以及信息的角度出发，寻求自身国家利益的拓展。一方面，应该肯定人类对空间进行和平开发与利用，具有巨大的进步意义，也是历史发展的必然趋势。但另一方面，也应考虑如何在共存共赢的目标牵引下，探求人类怎样通过开发和利用空间以维护世界和平，促进世界发展。这就需要从空间技术发展和国际关系互动的现状出发，加快促进空间领域国际安全机制的成长，以抑制空间武器化的危险，确保人类对空间的长久和平利用。

二 维护和促进空间安全的“向善”关系

随着人类自然探索技术的不断发展，各国在非排他性的公共领域中出现了越来越多的交流互动，如何在这些活动中协调各方的关系与利益，成为国际政治中一项新的重要课题。全球公域具有公共性，又在一定程度上呈现出资源稀缺性，其治理问题对于国际社会的稳定与安全有着重要意义。空间是这种全球公域的典型代表。考虑到空间的战略重要性，空间军事化和军备竞赛的脚步几乎自人类初探空间起便未曾停歇。针对冷战后维护和促进空间安全的“向善”关系所面临的困境，国内外学者展开了一系列有益的探讨。从权力结构角度出发，一些人认为新兴国家对空间的探索和利用容易引致空间军备竞赛，因此维护和促进空间安全的“向善”关系的重点在于如何规范这些崛起中国家的空间行为；① 而另一些人则指出美国为维护其空间霸权地位而对维护和促进空间安全的“向善”关系带来的阻碍。② 当然，这两种因素往往同时存在并相互联系，共同构成了空间安全“向善”关系发展的权力结构障碍。③ 但如果仅仅着眼于权力分配，则很可能得出空间安全“向善”关系在冷战后的多极化条件下必然破产的悲观结论，而且权力视角也无法说明国际社会关于空间非军事化的

① 如 James Clay Moltz (2012), *Asia's Space Race: National Motivations, Regional Rivalries, and International Risks* (New York: Columbia University Press).

② Helen Caldicott and Craig Eisendrath (2007), *War in Heaven: The Arms Race in Outer Space* (New Press).

③ Vishnu Anantatmula, "U.S. Initiative to Place Weapons in Space: The Catalyst for a Space-Based Arms Race with China and Russia," *Astropolitics: The International Journal of Space Politics & Policy*, Vol. 11, No. 3, 2013, pp. 132-155.

呼吁何以持久存在。另一方面，从观念结构角度来看，制约空间安全与合作的根本性因素并不在于物质权力分配，而在于行为主体间共有规范和互信的缺失。因而，透明与信任建设机制（TCBMs）在空间政策研究和实践上获得了相当程度的重视。①

空间已经成为未来战争的制高点，可以说，“未来战争的成败将取决于各方所具有的空间实力”②。空间国际安全合作机制的建构对于相关国家而言，是一个高度复杂而敏感的问题。“复合建构主义认为，国际关系实际之运行无法排除物质因素之影响，但物质因素之意义首先是由行为体之间的共享知识结构所建构的。逻辑上，行为体之间的政治认同度越高，行为体对彼此之间的物质结构作正面理解的可能性就越大；反之，行为体之间的政治认同度越低，行为体对彼此之间的物质结构作负面理解的可能性就越大，由此导致体系进程朝向正向演进或逆向进化。”③ 因此，维护和促进空间安全的“向善”关系应在坚持维护现有框架体系的前提下，应先着力建构安全互信的合作机制，以开启空间国际安全合作的新局面。

（一）空间信任措施先行有利于衍生合作意识和优先改善关系

空间国际安全合作机制是安全体系进化的压力性条件，作为主体间反反复复的互动实践活动人为建构的产物，迫切需要具有主观能动性的施动者，联合起来，把握一切机遇，先易后难，逐步营造空间国际安全领域的“向善”关系。加强联合国安理会对国际社会发展、部署、使用空间武器的监督与核查机制的建设，对于从根本上防止空间武器化及空间军备竞赛具有十分重要的意义。④ 空间国际安全合作机制主要包括严格限制条约缔约国的空间安全互动实践行为，例如由国家主动提供本国空间活动的信息，表明本国没有威胁其他国家的空间活动，由此消除其他国家的疑虑和担心；限制缔约国的空间军事化能力，尤其是进攻能力，例如削减、禁止在空间进行的武器部署；对卫星及其他空间或轨道飞行器的发射进行规

---

① 何奇松：《外空透明与信任建设机制刍议》，《社会科学》2012 年第 12 期。

② 陈宏、王震雷：《外空战争风云录》，中国友谊出版社 2003 年版，第 277 页。

③ 董青岭：《复合建构主义——进化冲突与进化合作》，时事出版社 2012 年版，第 132 页。

④ 李寿平：《外层空间的军事化利用及其法律规制》，《法商研究》2007 年第 3 期。

范，禁止对空间目标进行武力攻击、干扰或俘获等。这里所述的第一种内容也被称作建立信任措施（TCBM）。它在比较“硬”的约束性机制一时难以建构的情况下，可通过信任互动关系维持和加强，从而形成“向善”的关系过程，然后，逐步衍生出合作意识和优先改善安全互动关系。

理想的空间国际安全合作机制的核心部分应包含可操作的反对空间武器化和军备竞赛的内容，但到目前为止，美国仍然坚持声称，它没有真正意义上成熟或部署成系统的空间武器，甚至在多种场合辩解它压根儿就没有任何空间武器，理由是它的反导系统经过空间但针对的不是天基目标，此外它没有进行专门的试验去证实相关空间设施有武器级的某种能力。显然，美国的狡辩除了反映其与国际社会大多数国家在“空间武器定义”方面存在明显分歧外，其强调以验证过的能力作为军备控制中限制的基准，也是与以往军备控制实践中的理解大相径庭的。在军备控制中，限制的基准通常是相关系统和物项的内在能力而不是其验证过的能力。[①] 众所周知，美国在空间安全领域的真实意图是凭借它在空间的绝对实力优势来追求绝对霸权，因此，它武断地认为，国际军控条约限制了它灵活调整军备数量和质量的能力。[②] 这就使得在空间国际安全合作机制建构方面对传统意义上以限制数量为主要内容的军备控制缺乏基础。

在这种情况下，维护和促进空间安全的“向善”关系通过建立空间信任措施比缔结严格的反对空间武器化的限制性条约要容易得多。因为空间建立信任措施的基础是国家的自我约束和规范，不需要过多的外界强制或对主权所造成的可能侵犯。空间信任措施的主要内容也就是空间信息披露、获取与核实。但是，当参与空间信任措施缔约的国家较多时，往往需要一个多边的组织来参与协调这样的信息交流，当有关国家在联合国裁军谈判会议（CD）上，由于美国等少数国家阻挠而无法达成防止空间武器化和军备竞赛的条约时，联合国和平利用空间委员会作为非专门的军控机构，完全可承担将相关国家聚集起来探讨建立一些信息交流、核实、监督的措施。空间信任措施一旦建立，虽然不能即刻限制空间武器化和军备竞赛，但作为一种“向善”的规范，有利于促进相关国家“向善”的社会化。“社会化（Socialisation）即行为体对体系规范、规则、制度乃至习俗的接受和内化过

---

① 参见李彬《军备控制理论与分析》，国防工业出版社 2006 年版，第 95 页。

② 同上书，第 121 页。

程，是体系进化的关键环节和主要机制。”① 同时，空间建立信任措施也可培育主体间和国际组织相应的履约监察能力，而这样的建立信任措施内容有利于日后空间军备控制条约谈判中核查部分合意的达成。

（二）空间信任措施先行有利于创生和内化聚合性规范

空间安全的“向善”关系的创建并不是一个自然的进化合作过程，或者换句话说，创生的制度并不是一律都是有利于合作的。与此同时，在一定的制度体系中互动的空间主体对于机制内化都有特定的选择性偏好，即其社会化并非进化合作一途，也可能会在某些因素影响下发生冲突。空间信任措施是聚合性规范而不是分离性规范。因为它“能够减少或搁置争议、降低摩擦、促进问题解决并增进彼此间认同的原则、规则、行为标准或决策程序，经验上多是一些与明确适当行为有关的规范”②。空间信任措施的核心部分是对相关空间信息的搜集、整理、披露以及核查，而对于在空间范围内的核查需要极高的技术能力；与此同时，维护和促进空间安全的“向善”关系最难达成，也是最关键的内容即核查技术。但在建立信任措施中，核查是在技术可行的基础上，帮助主体间形成一种对他方可预期行为的信心，即明确相互间的适当行为标准，而在限制性安全机制中，核查是一种权利、责任的划分，前者是聚合性规范，后者则带有分离性规范的特征。因此，空间建立信任措施中对核查技术的讨论相对容易些，尤其是地面对空间检测的具体技术内容，包括跟踪、无线电监测、激光、射电及光学望远镜、雷达、干涉仪在内的各种可能的监测手段以及相关的政治及政策上的考量③，从建立信任措施层面进行讨论、磋商，相对阻力要小些。1985—1994 年，联合国裁谈会空间特委会就建立透明和信任措施等问题曾进行深入讨论，从技术层面为启动谈判做了准备。虽然现有空间安全合作机制仍然存在诸多缺陷，但国际社会一时难以启动新的空间法律文书的谈判进程。与此同时，TCBM 问题引起国际社会的广泛关注，适当、可行的 TCBM 措施对增进互信、减少误判、规范空间活动安全

① 董青岭：《复合建构主义——进化冲突与进化合作》，时事出版社 2012 年版，第 121 页。

② 同上书，第 122 页。

③ 中华人民共和国驻联合国日内瓦办事处和瑞士其他国际组织代表团，Conference Report Safeguarding Space Security：Prevention of an Arms Race in Outer Space，http：//www. china - un. ch/chn/cjjk/backgrounders2/t203790. htm.

具有积极意义，是对防止空间武器化和空间军备竞赛法律文书的有益补充。通过广泛参与和公开透明的国际讨论，在协商一致基础上达成TCBM有关安排，是一条较为现实可行的路径。在这一方面，俄罗斯、欧盟、加拿大等各方多年来做了不懈努力和有益尝试。欧盟“空间活动行为准则”和加拿大“空间安全原则”等倡议受到各方高度重视。另外，中国多次表示，推进防止空间武器化与军备竞赛和空间TCBM进程可以并行不悖。因此，既不能回避讨论防止空间武器化和空间军备竞赛而一味地推动TCBM，也不宜因重视防止空间武器化和空间军备竞赛而对空间TCBM视而不见。这两个进程应形成良性互动，从而消除空间武器化风险，切实维护空间战略安全。①

在空间活动方面实施透明和建立信任措施所带来的空间军事活动可预见性，将会客观地降低空间中或来自空间的突然军事威胁出现的可能性，消除空间战略形势的模糊性，并最终排除各国为应对威胁而做提早准备的必要性。空间信任措施既不是军控和裁军措施的替代办法，也不是实施上述措施的先决条件。它们也不能取代核查措施。然而，透明和建立信任措施可以促进裁军及其核查措施。由于制定空间军备控制的核查措施并非易事。先制定一个无核查的条约可能是一个较好的选择，有关核查措施可在今后制定。若此，透明和建立信任措施在一定程度上可弥补新条约中核查措施的缺失，而确认不在目前尚无武器的空间中部署武器是对条约更大意义上的弥补。制定透明和建立信任措施并不妨碍制定防止在空间部署武器的法律协定，也不会转移这一努力的方向。相反会服务于上述目标。在联合国和裁军谈判会议两个机构中有关透明和建立信任措施的讨论相互补充和激励。毕竟，这两方面努力的目标相同，即确保空间合作安全。②

（三）空间信任措施先行有利于主体间认同和体系进程朝着进化合作演进

空间行为体在安全互动实践中，是进化合作还是进化冲突？“这个问题的实质是互动中的行为体对社会化方式如何选择，这不仅事关行为体通

---

① 《王群大使在2011年日内瓦外空安全国际研讨会开幕式上的致辞》，中国外交部网站，2011年4月4日。

② 《中国、俄罗斯代表团联合向裁军谈判会议提交的关于“外空活动透明和建立信任措施与防止在外空部署武器”的工作文件》（CD/1778），中国外交部网站。

过互动实践要创生和内化何种规范，更关乎体系进程演化的方向。”[①] 空间建立信任措施有利于开启国际安全合作。空间国际安全合作是在符合联合国“国际空间合作宣言”的基础上进行的以和平利用空间，为全人类造福为目的，以空间技术、空间应用和空间科学等为内容，以政府及相关部门和非政府法人组织为主体的多类型、多层次安全合作。但是由于国际战略力量的不均衡使得通过主要国家间的双边军备控制谈判和条约来规范、组织条约的生效和监督缺乏基础，有关国家对国际安全合作反应冷淡乃至加以阻挠。空间要形成一个防止空间武器化和军备竞赛的有力机制和权威性组织，在近期还难以实现。美国正决心主宰空间，但也应认识到，其他国家自身的国家利益越来越离不开空间。因此，“美国必须认识到这样的现实，其他国家将需要更多的‘战略空间’”。事实上，世界上许多地方都乐意给其他国家这样的空间，这种相互提供安全空间的政治认同，意味着自我并不经常性地将他者总是看作利益威胁，对他者的认可有利于加强相互的信任，相互信任又有利于进一步加强主体间的政治认同。近几年来，在联合国裁军谈判会议上，以俄罗斯为代表不断有国家或组织提出建立空间信任措施的相关建议。

通过建立空间信任措施，空间行为体在认识到他者不会对自身形成战略威胁，个体生存已不是首要忧虑的情况下，主体间的安全互动实践旨在探讨如何使空间安全合作排除阻力，更加稳固、更加持续运行的原则问题。因此，一旦建立空间信任措施，就使得整个空间安全体系进入了这样一个相对理想的境地，也就意味着，体系中的主体面临着原则竞争型的社会化过程，即在较高政治认同的基础上，思考通过何种具体途径、何种利益交易方式，来达到空间真正意义上的合作安全。目前世界上商业航天市场总额已高达数千亿美元，且每年以10%左右的速度稳步增长。[②] 各个具有发射能力的国家都期望从中得到更多的市场份额。空间技术发展开拓出越来越大的共同利益，这既使国际安全合作更具有可能性，同时也更显紧

---

① 董青岭：《复合建构主义——进化冲突与进化合作》，时事出版社2012年版，第123页。

② 据美国国家航空航天局（NASA）提供的权威报告，1996年，全球航天技术产业创造的利润为750亿美元左右，到2000年利润就攀升到1250亿美元。到2010年，全球商业航天活动的收入达到5000亿至6000亿美元。而其中全球卫星产业市场的规模达到2000亿至3000亿美元。一份研究报告指出，在今后10年里，全球预计发射卫星1000颗左右，其中商用卫星将占70%。

迫性。[①] 随着空间活动主体的多元化和空间探索领域的拓展，人类的航天事业面临着前所未有的机遇和挑战，只有坚持平等互利、开放包容的国际合作，使更多的尚未具备空间能力的国家参与其中，人类航天事业才能抓住机遇、战胜挑战，实现可持续、包容性发展。同时，空间活动的商业化趋势和空间军事化的现实风险要求制定新的空间法律文件，以完善现有空间安全合作机制，保障航天事业的包容性发展。[②]

空间探索、利用是充满风险的事业，其健康发展离不开制度的保障。“在空间上，某一行为体的行为仅仅通过制度安排（如决策规则）来影响其他行为体的行为，而不是向对方直接施加压力；在时间上，某一时点确立的制度将会发挥持续而意想不到的作用，进而影响行为体未来的行为。”[③] 冷战后，面对超级大国谋求“空间霸权”的企图，全世界所有希望有效开发、利用空间的国家都应该行动起来，努力建构包容、普惠、和谐的空间安全关系，坚决反对空间霸权，抑制空间武器化，强化和平开发空间的能力，合作推进人类对空间的和平探索与利用。空间国际安全合作机制的建构与完善，受到美国的有意阻挠和蓄意反对，维持和促进“向善”的关系也连连受挫。空间国际安全领域出现低政治认同度与低暴力受控度的结合，从而导致“效率竞争型社会化”，在此结构下空间行为体极易优先选择那些增强其自身安全的规范，对生存竞争的追逐将使体系趋向冲突化。因此，空间的军事化困境日益深化，构建国际安全合作机制的努力举步维艰。空间安全“向善”关系的演化发展是物质与观念的复合结构，以及塑造这种结构的外部环境共同变化与互动的结果。从本书的分析框架可以看出，探讨空间安全困境的化解之道应当考虑物质与观念两者如何“耦合”、“互构”的问题。到实践中找答案，首先是要从可操作层面把握机遇，通过空间信任措施先行，增进聚合性认同，形成具有较高认同度与低受控度耦合的“原则竞争型社会化”。进一步构建空间国际安全机制，必须着眼于空间技术变革与发展的基本特点，积极探索控制体系暴力、凝聚政治认同以及推动施动者—结构—进程正向互动模式的可行

---

① 张浩：《外空军控的机制设计——以建立信任措施为例》，《国际问题论坛》2007 年夏季号（总第 47 期）。

② 《黄惠康在联合国外空委阐述我利用外层空间新主张》，中国外交部网站，2011 年 6 月 7 日。

③ 焦兵：《现实建构主义：国际政治的权力建构》，《世界经济与政治》2008 年第 4 期。

方式。更为重要的是，这些机制建构的努力无疑将需要中国、美国、俄罗斯与欧盟等主要空间行为体消弭分歧、建立共识，通过切实行动维护与增强空间安全。从客观上看，空间安全将成为中国与其他国家建构和发展新型大国关系的重要课题。

三　联合国空间安全谈判机制的结构整合与功能强化

联合国空间安全谈判机制对于空间和平探索与利用起着不可或缺的权威建构作用。其中，联合国“和平利用空间委员会”，联合国“裁军谈判会议”以及“联合国大会”，第一、第四委员会构成了联合国空间安全谈判机制的议题倡设、共识谈判和立法审议的有机体系。[①]

（一）联合国空间安全谈判机制中的议题探讨

以1957年苏联发射第一颗人造地球卫星为标志，人类进入空间时代不久，联合国即于1959年成立了和平利用空间委员会（COPUOS，简称“空间委”）。该委员会主要检查和平利用空间国际合作的范围，设计方案，指导国际技术合作，鼓励信息研究和传播，致力于国际空间法的发展。联合国和平利用空间委员会致力于确保和平利用空间，保障所有国家享有空间活动所带来的益处。联合国空间安全谈判机制的议题主要由作为联合国大会的下属组织和辅助机构及和平探索与利用空间国际合作协调中心的联合国和平利用空间委员会探讨。

首先，凝聚安全共识。联合国和平利用空间委员会作为和平探索与利用空间国际合作的协调机构，其宗旨主要是制定和平利用空间的原则和规章，促进各国在和平利用空间领域的合作，研究探索和利用空间有关的科技问题及可能产生的法律问题，从而为促进和平使用空间科学和技术，为实现经济、社会和科学的发展提供法律保障。“委员会一致认为，它通过其在科学、技术和法律领域的工作，可在确保维持空间用于和平目的方面发挥根本作用。”[②] 该委员会自成立以来为联合国起草了5个基本空间国

---

① 《联合国与外层空间有关的条约和原则》，纽约，联合国出版物，2002年，第V页。

② 《联合国和平利用外层空间委员会的报告》第五十三届会议，大会正式记录，第六十五届会议补编第20号（2010年6月9日至18日），第6页。

际条约的草案和后来联大通过的若干空间应用原则、宣言等。[①] 这些条约和原则经联合国大会审议构成了国际空间法的基本框架。在联合国授权下，和平利用空间委员会在很长一段时间里一直坚持编写“空间和平利用的途径和手段”的工作日志，以作为起草防控空间军备竞赛国际法律文书的基础性资料。随着空间武器化危险的日益迫近，防止空间军事化成了国际社会的共识，制定一项控制空间军备竞赛的国际法律文书一直是和平利用空间委员会的主要任务。[②]

“和平利用空间委员会”于 1962 年通过以协商一致的共同意识作为处理所有议题的最高指导准则。[③] 一致同意是对维持最低共识，同时保持分歧持续存在的考量。其操作定义是：共识是该委员会集体努力形成决策的一种必要作为，借此调和不同的观点以减少彼此间的歧见。[④] “和平利用空间委员会”自此始即采取一致同意的决策模式，1958 年，当采用一致同意之际仅有 18 个成员国，之后逐渐增加到目前的 69 个成员国。[⑤] “和平利用空间委员会”采取一致同意的最大优点在于各说各话，意见的充分表达，最大的缺点则是矛盾无法化解，议而不决，只能维持最低的共识。许多议题诸如空间定界、发射国、核动力源、地球静止轨道和空间碎片等，都是“和平利用空间委员会”成立以来的陈年旧案。[⑥] 同时，针对一致同意这一议事规则是否能够有所改变也须经过一致同意的程序。

其次，深化空间安全讨论。冷战后，国际关系发生了巨大而深刻的变化，和平利用空间委员会的重新定位问题不可避免地被提了出来，并愈来愈受到各国的关注。“和平利用空间委员会”在登录个别代表团阐

---

① 据不完全统计，和平利用外层空间委员会自 1959 年成立以来，已拟订了三项宣言、三套原则和五个国际公约，均已提交联合国大会审议通过。

② 聂资鲁：《联合国和平利用外层空间委员会与国际法》，《法学杂志》2008 年第 6 期。

③ D. M. Johnston and Ronald S. T. Macdonald eds., *The Structure and Process of International Law* (Leiden, NL.: Kluwer Law International, 1983).

④ Shannon K. Orr, “An International Regime Analysis of Outer Space,” *in International Journal of Politics and Ethics*, op. cit., chapter 10. 16pgs.

⑤ “United Nations Office for Outer Space Affairs, United Nations Committee on the Peaceful Uses of OuterSpace: Member,” United Nations, Office for Outer Space Affairs, http://www.unoosa.org/oosa/COPUOS/members.html.

⑥ Bhupendra Jasani ed., *Peaceful and Non-peaceful Uses of Space: Problems of Definition for the Prevention of An Arms Race* (New York: Taylor & Francis, 1991).

释其立场时，并不指明发言国家的出处，如此处理以淡化国家身份的差异，借此以凸显所谓共同意识的精神。美国始终持续性地反对在“和平利用空间委员会”内讨论与空间军备控制相关的议题，强调“委员会完全是为了推动和平利用空间国际合作而成立的，裁军问题在其他论坛处理更为合适，例如大会第一委员会和裁军谈判会议”①，并且有效地排除了任何异己的企图。② 一些西方空间大国则想减少联合国对其空间活动的干预，不愿承担更多的义务，因而对和平利用空间委员会持较为消极的态度。

多数发展中国家主张加强至少是维持联合国和平利用空间委员会的地位和作用，“一些代表团再次承诺和平利用和探索空间，并强调指出了以下原则：所有国家，无论其科学、技术和经济水平如何，均可平等而不受歧视地进入空间，对所有国家条件均等；不通过主权要求、使用、占领或任何其他手段，将空间（包括月球和其他天体）据为己有；不将空间军事化，空间探索的目的仅限于在地球上改善生活条件和增进和平；开展区域合作以促进大会和其他国际论坛所确定的空间活动”③。“一些代表团认为，现行的空间法律制度不足以防范空间武器化并解决各种空间环境问题，而且进一步改进国际空间法对于维持空间用于和平目的具有重要的作用。这些代表团还表示支持制定一部综合性的法律文书，以维持空间用于和平目的，同时无损于现行的法律框架。”④ “有意见认为，缔结中国和俄罗斯联邦 2008 年向裁军谈判会议提交的关于防止在空间部署武器以及防止威胁使用或使用武力攻击空间物体的条约草案，将会防止空间军备竞赛。为了保持空间活动的和平性质并预防空间武器化，委员会应当与联合国系统的其他机构和机制加强合作与协调，其中包括大会第一委员会和裁军谈判会议。”⑤

---

① 《联合国和平利用外层空间委员会的报告》第五十三届会议，大会正式记录，第六十五届会议补编第 20 号（2010 年 6 月 9 日至 18 日），第 8 页。

② 请参照《联合国和平利用外层空间委员会的报告》，和平利用外层空间委员会第二十一届会议（纽约：联合国，1978 年），第 21 页。

③ 《联合国和平利用外层空间委员会的报告》第五十三届会议，大会正式记录，第六十五届会议补编第 20 号（2010 年 6 月 9 日至 18 日），第 7 页。

④ 同上。

⑤ 《联合国和平利用外层空间委员会的报告》第五十三届会议，大会正式记录，第六十五届会议补编第 20 号（2010 年 6 月 9 日至 18 日），第 8 页。

最后，倡导空间安全辩论。联合国和平利用空间委员会法律小组委员会近年来在俄罗斯、乌克兰等的极力推动下，倡议制定一项全面空间法公约。但此项建议遭到了美、日等国的反对。① 中国②与乌克兰、哈萨克斯坦等均作为共同提案国予以支持。③ “和平利用空间委员会”法律小组针对空间安全的辩论，焦点明显集中于该小组是否适合讨论或如何因应防止空间军备竞赛，以及对“和平利用空间委员会”功能角色的期待等问题。④ 整体而言，赞成“和平利用空间委员会”法律小组处理上述议题的意见集中表现为反对空间武器化，要求将防止空间军备竞赛纳入“和平

---

① 美国等认为，谈判制定新外空条约将危及现行外空法律制度，当务之急应是推动各国加入现行外空条约。

② 中国政府的立场是，现行外空条约虽存在不足，但并不过时，特别是1967年《外层空间条约》确立的外空活动的基本法律原则，仍是外空法的基石及其发展的法律框架。中国主张，在不损害现有外空条约所确立的外空法基本原则的前提下，可以适当方式完善有关外空条约，包括可考虑制定全面外空法公约。

③ 马新民：《国际外空立法的发展与我国的外空政策和立法》，《中国航天》2008年第2期。

④ （1）外层空间军事化危险日益增加，国际社会必须考虑各项措施以防止外层空间军备竞赛，“和平利用外层空间委员会”的权力范围应当扩大，以引入外层空间使用军事化的项目。（2）“和平利用外层空间委员会”制定禁止外层空间部署核武的法律规则，其时机业已成熟。（3）“和平利用外层空间委员会”应要求“裁军谈判会议”缔结防止军备竞赛蔓延到外层空间的国际条约。（4）在外层空间部署任何武器的国际条约尚未完成之前，应全面暂停在外层空间试验或部署任何形态的武器。（5）禁止在外层空间或自外层空间向地球使用武力。（6）“和平利用外层空间委员会”的优先议程应包括透明化及建立信任措施。（7）外层空间武器化的趋势持续增加，“和平利用外层空间委员会”应采取行动，加强制定法律工作。（8）禁止在外层空间试验、部署和使用武器，并禁止在地面、海上或大气中试验、部署和使用以空间站为目的的武器，并禁止为战争而使用任何射入外层空间的物体。（9）“和平利用外层空间委员会”应包括建立确保外层空间用于和平目的的法律。（10）外层空间武器化破坏了全球战略平衡，加剧了军备竞赛，破坏了国家间的相互信任，给已建立起来的军备控制和裁军制度造成障碍。（11）为了对峙目的与谋求军事优势的作为，是无法为各国接受的行为。（12）现行法律不够充分，尽快谈判达成一项国际协议，以防止外层空间军备竞赛。（13）目前法律无法有效禁止针对天基的打击能力、反卫星系统。（14）各国应在达成有效管制外层空间武器一致意见前，同意暂时停止在外层空间部署武器。（15）外层空间部署武器的危险日益扩大，将损害国际安全系统的基础和理论依据。（16）由于尚未制定防止外层空间军事化的法律，“和平利用外层空间委员会”应更加努力防止外层空间军事化。（17）“和平利用外层空间委员会”须努力在外层空间定义和定界及空间物体定义等法律问题上着力。（18）“和平利用外层空间委员会”应具有审议包括外层空间军事化在内的所有问题的权力。（19）“和平利用外层空间委员会”应促进外层空间活动的透明度发展。（20）在外层空间部署武器会导致国家间的猜疑和紧张，“和平利用外层空间委员会”应维持外层空间用于和平目的的角色。

利用空间委员会”讨论议程等肯定性用语。[①] 而反对“和平利用空间委员会”法律小组处理上述议题的意见[②]则集中在将防止空间军备竞赛纳入“和平利用空间委员会”讨论议程是不适宜、不适当、不相干、不合适、不属于、不需要等否定性用语上。[③] 而掌握此类语言行为的功能团体，成功地通过“和平利用空间委员会”运作方式将上述议题排除在“和平利用空间委员会”进行实质性讨论之外。[④] 而持赞成意见的相关国家则努力将这一议题作为安全化的手段，通过“和平利用空间委员会”运作方式来凸显空间军事化的日益严重恐将危及和平利用空间的共识基础，进而呼吁

---

① “和平利用外层空间委员会的报告”，联合国，第 53 届会议记录，1998 年，http：//www. unoosa. org/pdf/gadocs/A_ 53_ 20C. pdf；第 54 届会议记录，1999 年，http：//www. unoosa. org/pdf/gadocs/A_ 54_ 20corr1C. pdf；第 58 届会议记录，2003 年，http：//www. unoosa. org/pdf/gadocs/A_ 58_ 20C. pdf；第 59 届会议记录，2004 年，http：//www. unoosa. org/pdf/gadocs/A_ 59_ 20C. pdf；“Report of the Committee on the PeacefulUses of Outer Space”, United Nations, 1982, http：//www. unoosa. org/pdf/gadocs/A_ 37_ 20E. pdf. 1985，http：//www. unoosa. org/pdf/gadocs/A_ 40_ 20E. pdf；1993，http：//www. unoosa. org/pdf/gadocs/A_ 48_ 20E. pdf；1994，http：//www. unoosa. org/pdf/gadocs/A_ 49_ 20E. pdf；1996，http：//www. unoosa. org/pdf/gadocs/A_ 51_ 20E. pdf；1997，http：//www. unoosa. org/pdf/gadocs/A_ 52_ 20E. pdf.

② “和平利用外层空间委员会的报告”，联合国，第 55 届会议记录，2000 年，http：//www. unoosa. org/pdf/gadocs/A_ 55_ 20C. pdf；第 56 届会议记录，2001 年，http：//www. unoosa. org/pdf/gadocs/A_ 56_ 20C. pdf；第 57 届会议记录，2002 年，http：//www. unoosa. org/pdf/gadocs/A_ 57_ 20C. pdf；第 61 届会议记录，2006 年，http：//www. unoosa. org/pdf/gadocs/A_ 61_ 20C. pdf；”和平利用外层空间委员会的报告—更正”，联合国，2005 年，http：//www. unoosa. org/pdf/gadocs/A_ 60_ 20Corr1C. pdf；“Report of the Committee on the Peaceful Uses of Outer Space”, United Nations, 1980, http://www. unoosa. org/pdf/ gadocs/A_ 35_ 20E. pdf. 1981，http：//www. unoosa. org/pdf/gadocs/A_ 36_ 20E. pdf；1984，http：//www. unoosa. org/pdf/gadocs/A_ 39_ 20E. pdf；1986，http：//www. unoosa. org/pdf/gadocs/A_ 41_ 20E. pdf；1987，http：//www. unoosa. org/pdf/gadocs/A_ 42_ 20E. pdf；1988，http：//www. unoosa. org/pdf/gadocs/A_ 43_ 20E. pdf；1989，http：//www. unoosa. org/pdf/gadocs/A_ 44_ 20E. pdf；1990，http：//www. unoosa. org/pdf/gadocs/A_ 45_ 20E. pdf；1991，http：//www. unoosa. org/pdf/gadocs/A_ 46_ 20E. pdf；1992，http：//www. unoosa. org/pdf/gadocs/A_ 47_ 20E. pdf.

③ （1）军备控制的问题不适宜由“和平利用外层空间委员会”来处理。（2）有关外层空间的军备控制问题不宜和其他裁军问题分割处理，“裁军谈判会议”才是处理这一问题的适当场合。（3）“和平利用外层空间委员会”审议军备控制议题，势必将与“裁军谈判会议”的功能重复。（4）裁军问题不属于“和平利用外层空间委员会”的职权范围，应由“裁军谈判会议”和联合国第一委员会来负责。（5）“和平利用外层空间委员会”应当避免讨论裁军之类不相干，且易引起分歧的问题，应当集中精力加强其有关科技方面的工作，集中于努力深化所有国家有关外层空间活动的合作方面。（6）“和平利用外层空间委员会”与“裁军谈判会议”之间信息交流是不适宜的。（7）外层空间国际合作的概念不等于由“和平利用外层空间委员会”审议与外层空间军事化有关的事项。

④ 袁易：《重新思考外层空间安全：一个中国建构安全规范之解析》，《中国大陆研究》2009 年第 52 卷第 2 期。

各国应透过全面暂停研制、部署空间武器系统，作为防止空间军备竞赛诉求的基调。

但不管怎样，和平利用空间是人类的共同愿望和共同利益，联合国和平利用空间委员会作为和平探索和利用空间国际合作的协调中心，其功能和作用都必须进一步强化。尤其是在现有国际法不能有效控制空间军备竞赛的情况下，联合国和平利用空间委员会应以控制空间军备竞赛为中心开展工作，制定控制空间军备竞赛的国际法律文书，弥补现有空间法律机制的漏洞，切实控制空间军备竞赛，确保空间的和平利用。① “一些代表团认为，联合国外层空间条约代表着一个对于支持规模不断扩大的空间活动和加强和平利用空间方面国际合作至关重要的牢固的法律结构。这些代表团欢迎进一步遵守这些条约，并希望尚未批准或加入这些条约的国家考虑加入这些条约。委员会应当审查、更新和修改该五项条约，目的是加强空间活动的指导原则，尤其是保证空间的和平利用、加强国际合作和使空间技术为人类所利用的那些原则。可以在不影响空间活动现行法律框架的情况下谈判和缔结一项关于空间的综合法律文书。”②

（二）联合国空间安全谈判机制中的多边磋商

联合国空间安全谈判机制的多边磋商主要是通过目前唯一的全球性多边裁军谈判机构——“裁军谈判会议”进行。它的前身是1962年成立的“18国裁军委员会”，1969年称“裁军委员会会议”，根据1978年举行的联合国大会裁军第一届特别会议建议而称“裁军谈判委员会”，它取代设在日内瓦的其他谈判论坛，其中包括十国裁军委员会（1960年），18国裁军委员会（1962—1968年），以及裁军委员会会议（1969—1978年）。1984年称“裁军谈判会议”（简称“裁谈会”）。其总部设在日内瓦，每年举行三次会议。联合国空间安全谈判机制中的多边磋商经历了以下过程。

一是防止空间军备竞赛议题谈判的早期纳入。裁军谈判会议的职权范

---

① 牛姗姗：《外层空间非军事化法律制度构建思考》，《江苏警官学院学报》2009年第24卷第6期。

② 《联合国和平利用外层空间委员会的报告》第五十三届会议，大会正式记录，第六十五届会议补编第20号（2010年6月9日至18日），第21—22页。

围几乎包括所有多边军控和裁军问题。空间武器化和军备竞赛的发展趋势早已引起国际社会的广泛关注，各种规制空间武器化和军备竞赛的建议和具体措施不断在裁军谈判会议上被提出。但实际情况却是随着空间技术的发展而不断得到强化，并进而出现了空间武器化的趋势，空间的潜在危机已从空间军事化转变为更为具体和迫切的空间武器化问题。[①] 冷战时期，国际社会指责美、苏双方不应争相发展空间武器，而应展现政治诚意，共同承诺履行不发展、不试验和不部署空间武器的义务，并在此基础上缔结一项全面禁止空间武器的协议。

自 1985 年起，“裁军谈判会议”下设一个“防止空间军备竞赛特别委员会，简称特委会”（Prevention of An Arms Race at the Outer Space, PAROS），[②] 针对空间军备竞赛进行一般性的审议。[③] 主要包括以下三个方面：（1）有关防止空间军备竞赛的问题；（2）有关防止空间军备竞赛的现有协议；（3）关于防止空间军备竞赛的提案和未来倡议。[④] 但由于这一阶段国际社会在推动防止空间军备竞赛的努力过程中，“裁军谈判会议”东西集团壁垒分明，正是美国在此议题上大国主导的强势作为，使其无果而终。[⑤] 后来由于美国坚决反对将防止空间军备竞赛一般性问题的讨论与它重点关注的禁止裂变材料的生产议题相挂钩，一并处理，1995 年“特委会”阶段性功能因而终止。[⑥]

二是防止空间军备竞赛议题谈判一度放缓。20 世纪 90 年代“裁军谈

---

① 李滨：《国际裁军实践中的外空非武器化问题分析》，《国际观察》2010 年第 5 期。

② “Outer Space Militarization, Weaponization, and the Prevention of an Arms Race,” Reaching Critical Will, http://www.reachingcriticalwill.org/legal/paros/parosindex.html.

③ Jing-dong Yuan, “Culture Matters: Chinese Approaches to Arms Control and Disarmament,” in Keith R. Krause ed., *Culture and Security: Multilateralism, Arms Control and Security Building* (London: Frank Cass, 1999), p. 111.

④ Rhianna Tyson, “Advancing a Cooperative Security Regime in Outer Space,” Policy Brief, May 2007, http://www.gsinstitute.org/gsi/pubs/05-07-space-brief.pdf; M. J. Peterson, *International Regimes for the Final Frontier* (New York: State University of New York, 2005); W. Henry Lambright, *Space Policy in the Twenty-First Century* (Baltimore: Johns Hopkins University Press, 2002), p. 161.

⑤ 袁易：《重新思考外层空间安全：一个中国建构安全规范之解析》，《中国大陆研究》2009 年第 52 卷第 2 期。

⑥ Bates Gill, *Rising Star: China's New Security Diplomacy*, *Brookings Institution Press* (March 2007) pp. 96-97.

判会议”全力专注于《化学武器公约》（*Chemical Weapons Convention*, *CWC*）[①] 和《全面禁止核试验条约》（Comprehensive Test Ban Treaty, CT-BT）这两个条约的密集谈判工作[②]，防止空间军备竞赛这个议题只能屈居于一个不太重要的位置。[③] 随后美国克林顿总统做出暂缓发展“战略防御计划”的决定，国际形势趋向缓和，空间领域的军备竞赛态势减弱，国际社会原先所担心的空间安全的存在性威胁不如预期，从而暂时放缓了防止空间军备竞赛的谈判。[④] 由于多年来未能在“防止空间军备竞赛”议题上取得进展以及为了讨论其他裁军议题，从 1995 年起，裁军谈判会议一直未能重新建立相关特委会。因而，自此开始空间问题的焦点集中在要求裁军谈判会议重新设立空间特委会上。[⑤]

1995—1998 年，防止空间军备竞赛议题只在裁军谈判会议年会里进行过讨论，尽管许多国家（包括中国在内）都要求重新建立特委会，但没达成一致意见。从 1999 年起，裁军谈判会议实质上一直陷于瘫痪状态。其原因主要是美国代表坚持要求谈判缔结“禁产条约”，同时以防止空间军备竞赛“并不紧迫”为由，拒绝就此问题举行谈判。1999 年，有关国家再向“裁军谈判会议”提出“关于重建防止空间军备竞赛特设委员会及其职权的决定草案”[⑥]。此时，中国与俄罗斯联手合作在“裁军谈判会

① Alexander Kelle, Kathryn Nixdorff and Malcolm Dando, *Controlling Biochemical Weapons: Adapting Multilateral Arms Control for the 21th Century* (New York: Palgrave Macmillam, 2006).

② Zou Yunhua, “China and the CTBT Negotiations,” Center for International Security Cooperation, Stanford University, December 1998, http://www.ciaonet.org/wps/yuzol/index.html; William S. W. Chang, “China and the Comprehensive Test Ban Treaty Negotiations,” *Stanford Journal of East Asian Affairs*, Vol. 1 (Spring 2001), http://www.stanford.edu/group/sjeaa/journal1/china3.pdf.

③ Gennady M. Danilenko, op. cit., pp. 217-319; Harold W. Bashor, Jr., The Moon Treaty Paradox (Philadelphia, PA.: Xlibris Corporation, 2004).

④ Wendy Frieman, *China, Arms Control, and Nonproliferation* (London: Routledge, 2004), pp. 123-124.

⑤ Guy B. Roberts, *This Arms Control Dog Won't Hunt: The Proposed Fissile Material Cut-off Treaty at the Conference of Disarmament* (Colorado Spring, Colo.: USAF Institute for National Security Studies, 2001); Bates Gill, *Rising Star: China's New Security Diplomacy* (Washington, D. C.: Brookings Institutions Press, 2007), p. 86.

⑥ Jean du Preez, A Ban on Fissile Material as an Objective of the NPT, http://cns.miis.edu/search97cgi/s97_cgi? action = View&VdkVgwKey = ..%2F..%2Fcnsweb%2Fhtdocs%2Fpubs%2Fionp%2Ffissban.htm&queryzip = FMCT&Collection = CNS + Web + Site.

议”上提出一系列工作文件，形成一股新的诉求作为。[①]

三是防止空间武器化议题谈判进程重启。自2002年以来，中国与俄罗斯多次联合多国推动法律解决空间军备竞赛问题。[②] 在中、俄等国的推动下，2006年6月，裁军谈判会议又就空间问题进行了重点讨论，大多数国家都明确表示同意在裁军谈判会议上设立适当的工作机制，就防止空间武器化问题开展实质性工作。只有美、日、英等极少数国家表示了异议，但由于美国等国的反对，裁军谈判会议仍然没有取得实质性的进展。因而，裁军谈判会议长期“谈”而无“（结）果”。[③] 2008年2月，中国与俄罗斯一道，向裁军谈判会议提交了《防止在空间放置武器、对空间物体使用或威胁使用武力条约》的草案。该草案曾遭到美国的抵制，但现在一个值得关注的动向是，美国政府已表示同意进行空间问题的国际谈判，[④] 这似乎表明相关的国际实践开始朝着积极的方向发展。[⑤]

虽然制定新的控制空间军备竞赛的国际法律文书的条件日益成熟，[⑥] 但是，国际社会能否达成一项有关防止空间武器化的条约，最终取决于各国是否能够对空间非武器化问题达成政治共识。[⑦] 国际裁军的实践表明，主要空间大国对于空间非武器化目标的实现，能够发挥决定性的作

---

① Hui Zhang, “Action/Reaction: U. S. Space Weaponization and China,” Arms Control Today, December 2005, http: //www. armscontrol. org/act/2005_ 12/Dec - cvr. asp; Hui Zhang, “FMCT and PAROS: A Chinese Perspective,” International Network of Engineers and Scientists against Proliferation Bulletin, No. 20, http: //www. inesap. org/bulletin20/bul20art06. htm.

② 如在2002年，中、俄等七国联合向裁军谈判会议上提交了《禁止在外层空间部署武器、禁止对外层空间物体使用或威胁使用武力的国际法律文书的要素》的议案；2003年2月，中国配合俄罗斯召开外层空间问题讨论会，征求各国对中俄外层空间问题工作文件（CD/1679）的意见，并在裁军谈判会议第三期会议上共同散发《各方对CD/1679的意见汇编》，受到各方重视；2003年8月，中国宣布接受五大使修改方案，在工作计划问题上做出建设性努力，受到普遍好评。

③ 聂资鲁：《外层空间军备控制与国际法》，《甘肃政法学院学报》2007年第4期，转引自论文网 http: //www. lw23. com/paper_ 13295701/。

④ 吕德胜：《国际军控与裁军形势正在回暖——访中国军控与裁军协会副秘书长滕建群》，《解放军报》2009年5月17日第4版。

⑤ 李滨：《国际裁军实践中的外空非武器化问题分析》，《国际观察》2010年第5期。

⑥ 聂资鲁：《外层空间军备控制与国际法》，《甘肃政法学院学报》2007年第4期，转引自论文网 http: //www. lw23. com/paper_ 13295701/。

⑦ 盛红生、曹莉、曾蕾：《国际裁军与裁军初探》，《武汉大学学报》（哲学社会科学版）1995年第1期。

用。[①] 空间非武器化的主要障碍来自美国。[②] 在谋求绝对安全这一目标的驱动下，美国不断强化它在空间的防御能力，实现所谓的“不战而屈人之兵”的军事策略。美国的实践被认为是企图在空间建立霸权，遭到中、俄等世界上绝对多数国家的反对。[③] 但是，美国绝不会轻易放弃已经形成的空间军事优势。以全面禁止一切空间武器，即以禁止试验、生产、安放、部署和使用一切空间武器并销毁现有的空间武器为主要内容的国际条约的达成，将是一项复杂而艰巨的任务。[④] 正因为如此，可以在从事谈判一项国际多边的禁止一切空间武器条约的同时，考虑在已有的某些协议的基础上，谋求其他可能和可行的对空间武器加以某些限制的办法和措施。[⑤]

（三）联合国空间安全谈判机制中的立法审议

联合国空间安全谈判机制中的立法审议主要通过联合国大会及其第一、第四委员会展开。联合国大会是联合国的主要审议机构，每年9—12月集中举行常会，其后的会议则根据需要而定。联合国所有会员国都派代表参加大会会议，每个国家不论贫富、不分大小，都有一票表决权。联合国第一委员会（裁军与国际安全委员会）处理裁军和有关的国际安全问题，对有关裁军和国际安全的议程展开实质性工作。[⑥]联合国第四委员会（特别政治和非殖民化委员会）处理其他委员会或全体会议不处理的各种政治问题[⑦]，包括协商促进各国和平利用空间问题。[⑧]

第一，空间国际立法的现有成果。相关各国通过“联合国大会”、第一及第四委员会就相关议题发表意见并提出建议，以决议草案提交“联

---

① 中华人民共和国国务院新闻办公室：《中国的军控、裁军与防扩散努力》，《人民日报》2005年9月2日第10版。

② 王君：《防止外空武器化问题及前景评估》，《现代国际关系》2002年第12期。

③ Frank A. Rose, “Challenges in Europe: Remarks at the 6th International Conferenceon Missile Defense,” http://www.state.gov/t/vci/rls/137991.htm.

④ 卢敬利：《俄美外长为签署核裁军条约铺路》，http://news.xinhuanet.com/world/2010-03/20/content_13209670.htm。

⑤ 贺其治：《加强制止外空军备竞赛的法律措施》，《国际问题研究》1984年第4期。

⑥ 如第一委员会在2009年10月1日星期四举行了组织会议，审议该委员会2009年拟议的工作方案和时间表［见A/63/397］。

⑦ 田曾佩主编：《改革开放以来的中国外交》，世界知识出版社1993年版，第546页。

⑧ United Nations, http://www.un.org/documents/resga.htm.

合国大会”通过后成为正式决议。[①]“联合国大会”通过了一系列以探索和使用空间为主的决议、原则和宣言作为各国遵循的准则。[②] 只是这些决议案没有法律强制性，仅具有推动相关议题展开的象征作用。[③] 冷战期间，由于技术和政治的原因，联合国大会通过了一系列相关的空间国际公约，确立了空间安全的基本法律原则与规范共识。[④] 联合国空间安全谈判机制中国际立法的现有成果主要表现为：联合国 1967 年通过的《关于各国探索和利用包括月球和其它天体在内的空间的原则条约》（Treaty on Principles Governingthe Activities of States in the Exploration and Use of Outer Space, including the Mood and Other Celestial Bodies），简称《外层空间条约》。[⑤]《外层空间条约》确立了空间是属于所有国家所共有的基本原则[⑥]，强调各缔约国在空间的活动应遵守国际法和《联合国宪章》，保证月球和其他天体绝对用于和平目的，以维护国际和平与安全；各缔约国不得在绕地球轨道、天体或空间部署核武器或任何其他种类的大规模杀伤性武器；禁止在天体上建立军事基地、军事设施和防御工事及试验任何类型的武器和进行军事演习；各缔约国对空间进行的研究与探测，应避免使其

---

① Glenn H. Reynolds and Robert P. Merges, *Outer Space*: *Problems of Law and Policy*, 2nd ed. (Boulder, CO.: Westview Press, 1997), chapter 3; David P. Barash, *The Arms Race and Nuclear War* (Belmont, CA.: Wadsworth Publishing Co., 1987), p. 220; Walter A. McDougall, *The Heavens and the Earth*: *A Political History of the Space Age* (Baltimore: Johns Hopkins University Press, 1985, 1997), p. 368.

② 自 20 世纪 80 年代以来，有关防止外层空间军备竞赛的决议案付诸表决的记录显示，每一次议案均获得高票通过的一致同意，弃权或反对的国家自始至终只有美国和以色列。

③ 有关 soft law，请参阅 Friedrich V. Kratochwi, *Rules*, *Norms*, *and Decisions*: *On the Conditions of Practical and Legal Reasoning in International Relations and Domestic Affairs* (Cambridge: Cambridge University Press, 1989), pp. 200-205.

④ 其中包括：（1）1963 年各国探索和使用外空活动的法律原则宣言；（2）1982 年各国使用人造地球卫星进行国际直接电视广播所应遵守的原则；（3）1986 年关于从外空遥控地球的原则；（4）1992 年关于在外空使用核动力源的原则；（5）1996 年关于开展探索和使用外层空间的国际合作，促进所有国家的福祉和利益，并特别考虑发展中国家的需要的宣言；以及（6）1999 年空间千禧年：关于空间和人类发展的维也纳宣言，等等。

⑤ “Treaty on Principles Governing the Activities of States in the Exploration and Use of Outer Space, including the Moon and Other Celestial Bodies,” United Nations, Office for Outer Space Affairs, http://www.unoosa.org/oosa/en/SpaceLaw/outerspt.html.

⑥ United Nations Office for Outer Space Affairs, http://www.unoosa.org/pdf/publications/STSPACE11C.pdf; Thomas Graham, Jr. and Damien J. LaVera, *Cornerstones of Security*: *Arms Control Treaties in the Nuclear Era* (Seattle: University of Washington Press, 2003), pp. 34–40.

遭受有害污染和防止地球环境发生不利变化。①

联合国通过的涉及空间安全的条约还有1968年的《营救宇宙航行员、送回宇宙航行员和归还发射到空间的物体的协议》（The Agreement on the Rescue of Astronauts, the Return of Astronauts and the Return of Objects Launched into Outer Space）（简称《营救公约》）②，1972年的《空间物体造成损害的国际责任公约》（The Convention on International Liability for Damage Caused by Space Objects）（简称《责任公约》）③，1972年美苏所签订的《美苏关于限制反弹道导弹系统条约》（Treaty between the United States of America and the Union of Soviet Socialist Republics on the Limitation of Anti - Ballistic Missile Systems）（简称《反导条约》，这一条约因美国的退出，现已失效）④，1975年的《关于登记射入空间物体的公约》（The Convention on Registration of Objects Launched into Outer Space）（简称《登记公约》）⑤ 等重要的辅助性条约。1979年的《关于各国在月球和其它天体上活动的协议》（The Agreement Governing the Activities of States on the Moon and Other Celestial Bodies）（简称《月球协定》）。⑥ 但由于《月球协定》的实际批准国不多，特别是几个主要空间大国最终未加入，其效用被大打折扣。

第二，空间国际立法的现实努力。由于现有的具有空间国际法性质的相关条约并没有禁止在空间部署大规模杀伤性武器以外的常规武器，也未涉及对空间物体使用或威胁使用武力问题做出禁止性规定等严重的漏洞和缺陷，联合国空间安全谈判机制中的国际立法急需国际社会积极推动以制定防止空间武器化和军备竞赛的法律文书。为此，早在1981年第三十六

① Bin Cheng, *Studies in International Space Law* (Oxford: Clearendon Press, 1997), pp. 244-245.

② "Agreement on the Rescue of Astronauts, the Return of Astronauts and the Return of Objects Launched into Outer Space," United Nations Office for Outer Space Affairs, http://www.unoosa.org/oosa/en/SpaceLaw/rescue.html.

③ "Convention on International Liability for Damage Caused by Space Objects," United Nations Office forOuter Space Affairs, http://www.unoosa.org/oosa/en/SpaceLaw/liability.html.

④ David P. Barash, op. cit., pp. 147-148.

⑤ "Convention on Registration of Objects Launched into Outer Space," United Nations Office for Outer SpaceAffairs, http://www.unoosa.org/oosa/en/SORegister/regist.html.

⑥ "Agreement Governing the Activities of States on the Moon and Other Celestial Bodies," United Nations Office for Outer Space Affairs, http://www.unoosa.org/oosa/en/SpaceLaw/moon.html.

届联大，苏联就曾倡议并在该届联大通过《防止空间的军备竞赛决议》。[①]其后，以埃及和斯里兰卡主导的“防止外层空间军备竞赛”（Prevention of An Arms Race in Outer Space）“联合国大会”决议案则成为年度性仪式，这个决议案强调全人类在和平利用空间的共同利益，重申防止空间军备竞赛的重要性和紧迫感，并呼吁所有国家特别是拥有强大空间能力的国家做出贡献。从 1998 年起，中国与俄罗斯联合连续提出议案“保留及遵守反导条约”（A Preservation of and Compliance with ABM Treaty），呼吁美国不要部署导弹防御系统，并敦促美国遵守对该条约的继续承诺。[②]

由于美国 2006 年空间政策带有明显的空间霸权和单边主义性质，在一定程度上意味着美国空间武器化政策的公开化，可能会引发新一轮空间军备竞赛，加速空间军事化的进程。[③] 当年，中国又与俄罗斯、白俄罗斯等国提出“空间活动中的透明度和建立信任措施”（Transparency and Confidence-Building Measures in Outer Space）议案来呼应“裁军谈判会议”稍早的相关辩论，这一决议重申建立信任措施有助于防止空间军备竞赛目标手段的实现。[④] 2010 年 2 月，正值美国卫星与俄罗斯卫星的碰撞引发世人关注一年后，来自世界各地的空间问题专家在联合国会议上探讨如何解决“游荡”在地球轨道周围的空间碎片所引发的威胁。[⑤] 联合国的官员们提议建立一套国际空间交通管理系统，跟踪和管理飞行器的运动，确保不发

---

① 马新民：《国际外空立法的发展与我国的外空政策和立法》，《中国航天》2008 年第 2 期。

② United Nations, Official Documents System of the United Nations, http://daccessdds.un.org/doc/UNDOC/GEN/N00/231/83/PDF/N0023183.pdf? OpenElement, http://daccessdds.un.org/doc/UNDOC/GEN/N00/561/37/PDF/N0056137.pdf? OpenElement, http://daccessdds.un.org/doc/UNDOC/GEN/N01/477/49/PDF/N0147749.pdf? OpenElement.

③ 马新民：《国际外空立法的发展与我国的外空政策和立法》，《中国航天》2008 年第 2 期。

④ United Nations, Official Documents System of the United Nations, http://daccessdds.un.org/doc/UNDOC/GEN/N06/498/93/PDF/N0649893.pdf? OpenElement.

⑤ 科学家认为，目前，外空中约有 1.9 万多块大于 4 英尺的外空碎片围绕地球轨道高速运转；还有超过 50 万块比邮票还大的外空碎片存在于茫茫外空中；而小粒子可能有几千万个。保守的估计是，外空碎片数量在 5000 万以上，平均每立方公里的空间里已有十件以上的碎片，外空几乎成为一座人类的垃圾场。此外，它们对正在运行的卫星也构成了威胁。碎片可以每秒数万公里的速度飞行，若碎片与碎片相撞，会催生几何级数的相撞，再爆炸性地生产更多的碎片，如同核聚变装置里发生的“链式反应”一般。如果任其漂浮，外空垃圾将在轨道上存在上万年。

生碰撞事故。[①]

第三，空间国际立法的理论思考。“联合国大会及第一、第四委员会”，“和平利用空间委员会”和“裁军谈判会议”作为空间和平探索利用话语的倡导者和转化场所，具有全球性的战略意义。但由于现实中“和平利用空间委员会”、“裁军谈判会议”和“联合国大会”仍然各司其职，其相互协调不足的问题日益凸显。[②] 国际社会希望通过联合国系统内上述三机构在空间领域进行持续而有效的磋商与协调，以便确保更有效率地整合联合国系统的有限资源。为此，“和平利用空间委员会”似可承担议题倡设的功能，并与“裁军谈判会议”，“联合国大会及第一、第四委员会”建立适当的、切实可行的合作机制；[③] “裁军谈判会议”则承担谈判和缔结防止空间武器化和军备竞赛法律文件的功能；[④] “联合国大会及第一、第四委员会”则是这一法律文件审议生效、核查维护最权威的场所。

千方百计推进空间和平探索与利用就应积极推动联合国空间安全谈判机制的结构整合和功能强化。为此，“和平利用空间委员会”应根据空间技术的发展和空间安全形势的变化，倡议探讨加快完善和发展相关法律制度，弥补现行法律制度的不充分性和不明确性。[⑤] “裁军谈判会议”应强化空间安全方面的谈判，尽快缔结一项有效的国际法律文书。“联合国大会及第一、第四委员会”应重视空间安全的立法审议，加强对国际社会发展、部署、使用空间武器的监督和核查机制的建设；[⑥] 并尽快领导建立全球共享的空间监视系统，以增加空间安全国际合作。[⑦] 与此同时，由于国际空间法的规定大都比较原则，其实施常常需要国内法作为中介和补

---

① 刘霞：《联合国拟设“外空交警”应对外空碎片威胁》，新华网，2010 年 2 月 11 日。

② 李滨：《国际裁军实践中的外空非武器化问题分析》，《国际观察》2010 年第 5 期。

③ 侯权峰：《国际外空法的基本原则》，《问题与研究》2003 年第 42 卷第 5 期。

④ 《美军外空战机试飞专家称中国应避免落后》，香港《文汇报》2010 年 4 月 21 日，中国新闻网 2010 年 4 月 21 日由葛冲转发。

⑤ 牛姗姗：《外层空间非军事化法律制度构建思考》，《江苏警官学院学报》2009 年第 24 卷第 6 期。

⑥ 仪名海、马丽丽：《推进外层空间军备控制发展的必要途径》，《中国海洋大学学报》（社会科学版）2008 年第 6 期。

⑦ Detlev Wolter，“Common Security in Outer Space and International Law：A European Perspective，” p. 19.

充,[①] 各国应加强空间国内立法。

四 空间国际安全合作机制的复合建构与持续进化[②]

随着人类自然探索技术的不断发展，各国在非排他性的公共领域中出现越来越多的交流互动，如何在这些活动中协调各方的关系与利益，成为国际政治中一项新的重要课题。全球公域具有公共性，又在一定程度上呈现出资源稀缺性，其治理问题对于国际社会的稳定与安全有着重要意义。空间是这种全球公域的典型代表。考虑到空间的战略重要性，空间军事化和军备竞赛的脚步几乎自人类初探空间起便未曾停歇。尽管冷战时期国际社会在美苏两国主导下达成了一系列旨在规范空间活动的条约与协议，如《部分禁试条约》和《外层空间条约》等，但这些约定往往强制性和普遍效力不足，行之有效的空间安全机制仍然未能成形。针对空间安全机制存在的困境，国内外学者展开了一系列有益的探讨。一方面，从权力结构角度出发，一些人认为，新兴国家对空间的探索和利用容易引致空间军备竞赛，因此建立空间安全机制的重点在于如何规范这些崛起中国家的空间行为;[③] 而另一些人则指出了美国为维护其空间霸权地位而对安全机制建设带来的阻碍。[④] 当然，这两种因素往往同时存在并相互联系，共同构成空间安全机制发展的权力结构障碍。[⑤] 但如果仅仅着眼于权力分配，则很可能会得出空间安全机制在冷战后多极化条件下必然破产的悲观结论，而且权力视角也无法说明国际社会关于空间非军事化的呼吁何以持久存在。另一方面，从观念结构角度来看，制约空间安全与合作的根本性因素并不在于物质权力分配，而在于行为主体间共有规范和互信的缺失。因而，透明

---

① 王孔祥:《国际外层空间法和国内外层空间法的关系》,《中国航天》2006 年第 11 期。

② 部分内容以“外层空间安全治理体系和治理能力的实践建构与持续进化”为题，发表于《国际观察》2015 年第 3 期上。

③ 如 James Clay Moltz, *Asia's Space Race: National Motivations, Regional Rivalries, and International Risks* (New York: Columbia University Press, 2012).

④ Helen Caldicott and Craig Eisendrath, *War in Heaven: The Arms Race in Outer Space* (New Press, 2007).

⑤ Vishnu Anantatmula, "U. S. Initiative to Place Weapons in Space: The Catalyst for a Space-Based Arms Race with China and Russia," *Astropolitics: The International Journal of Space Politics & Policy*, Vol. 11, No. 3 (2013), pp. 132-155.

与信任建设机制（TCBMs）在空间政策研究和实践上获得了相当程度的重视。[①] 然而，规范性的视角仍不足以解释为何美苏两国在冷战期间推动建立了一系列安全合作机制框架，但却未能将合作规范进一步普及和巩固。事实上，20世纪80年代美国大张旗鼓地提出所谓的“星球大战”计划，恰恰说明此前建立的国际空间安全框架并非基于真实有效的规范认同之上。

由此可见，单一范式的解释力不足，使得人们在理解空间安全机制的发展变化时流于偏颇。过度依赖物质或观念的单一视角，往往会使分析框架过于静态，难以准确把握国际政治现象的演变过程。正是出于这种认识，国际关系研究开始不断尝试理论（范式）融合的可行模式，逐渐发展出“复合建构主义”[②]、“分析折中主义”[③] 等不同的理论主张。国内学者董青岭提出的“复合建构主义”也是诞生于这一背景之下。这一理论框架摒弃了传统的“物质”与“观念”的二元对立，强调“在不同的观念结构与不同的物质结构之耦合形态下，行为体会选择或适应不同的社会化方式，内化不同的体系规范，从而建构和强化不同的偏好取向”。具体而言，影响体系进程向冲突或是合作转化的关键性社会条件在于物质层面上的暴力受控程度，以及观念层面上的政治认同度。本论著旨在通过复合建构主义的分析框架，重新思考国际空间安全合作机制的发展过程，并为摆脱空间安全困境提供新的理论视角。与此同时，复合建构主义本身也仍然存在着一些缺陷，特别是在如何有效处理物质结构与观念结构的互动关系上仍有待完善。由此，将技术变革与扩散这一外部变量纳入分析框架之中，通过“技术—权力—观念”的有机互动深入探讨空间安全机制变迁的内外部因素，并对复合建构主义的现有结构加以补充和拓展。

（一）复合建构主义及其理论创新

建构主义的兴起与发展无疑为国际政治的研究范式带来了深刻的影

---

① 何奇松：《外空透明与信任建设机制刍议》，《社会科学》2012年第12期。

② J. Samuel Barkin, *Realist Constructivism: Rethinking International Relations Theory* (Cambridge University Press, 2010).

③ Rudra Sil and Peter Katzenstein, *Beyond Paradigms: Analytic Eclecticism in the Study of World Politics* (Palgrave Macmillan, 2010).

响。① 作为一种反思与批判理性主义及其核心假定的元理论，建构主义在本体论、认识论和方法论上都与以新现实主义和新自由主义为主体的理性主义存在重大分歧。理性主义认为，国际关系行为体的偏好与选择来自客观结构性因素的制约与塑造，权力、利益、制度等要素作为物质化的变量对行为体施加影响。与之相对，站在观念主义的哲学立场上，建构主义认为，由观念和话语构成的结构至少具有与物质结构同等重要的地位，而结构与行为之间并非理性主义所探寻的因果关系，而是一种相互构成的关系。哲学支点的对立进而造成建构主义与理性主义在研究国际政治的一些基本假定——如无政府状态、主权和国家利益的本质——上的严重分歧，以及双方在如何理解和分析国际政治运行的研究方法上的差异。

由于争论双方都存在彼此相对的弱点和盲区，一些学者开始意识到这些理论之间具有互补性，② 并尝试桥接、整合这些理论，使之成为具有更强解释力的新范式。例如，巴尔金将古典现实主义对理想和道德的重视纳入建构主义的基本主张之下，试图兼顾权力政治与观念建构这两大要素。但他由此提出的"复合建构主义"研究框架③仍未能令人满意：在理论上，"复合建构主义"的主要观点与主流建构主义和古典现实主义趋同，从而弱化了其作为独立分析范式的角色；在实践上，巴尔金也未能明确展示"复合建构主义"如何更有效地理解或解释国际政治的实际问题。④ 其他类似的理论融合的努力也都面临着不同程度的困境。

复合建构主义正是对上述理论融合工作的继承与发展。它认为，虽然二者同样强调国际政治的社会建构，但二者在建构过程的方向和后果上却存在相反的论断：复合建构主义以行为体之间的分离性认同为起点，认为"权力导向型社会化"将使行为体优先选择暴力性的社会规范，从而将整个体系引向冲突；自由建构主义则以聚合性认同为起点，研究沟通导向型社会化如何促使行为体习得非暴力的社会规范，从而塑造出统一的集体认

---

① Jeffrey T. Checkel, "The Constructivist Turn in International Relations Theory," *World Politics*, Vol. 50, No. 2 (1998), pp. 324-348.

② David Dessler and John Owen, "Constructivism and the Problem of Explanation: A Review Article," *Perspectives on Politics*, Vol. 3, No. 3 (2005), pp. 597-610.

③ Samuel Barkin, *Realist Constructivism: Rethinking International Relations Theory* (Cambridge University Press, 2010).

④ Chris Brown, "Realism: Rational or Reasonable?" *International Affairs*, Vol. 88, No. 4 (2012), pp. 957-866.

同与合作局面。进一步说，复合建构主义认为，西方的二元对立哲学割裂了物质与观念之间的联系，二者之间应当用二元互补的理念来理解：物质结构限制了行为体的行动边界和思考范围，观念结构在塑造行为的同时也塑造了行为体的身份和利益，这两个结构“相互构成，相互影响，二者之间的关系很多时候是一体两面”。

通过重新界定物质与观念的互补关系，“复合建构主义”便具有了逻辑分析的起点。其核心理论路径是：“观念性因素对行为体身份的形成发挥着至关重要的构成性影响，而物质性因素则限定了行为体思考和行动的选择边界。在不同的物质与观念复合结构下，行为体之间的互动不仅会建构不同的身份认同，而且也会导致行为体优先选择内化某些规范和观念的同时拒斥另外一些规范和观念，从而对行为体持久偏好的形成和物化产生重大影响。”这促使体系走向“进化冲突”或“进化合作”。在此基础上，“复合建构主义”依赖对两个核心变量的考察，即暴力（权力）受控度（物质结构）与政治认同度（观念结构）。两个变量不同高低形态的结合，产生出四种国际体系的复合结构。例如，低政治认同度与低暴力受控度的结合将导致“效率竞争型社会化”，在此结构下国家优先选择那些能增强其自身安全的规范，对生存竞争的追逐将使体系趋向冲突化；再如，高认同度与低受控度产生“原则竞争型社会化”，国家间的竞争逐渐集中在如何改善国际关系和体系的原则性问题的争论上，这种情况下国际体系规范将朝向合作与和平主义发展。总体而言，这一新的分析范式将现实主义、自由主义和建构主义这三大彼此竞争的理论范式纳入统一的框架之下，为国际问题研究提供系统的、全面的、彼此包容的分析创造了新的可能。

尽管如此，复合建构主义在处理物质与观念的二元互补关系时仍然存在问题。一方面，它将物质结构和观念结构置于同等重要的地位，试图以二者的“耦合”、“互构”状态解释体系冲突/合作的进程选择。但与此同时，这一理论却难以进一步澄清物质结构与观念结构的互动关系。在一些论述中，观念因素被视为决定性因素，因为认同的改变会带来不同的偏好和社会化模式，这也就意味着物质条件只具有边缘性、从属性意义。另一方面，复合建构主义又指出：“当体系暴力无法得到集中垄断或是有效控制的时候，群体间差异极易招致负面解读并促成分离性认同的形成……体系冲突几乎是难以避免且是不断进化的。”也就是说，物质性的暴力受控度显然是根本性的，低度暴力受控几乎必然会带来低度的政治认同。反之亦然。

本论著认为，造成复合建构主义理论缺陷的重要原因或许在于这一理论过于强调物质与观念的互构互动，而对塑造和影响这种互构关系的外部因素重视不够。在诸多外部因素中，技术变革与扩散对于空间和网络空间这样高度依赖科技发展的新兴战略空间而言，扮演着举足轻重的角色。正如赫雷拉所言：“每种技术都不仅是物质实体，而是人工产物、实践与机制的复杂结合……这些独特的社会技术体系成为国际体系互动能力的一部分。”因此，“技术不仅是物质性的人工产品，而且是国际政治结构的一部分”①。在这种意义上，将技术本身的变革与发展纳入国际安全机制演变的分析框架中，将有助于理解前述关键性社会条件如何对行为体和整个体系施加影响。技术发展是国际体系暴力受控程度的重要影响因素。例如，对暴力受控带来最大挑战的国际军备竞赛，其核心就在于武器装备技术的扩散与交叠跨越式发展。技术上的突破或者某项技术的从无到有，往往从根本上重新定义了一个国际或区域体系的权力结构格局，使得原有的国际安全机制面临着巨大的压力。朝鲜核试验对于东北亚地区安全环境的破坏作用便是典型例证。不仅如此，技术体系的变化也对政治认同度带来影响。具有战略意义的技术变革或扩散容易催生分离性政治认同，而当技术发展均衡稳定时，聚合性政治认同较易形成。例如，美国推动的“星球大战”计划在技术上所具有的超前性，显然加深了美苏之间的战略不信任，致使冷战期间一度形成的空间安全机制迅速崩解。当然，技术因素对于国际体系的物质和观念结构来说并非单向的因果联系，暴力受控度和政治认同度的变化也可能反过来使技术的发展和扩散局面发生改变。通过对上述互动关系的分析，本论著将技术要素与复合建构主义的理论框架相结合，旨在弥补原有分析路径的不足，以更好地理解空间国际安全机制发展变化的根源。

以这一新的理论视阈来看，冷战时期，空间安全领域的国家交往实践主要表现在美国、苏联轮番上演的空间竞赛，相互威慑、相互制衡，

---

① Geoffrey Herrera, *Technology and International Transformation: The Railroad, the Atom Bomb, and the Politics of Technological Change* (Albany, NY: State University of New York Press, 2006).

空间物质权力结构的相对均衡上，双方均害怕对方在空间技术优势方面取得突破，对自己形成实质性威胁。空间居高临下的战略性，美苏双方也不希望空间技术在更大的国家范围里扩散。因此，在安全互动的过程中，各自都打出“人类共同利益”的大旗，抢占国际道德的制高点。从而空间开发与利用应为“人类共同利益”服务，成为美苏双方的共有理解和共享观念。由此，以《外层空间条约》为代表的一系列具有进化取向的空间国际安全合作机制框架得以确立。然而，由于美国在空间技术上的咄咄逼人态势，以及相关技术在新兴崛起国家间的扩散，原本的空间国际安全机制逐渐失范，暴力受控与政治认同均出现下滑趋势。这一趋势随着冷战的戛然而止不断加速。在冷战后的空间国际安全互动实践中，出现了明显的权力失衡现象，作为空间超级大国的美国试图通过空间绝对优势来谋求绝对霸权。美国的威慑战略往往造成其他国家安全感下降并加快进行自身能力建设，从而导致军事化升级和安全困境的产生。① 美国空间攻防对抗准备加速了空间武器化与军备竞赛的进程，加之美国于 2001 年退出《反弹道导弹条约》，使得暴力受控的基石发生动摇。空间国际安全困境的出现，使得分离性认同加剧，空间国际安全领域出现了效率竞争型社会化，国际安全合作机制的建构和完善踟蹰不前。

（二）空间国际安全合作机制建构中的进化合作与进化冲突

空间探索与利用是充满风险的事业，其健康发展离不开制度的保障。“在空间上，某一行为体的行为仅仅通过制度安排（如决策规则）来影响其他行为体的行为，而不是向对方直接施加压力；在时间上，某一时点确立的制度将会发挥持续而意想不到的作用，进而影响行为体未来的行为。”② 面对超级大国谋求“空间霸权”的企图，全世界所有希望有效开发与利用空间的国家都应该行动起来，努力建构包容、普惠、和谐的空间安全机制，坚决反对空间霸权，抑制空间武器化，强化和平开发空间的能力，合作推进人类对空间的和平探索与利用。

---

① 何奇松：《脆弱的高边疆：后冷战时代美国外空威慑的战略困境》，《中国社会科学》2012 年第 4 期。

② 焦兵：《现实建构主义：国际政治的权力建构》，《世界经济与政治》2008 年第 4 期。

1. 冷战时期空间国际安全互动实践中的机制建构

在美、苏两极争霸的大背景下，空间被两个超级大国看作现代战争的关键赋能器，因此，双方都将空间军事利用放在极端重要的位置。空间国际安全互动实践表现为你追我赶的军备竞赛。但将冷战时期作为一个较长时段来看，美苏双方在空间实力上大体保持着相互抗衡的状态。此外，从空间技术对于当时各自国家战略威慑体系的意义来看，军事航天远未发挥独立威慑的功效，在很大程度上是为了监视、核查对方的核力量和核部署。加之，航天器遵循天体动力学规律运行，空间是无国界的全球公域。在空间安全领域的利益博弈中，美苏双方都认识到，基于空间技术并不能保证自己的绝对安全，但双方都担心对方的技术突破有可能损害自己的安全利益。因此，双方最好的选择是停止发展空间军备，实行军备控制，从而推动了一系列空间国际安全合作机制的建构。这方面包含、涉及空间国际安全合作的机制主要有《部分禁试条约》《空间原则宣言》《外层空间条约》《月球协定》《关于登记射入空间物体的公约》（以下简称《登记公约》）《反弹道导弹条约》《禁止为军事目的或其他敌对目的使用改变环境的技术的公约》等一系列国际条约与国际法律文件，其中的有关条款对各国的空间军事利用行为进行了直接的法律规制。但由于这个博弈的均衡是弱纳什均衡，如果任意一方对空间技术可行性的认识有所改变，其平衡就容易被破坏。①

由于空间的无疆域性，以及空间技术当时从属于核威慑战略的现实功效，美苏双方在空间国际安全领域制度创生和规范建立朝着维护人类共同利益的理想目标迈进，呈现和衍生出合作的前景。具体说来，1963 年《部分禁试条约》对空间武器做出了限制性的规定。它规定各国应保证在其管辖或控制下的大气层、空间、水下（包括领海或公海）三个环境内，禁止、防止和不进行任何核武器试验爆炸或其他任何核爆炸；如一国在任何其他环境中进行的核爆炸所引起的放射性尘埃出现于其管辖或控制的领土范围以外时，这种爆炸亦应禁止。

1967 年《外层空间条约》作为国际空间立法的宪法性文件，对空间的军事化利用做出了明确的限制性规定。该条约第四条第一款规定，各缔约国“承诺不在环地球的轨道上放置任何载有核武器或任何其他种类的

① 参见李彬《军备控制理论与分析》，国防工业出版社 2006 年版，第 64 页。

大规模毁灭性武器的物体，不在天体上装置这种武器，也不以任何方式在空间设置这种武器”。第四条第二款规定，各缔约国“应专为和平目的使用月球和其他天体。禁止在天体上建立军事基地、军事设施和工事；试验任何类型的武器和进行军事演习。不禁止为了科学研究或任何其他和平目的而使用军事人员。为和平探索月球与其他天体所必需的任何装置或设备，也不在禁止之列”。从《外层空间条约》对空间军事化利用的规制来看，条约禁止在空间放置和设置核武器或任何其他种类的大规模毁灭性武器，禁止在天体上建立军事基地、军事设施和工事，禁止试验任何类型的武器和进行军事演习。

1976年生效的《登记公约》对空间物体实行强制性的登记制度，提高了各国空间活动的公开性与透明度，对于防止或抑制空间军事化具有积极作用。该条约规定：发射国在发射一个空间物体进入或越出地球轨道时，应以登入其所须保持的适当登记册的方式登记该空间物体。每一发射国应将其设置此种登记册事情通知联合国秘书长。① 每一登记国应在切实可行的范围内尽速向联合国秘书长供给有关登入其登记册的每一个空间物体的具体情报。② 该公约主要依靠国家自身的监督，并没有设立专门的机构负责核查或者监督。③ 目前，负责登记工作的机构是联合国空间事务办公室（UNOOSA），可在互联网上搜索到具体的登记内容。④ 该注册是强制性的，为空间行为的责任认定和赔偿提供了事实依据，但这种登记无法用来处理因轨道碎片所造成的损害或者争端。登记的内容中“用途”部

---

① 《外层空间条约》第二条。

② 条约第四条：1. 每一登记国应在切实可行的范围内尽速向联合国秘书长供给有关登入其登记册的每一个外空物体的下列情报：（1）发射国或多数发射国的国名。（2）外空物体的适当标志或其登记号码。（3）发射的日期和地域或地点。（4）基本的轨道参数，包括：（a）交点周期；（b）倾斜角；（c）远地点；（d）近地点。（5）外空物体的一般功能。2. 每一登记国得随时向联合国秘书长供给有关其登记册内所载外空物体的其他情报。3. 每一登记国应在切实可行的最大限度内，尽速将其曾提送情报的原在地球轨道内但现已不复在地球轨道内的外空物体通知联合国秘书长。

③ 条约第六条：本公约各项规定的施行如不能使一个缔约国辨认对该国或对其所辖任何自然人或法人造成损害，或可能具有危险性或毒性的外空物体时，其他缔约各国，特别包括拥有空间监视和跟踪设备的国家，应在可行的最大限度内响应该缔约国所提出或经由联合国秘书长代其提出，在公允和合理的条件下协助辨认该物体的请求。提出这种请求的缔约国应在可行的最大限度内提供关于引起这项请求事件的时间、性质及情况等情报。给予这种协助的安排应由有关各方协议商定。

④ 登记数据库搜索：http：//www. unoosa. org/oosa/showSearch. do。

分极其模糊，发挥其军控作用的能力有限。① 同时，并非所有的发射行为都会向联合国注册。② 1977 年《禁止为军事目的或其他敌对目的而使用改变环境的技术的公约》也对限制空间武器的使用做出了规定。它规定，各国应承允不为军事或敌对目的而使用具有广泛、持久或严重后果的改变环境的技术。这里的“改变环境的技术”是指通过蓄意操纵自然过程改变地球（包括其生物区、岩石圈、地水层和大气层）或空间的动态、组成或结构的技术。但由于该条约只规定了禁止使用此类技术，没有规定禁止研究、发展和实验此类技术，而致使该条约在实际中难以执行。③

1979 年《月球协定》对军事利用月球和其他天体做了进一步的规定。《月球协定》第二条规定：“月球上的一切活动，包括其探索和利用在内，应按照国际法，尤其是联合国先前的规定。”第三条第一款进一步规定：“月球应供全体缔约国专为和平目的而加以利用。”为此，其第三条规定了四项禁止令：（1）不得在月球上使用武力，或以武力相威胁或从事任何其他敌对行为或以敌对行为相威胁；（2）禁止利用月球对地球、月球、宇航器或人造空间物体上的人员使用武力或以任何武力相威胁；（3）不得在绕月球的轨道上放置载有核武器或其他种类的大规模毁灭性武器的物体，或在月球或月球内放置或使用此类武器；（4）禁止在月球上建立军事基地、军事设施及防御工事，试验任何类型的武器及举行军事演习。根据《月球协定》之规定，“月球”一词不仅指月球本身，还包括环绕月球的轨道或其他飞向或围绕月球的轨道；有关月球的规定也不仅适用于月球，还适用于太阳系内除地球以外的其他天体。可见，对于月球军事化的规制，《月球协定》比《外层空间条约》更彻底、更严格。但遗憾的是，美国等空间大国并没有签署该协定，这就使该协定的影响力大打折扣。

2. 冷战时期，空间国际安全合作机制的进化取向

由于当时空间技术的军事利用主要集中于军事侦察、情报通信、核军控等方面，严格地说，在空间攻防对抗准备方面，双方的技术都不成熟，

---

① 例如，俄罗斯关于 COSMOS 2390 的发射注册（http://www.unoosa.org/oosa/download.do? file_ uid = 1292）仅说明其用途为“本空间物体用于代表俄罗斯联邦国防部执行任务”，而且实际用途为俄罗斯联邦的军用通信卫星。其来源为 Pavel Podvig, Russia and Military Uses of Space.

② 例如，2005 年 10 月 12 日中国发射“神州六号”载人宇宙飞船就未在此处登记注册。

③ 李寿平：《外层空间的军事化利用及其法律规制》，《法商研究》2007 年第 3 期。

就拿名义上作为防御技术手段的弹道导弹防御，主要设想是以核弹拦截核弹的方式，显然，这是一个“杀敌一千，自损八百”的方案。再如苏联的共轨式动能反卫，抑或美国的机载式动能反卫技术，都会带来大量的空间碎片，不但效率低，而且可能造成自杀伤效应。与此同时，其他国家空间技术的发展，相对于当时的国际安全层面而言，微不足道。基于此，冷战时期，空间国际安全合作机制的建构表现出明显的进化取向，美苏双方刻意忽视和回避了诸如权力竞争和话语战争等问题，从而使得进步演化思维在机制谈判中得以体现和扩散。譬如，1963 年《空间原则宣言》不仅确认和平探索与利用空间关系着全人类共同利益原则，而且规定各国在探索利用空间时应该遵守的九项原则。尽管这些原则不具有法律上的拘束力，但为以后的国际空间立法提供了根本的原则性指导。

1966 年 12 月，联合国大会通过的第 2222 号决议（XXI）批准《外层空间条约》，于 1967 年 10 月 10 日正式生效①，无限期有效。该条约所确定的空间自由进入、无主权以及和平利用等原则成为全世界普遍接受的原则，也是其他有关空间使用的规范、条约和行为的基础。在空间国际安全合作方面，该条约在基本原则层面，明确了行为标准、具有沟通信息和降低交易成本的积极功效。比如该条约第四条②规定不得在空间部署大规模杀伤性武器；第九条规定各国在空间中的活动若有可能影响他国时须进行磋商。③ 该条约作为当前最为权威和原则性的国际条约，具有较强的法律意义。但是，空间的自然属性及条约特殊的法律地位，使得其法律主体结

---

① Treaty on Principles Governing the Activities of States in the Exploration and Use of Outer Space, Including the Moon and Other Celestial Bodies, namely United Nations treaties and principles on outer space.

② 第四条内容：本条约各缔约国承诺不在环绕地球的轨道上放置任何载有核武器或任何其他种类大规模毁灭性武器的物体，不在天体上装置这种武器，也不以任何其他方式在外层空间设置这种武器。本条约所有缔约国应专为和平目的使用月球和其他天体。禁止在天体上建立军事基地、军事设施和工事，试验任何类型的武器和进行军事演习。

③ 第九条内容：本条约各缔约国对外层空间，包括月球与其他天体在内进行的研究和探索，应避免使它们受到有害污染以及将地球外物质带入而使地球环境发生不利变化，并应在必要时为此目的采取适当措施。如果本条约某一缔约国有理由认为，该国或其国民在外层空间，包括月球与其他天体在内计划进行的活动或实验可能对其他缔约国和平探索与利用外层空间，包括月球与其他天体在内的活动产生有害干扰时，则该缔约国在开始进行任何这种活动或实验之前，应进行适当的国际磋商。如果本条约某一缔约国有理由认为，另一缔约国在外层空间，包括月球与其他天体在内计划进行的活动或实验，可能对和平探索和利用外层空间，包括月球与其他天体在内的活动产生有害干扰时，则该缔约国可请求就该活动或实验进行磋商。

构是受国际法惯例的普遍准则控制的，而非专门的立法或司法机构或技术部门，从而缺乏实际落实或监督该条约的有效手段。例如条约禁止在轨道上部署核轰炸系统，冷战时美苏仍进行关于轨道轰炸系统的研究并宣称为“部分轨道轰炸系统”（FOBS）以回避直接违反条约。[①] 同时，该条约对于空间武器的限制过于褊狭以致无法满足当前对于防止空间武器化的需要。[②] 自从《外层空间条约》确立空间非军事化原则以来，这项原则在联合国大会的相关决议上得到多次重申，从未遇到过公开反对（美国等极少数国家仅投过弃权票），因而这项原则已构成国际惯例，包括非缔约国在内的所有国家都应一体遵守，任何国家不能以未加入或已推出某些条约为理由而不遵守这项原则。[③] 即便是美国这样的空间技术强国，也不愿冒天下之大不韪，公然反对空间非军事化，而是一再声称其在空间部署武器只是防御性的。[④]

空间国际安全合作机制嵌套在其他双边或多边军控条约中，甚至有形成相互牵制作用的网络结构之势。由此，关联政治作用使得机制体系内的空间行为体产生结构性规范功能，从而推动空间国际安全合作机制体系朝着合作状态进化。这包括美苏在冷战期间就战略武器裁军所达成的一系列条约，如《反弹道导弹条约》（ABT）、《美苏关于限制进攻性战略武器的某些措施的临时协定》（SALTI）、《美苏两国关于限制中程导弹和中段导弹条约》等条约都规定双方通过国家技术手段（主要是卫星）进行核查的原则，并不得对对方的核查进行干扰或阻挠。[⑤] 1963年8月5日，美、苏、英三国外长在莫斯科签署《部分禁试条约》，同年10月10日生效，无限期有效。该条约的签署面向所有国家。[⑥] 该条约确定了禁止在空间从事核试验的原则。缔约国保证在其管辖或控制下的大气层范围、空间、水下（包括领海或公海）三个环境内禁止、防

---

① 刘华秋等：《军备控制与裁军手册》，国防工业出版社2000年版，第七章“防止外空军备竞赛”。

② Nina Tannenwald, *Law Versus Power on the High Frontier*: *The Case for a Rule-Based Regime for Outer Space*, p 7.

③ 贺其治：《外空法》，法律出版社1992年版，第12页。

④ 聂资鲁：《外层空间军备控制与国际法》，《甘肃政法学院学报》2007年第4期。

⑤ 刘华秋等：《军备控制与裁军手册》，国防工业出版社2000年版，第四章“核军备控制与裁军”及其具体条约文本。

⑥ 同上书，第五章“禁止核试验”。

止和不进行任何核武器试验爆炸或其他任何核爆炸。如一国在任何其他环境中进行的核爆炸所引起的放射性尘埃出现于其管辖或控制的领土范围以外时，这种爆炸亦应禁止。该条约主要依靠各国采用国家技术手段来保障、监督其实施，没有专设核查部门。[①]

3. 冷战后空间安全领域国际互动实践的进化冲突

从理论上来说，面对结构性制度压力，理性空间行为体出于利益最大化和长远收益考虑，他们往往会优先选择合作而不是冲突，经过多重反复博弈，空间国际安全合作或许会成为常态。[②] 但由于冷战的突然结束，空间国际安全领域出现了严重的权力失衡，再加之美国在空间技术尤其是弹道导弹防御技术方面，取得了某些突破，空间国际安全合作的理想局面不但没有出现，形势反而急转直下。冷战后空间国际安全合作机制的演化面临着日益复杂微妙的国际形势。由于冷战结束以后战略格局的改变，美俄双方“相互确保摧毁”战略的紧迫性不复存在，这些条约的事实约束条件几乎已经很难得到保障，美国无所顾忌地退出《反弹道导弹条约》即是一例。

美国试图凭借其空间技术优势追求空间安全领域的绝对霸权，自认为美国通过空间攻防对抗准备，可以避免其臆想的所谓“空间珍珠港事件”的发生。为此，冷战后，美国按照其咄咄逼人的空间战略规划，积极发展空间武器，试图在国际条约签署之前掌握各项空间武器技术，特别是美国大力发展天基和地基反卫星武器和反导系统，引起国际社会的高度关注。虽然现行的国际法确立了“和平探测与利用空间”的系列原则，但对于目前空间军事化日益加剧的发展趋势仍缺乏有力的约束。一方面，由于现有的空间法存在着一定的缺陷，无法有效遏制空间的军事化，国际社会对空间战爆发的危险十分担忧。针对这一情况，联合国原秘书长安南 1999 年在防止空间军事化国际会议上说：“我们必须防止空间被不当使用。我们不能允许已经战火纷飞的本世纪将其遗产流传给后世，到那里我们所能够利用的技术将会更加可怕。我们不能坐视广阔的空间成为我们地面战争

---

① 张浩：《外空军控的机制设计——以建立信任措施为例》，《国际问题论坛》2007 年夏季号（总第 47 期）。

② 参见戴维·鲍德温主编《新现实主义和新自由主义》，肖欢容译，浙江人民出版社 2001 年版。

的另一个战场。”[①] 1999 年，第五十四届联合国大会再次以压倒多数票通过了防止空间军备竞赛的决议。决议强调谈判缔结一项或多项防止空间军备竞赛的国际协定仍是裁军谈判会议空间特委会的首要任务。[②]

冷战结束以来，美国为了其不可告人的目的，往往借口空间现有国际条约完全足够，而屡屡反对任何新的建构空间国际安全机制的动议。在 2000 年、2001 年联合国裁军谈判会议上，中国政府提出的防止空间军备竞赛法律文书的要点草案，就受到来自美国政府对空间武器化问题谈判的抵触和反对。2002 年 6 月，中国、俄罗斯、白俄罗斯、印度尼西亚、叙利亚、越南、津巴布韦联合向裁谈会提交了关于“防止在空间部署武器、对空间物体使用或威胁使用武力国际法律文书要点”的工作文件，得到了许多国家的支持，但没有得到作为空间唯一超级大国的美国的认可。在 2005 年 10 月的联合国大会上，160 个国家投票赞成《防止空间军备竞赛》（PAROS）条约之必要性的决议，只有美国一票反对。2007 年 3 月，联合国和平利用空间委员会第四十六届法律小组委员会会议讨论如何利用和完善相关的国际法框架，促进国际和平利用空间事业的发展。除美国外的各国代表认为，早日制定禁止空间武器化的国际条约是国际社会面临的共同任务，联合国和平利用空间委员会及其法律小组委员会应发挥应有的作用。[③] 冷战后空间国际安全合作机制的建构与完善，受到美国的有意阻挠和蓄意反对，维持“向善”的关系也连连受挫。

（三）空间国际安全合作机制建构中的关键性社会条件与行动步骤

世界各国在探索利用空间的实践过程中，作为人类征服、改造空间能力的空间技术从根本上决定着空间主体的互动关系，反过来，主体间的社会关系又影响着空间开发利用能力的发展。具体到空间安全领域，国家互动实践中以空间技术为基础的物质权力结构制约着国家间的观念结构，互主观念又制约着国家安全合作的行为偏好。因此，空间国际安全合作机制

---

① 王孔祥：《外空军备竞赛对外层空间法的挑战》，《武汉大学学报》（哲学社会科学版）2005 年第 5 期。

② 但事实上由于各种原因，在防止外层空间军事化、武器化及外层空间军备竞赛方面，裁军谈判会议及其外空特委会至今未能取得任何实质性进展。

③ 牛姗姗：《外层空间非军事化法律制度构建思考》，《江苏警官学院学报》2009 年第 24 卷第 6 期。

的现实建构，应根据空间活动拓展中空间技术进步的现实要求，在逐步培育各国空间活动透明和信任措施的基础上，通过控制体系暴力、引导选择性社会化、优化施动者—结构—进程，不断加强空间安全领域的契约合作。

1. 防止空间武器化和军备竞赛机制建构与控制体系暴力

空间作为世界各国日益认识到的战略制高点，在什么条件下，相关国家会倾向于选择国际安全合作呢？在空间探索、利用的社会实践中，物质因素与观念因素因历史耦合所形成的“复合结构”，共同发挥着因果作用和建构作用，且在作用施加过程中二者相辅相成、相互支撑，推动着空间安全体系的进化冲突或进化合作。“在不同的观念结构与不同的物质结构之耦合形态下，行为体会选择或适应不同的社会化方式，内化不同的体系规范，从而建构和强化不同的偏好取向。”① 从当前空间安全体系物质因素和观念因素复合结构的现状出发，国际社会加强国际安全合作最现实的出路是从坚定维护现有空间安全国际法框架出发，一步一步地培育空间安全机制的成长、成熟。就体系进化合作的物质条件而言，只有合法控制国家间暴力，各个国际关系行为体才有可能放下彼此之间的成见进而产生合作意愿。② 不可否认，现有防止空间军备竞赛的国际条约起到过一定的控制暴力的积极作用，但由于当时政治、军事和技术条件的限制，过去的条约也存在着严重的缺陷或漏洞，不足以防止空间军备竞赛。例如，《外层空间条约》由于不禁止在空间部署非大规模毁伤性武器，也没有禁止发展、生产和使用空间武器，使其对防止空间军备竞赛的作用受到限制，也为日后空间武器化留下隐患。实践表明，战争之所以能够轻易地爆发始于人们能够轻易地获取和使用暴力，即暴力不受限制。③ 因此，只有当体系暴力得到合法控制，国家间才不会随意暴力相向，这个问题已引起国际社会的高度关注。

2008 年 2 月，中国与俄罗斯共同向裁谈会提交了《防止在空间放置武器、对空间物体使用或威胁使用武力条约（草案）》（PPWT）。2009 年

---

① 董青岭：《复合建构主义——进化冲突与进化合作》，时事出版社 2012 年版，第 132—133 页。

② 同上书，第 183 页。

③ Geoffrey Blainey, *The Causes of War* (New York: Free Press, 1973); Jack Levy, "The Causes of War and the Conditions of Peace," *Annual Review of Political Science*, Vol. 1, 1998, pp. 139-165.

8月，中俄共同提交工作文件，回应裁谈会各方关于中俄外层空间条约草案的问题和评论。中俄希望各方早日就这一草案展开谈判，达成新的外层空间条约。美国以“无法证实”为由拒绝了中俄之间的草案，但是中俄两国仍在继续努力使此草案发挥实际效力。[①] 中俄提议签署《防止在空间放置武器、对空间物体或威胁使用武力条约（草案）》的目的是，弥补《外层空间条约》第四原则的不足。第四原则禁止在绕地球轨道及天体外放置[②]或部署核武器，或任何其他大规模毁灭性武器，但是，并没有禁止非核武器或者“潜在的”大规模杀伤性武器。[③] PPWT强调“禁止空间武器”：各缔约国承诺不在环绕地球的轨道上放置携带任何种类武器的物体，不在天体上安置此类武器，不以任何其他方式在空间放置此类武器；不对空间物体使用或威胁使用武力；不协助、不鼓励其他国家、国家集团或国际组织参与本条约所禁止的活动。[④]

美国不但屡次否决空间军备控制倡议，并积极在空间进行全方位的备战，“美军不单是在大气层外部署武器系统，同时还包括导弹防御在内的地面武器系统，用美军术语说，这就是‘全频谱能力’，目的是保证美国拥有‘全频谱优势’”[⑤]。因此，防止空间武器化已是十分现实和紧迫的问题。国际社会不仅要呼吁美国放弃部署以反恐需要为借口的导弹防御系统，还要探索满足各国安全需要的替代性技术与机制，呼吁相关各方合

---

① 2009年8月18日，中俄代表团在联合国裁军会议上回应了其他几个常任理事国对该草案的关注。特别地，中俄指出：(1) PPWT禁止对“外外空物体”的攻击和威胁，但是并没有禁止在外外空建立军事力量。(2) PPWT并没有更改《联合国宪章》第五十一条所规定的自卫权利。然而，如果一个国家签署了PPWT，那么该签约国将不能使用PPWT所禁止的武器装备。(3) PPWT没有禁止对反卫星武器的研发、试验和部署，因为这些并不满足PPWT对“在外空的武器”的定义。(4) PPWT没有禁止对地基激光武器和电子抑制系统的研发、试验和部署。(5) PPWT没有讲到拥有“双面目的”外空技术，即既出于和平目的，又出于攻击性目的。(6) PPWT没有包括任何认证机制。

② PPWT草案还讲道：“放置”系指武器如果至少绕地球一圈，或在离开此轨道之前沿这样的轨道运行一段，或被置于外空某个永久基地，则被认为是放置在外空。

③ PPWT给“在外空的武器”下了定义：“在外空的武器”系指位于外空、基于任何物理原理，经专门制造或改造，用来消灭、损害或干扰在外空、地球上或大气层物体的正常功能，以及用来消灭人口和对人类至关重要的生物圈组成部分或对其造成损害的任何装置。

④ 斯年：《媒体称中俄外空条约草案未禁止反卫星武器研究》，《环球时报》2011年4月6日，http://www.sina.com.cn，转引自美国Examiner.com网站4月2日报道。

⑤ 滕建群：《外空实力竞争与限制外空武器化》，《2009：国际军备控制与裁军报告》，世界知识出版社2009年版，第132页。

作，完善空间物体发射登记制度、导弹和火箭发射预先通报制度、军事热线机制等，并通过发展高性能侦察监视卫星，确保其不受干扰地运行作为技术核查手段和建立信任的措施。[①] 目前，能与美国在空间决一高低的国家只有俄罗斯。为维护空间的战略力量平衡，“中俄联手提案，对于促进国际社会凝聚在空间问题上的共识将会产生积极影响，得到世界大多数国家响应”[②]。同时，国际社会应争取联合更多的国家就未来国际法律文书的主要内容向裁谈会提出具体建议，积极与相关国家、国际组织共同研讨以确保空间安全，防止空间军备竞赛的相关对策和措施。

2. 空间活动行为准则制定与选择性社会化

在空间武器化和军备竞赛得到约束的同时，从相对较易达成的空间活动行为准则制定入手，有利于归化他者，将相关国家纳入国际安全合作机制中。国家利益是各国政府处理对外关系的最高准则，是国际关系的“通用语言”。推进空间国际安全合作的前提是使国际社会尤其是主要空间国家认识到这种合作有利于实现和维护各自的国家利益。其中美国的态度最为关键。应通过各种渠道与美国沟通，力争使美国认识到，谋求空间权力固然是美国的国家利益，但空间安全问题则是更现实、更亟待维护的利益，防（核/导弹）扩散更是与空间安全紧密相连的。

空间活动行为准则制定的共识源自空间轨道拥挤和空间碎片威胁等所构成的外部压力。随着卫星发射数量的不断增加，轨道空间特别是地球静止轨道空间变得越来越拥挤，卫星相互碰撞的危险程度不断提高，对报废卫星及时回收和清理越来越成为维护空间安全的一项重要措施。同时，由于卫星相撞、解体等原因造成的空间碎片的增加，对空间安全也构成了严重的威胁，应当通过制定空间安全行为规则的途径，责成有关国家通过各种技术手段实现空间碎片减缓，预防和补救空间碎片造成的空间环境污染，并将此规定为一项国际法律义务。[③] 2009 年 2 月 10 日，美国铱卫星公司的“铱 33”卫星和俄罗斯的“宇宙 2251”军用通信卫星在西伯利亚

---

① 仪名海、马丽丽：《外空非军事化的意义》，《2009：国际军备控制与裁军报告》，世界知识出版社 2009 年版，第 152 页。

② 滕建群：《外空实力竞争与限制外空武器化》，《2009：国际军备控制与裁军报告》，世界知识出版社 2009 年版，第 138 页。

③ 李滨：《美俄卫星相撞事件中的国际法问题探析》，《北京航空航天大学学报》（社会科学版）2011 年第 4 期。

上空相撞，这是空间中首次发生的在轨卫星相撞事件。美俄卫星相撞事件使得制定空间安全规则的合作安全观念得以凸显。在新的体系观念结构下，各国认识到共处于空间的恶劣自然环境下，他者并不必然是自我生存意义上的敌人，反而成为可以合作共荣的伙伴。空间活动行为准则主要涉及的是空间环境和空间秩序。所以，制定空间活动行为准则是要求相关国家确保在其管辖范围内或在其控制下的空间活动，不致损害其他国家或在各国管辖范围以外地区的环境和资源。由于现有的空间安全国际法往往只有原则性规定，缺乏实施细则和监督执行机制，需要进一步加以完善。根据目前空间活动的形势，特别要注重积极支持有关各方推进外层空间活动行为准则的制定。

“良好的制度设计可以为行为体之间的互动提供信息交流的平台、增强互动过程信息的透明性，进而可以降低交易成本、减少交往中的欺诈性，促进彼此行为的可预见性。”① 空间活动行为准则的重点有以下两个方面：一是建立空间飞行器的交通规则，以避免发生空间碰撞和事故，就像在陆地上行驶有交通安全法，在海洋中行船有海洋交通法一样；二是如果出现事故，该如何处理。例如，迅速有效地处理空间碎片，防止污染扩大；区分肇事者和非肇事者，以责任大小来进行处置等。② 一个全世界认可的、对各缔约国具有强制性法律效力的国际空间活动行为准则要强调通过友好协商找到一个各方都能接受的方案，以协调各国行动，反对霸权国家单方面主导规则的制定。目前，一些国家和共同体及有关机构已制定了较为具体的空间活动行为准则。如美国于2007年8月颁布的《美国国家宇航局限制空间碎片的技术标准过程》，美国著名军控研究智库史汀生中心（Stimson Center）于2007年10月发布了《空间大国示范行为准则》，欧盟于2008年12月颁布了《空间活动行为准则》。中国目前已经颁布了第一份控制空间碎片产生的航天业界行业标准《空间碎片减缓要求》。

在聚合性认同的基础上，国际社会应在联合国框架内通过与美国在空间安全领域各种形式的互动，使美国充分考虑到空间武器效应逆序的后果。“如果美国决策者了解空间战的严重后果，他们可能会转而支持用合

① 董青岭：《复合建构主义——进化冲突与进化合作》，时事出版社2012年版，第203页。

② 张田勘：《用法律法规来维护外空环境，卫星相撞催生外空行为准则》，《大众科技报》2009年3月12日。

作的方式解决其安全关切。"[①] 2011 年，美国曾一度关注与欧盟就《空间活动行为准则》签署协议。美国政府试图建立有关空间发射和卫星活动的国际规则，强调"美国将为负责任的空间活动提供数据标准、最佳实践、透明度、信任建立措施以及行为规范的支持"。美国政府曾表示它将准备接受欧盟的"空间活动行为准则草案"，并对文件做最小的改动。2011 年 1 月，一个针对该行为准则的、旨在减少可能撞到卫星的空间残骸物的政府跨部门审查得出了结论，它将不会损害美国在空间的利益或是会限制相关研究及项目的发展。"行为规范"会对行为做出一些限制，但不会对硬件做出限制。欧洲的《空间活动行为准则》不会以任何有效方式限制部署空间武器。《空间活动行为准则》只会限制武器使用，除非"依照联合国章程属自卫，或出于紧急安全考虑"[②]。美国准备接受空间活动行为准则主要是考虑到空间探索利用活动的增加已经导致空间碎片的风险日益威胁到自身的安全。"我想我们需要一个多层的方法来威慑相关的国际惯例，以及所涉及的与盟国的合作伙伴关系，以此来诱发对空间活动的约束。"但这一战略还声称美国保留在空间的自卫权利。[③] 美国原打算将欧洲版《空间活动行为准则》改造成美版《空间活动行为准则》，后终因美国国会保守势力的反对而未果。

3. 空间特定资源管理机制建构与施动者—结构—进程的优化

在空间里无论是物质结构还是观念结构都是因空间主体互动实践而产生的，但结构所产生的作用却总是处于施动者的意图之外，是不可能还原到施动者层次上的。在空间特定资源国际管理方面，国际社会已经达成一系列多边条约。它们确认空间资源为全人类所共有观念，各国都可以对其进行自由勘测、利用和开发；对于空间环境，全人类都有保护其不受破坏的义务。这些外层空间条约和有关文件已经得到国际社会的普遍认可，既是指导各国空间特定资源和平开发与利用的依据，也是空间安全国际法框架的主要组成部分。[④] 在空间开发与利用的进程中，为了实现人类对空间

---

① 李彬、吴日强主编：《国际战略与国家安全——科学技术的视角》，中国传媒大学出版社 2008 年版，第 70 页。

② 《科学家回答美国参议员对〈外空行为规范〉提出的问题》，美国《航天评审》2011 年 3 月 7 日报道。

③ 张颖：《奥巴马欲建立外空行为规则》，《东方早报》（上海）2011 年 2 月 9 日。

④ 滕建群：《2008 年国际军控与裁军形势综述》，《2009：国际军备控制与裁军报告》，世界知识出版社 2009 年版，第 11 页。

资源的可持续利用和对空间环境的保护，这些已有制度框架“不仅具有控制体系暴力、限制行为体行动范围和行为方式的作用，更重要的是结构（即已有制度框架）会建构行为体的身份和利益，并通过各种方式不断社会化行为体，使之不断为社会整体所同化而不被认为是体系中的异类。进而拥有特定身份并知晓其利益的施动者通过彼此之间的互动，会反过来再造、加强或改变体系结构。

随着人类空间活动的深入开展，可利用的空间资源日益紧张，保护空间环境、合理开发和利用空间资源，实现空间和平利用的可持续发展等问题已经引起国际社会的普遍重视。世界各国积极推进空间国际安全合作机制的生成，应考虑到空间特殊的环境要求：空间某些资源的稀缺性使得人类在探索与利用空间的过程中出现了排他性现象。如无线电频谱分配、地球静止轨道位置占有、月球资源合理开发利用的规则、避开地球辐射带，即范·艾伦带航天轨道区的通过容量，以及拉格朗日（拉格朗治）平动点对航天器的容纳量等，均属于一定技术条件下空间稀缺而有限的特定资源，它们的开发与利用在一定时间和技术条件下，都具有排他性的特征，也就是说，无法做到共享性利用。随着空间实践活动的进程而日益加强的这种外部环境压力，从一个更宏观的层面推动着空间特定资源管理机制必须走向完善。

依据结构、施动者与进程之间的相互关系，在多层多次博弈中，结构与施动者形成相互再造、相互建构的关系，在不同进程阶段形成相互影响、相互嵌套的方式，空间机制结构、空间行为施动者与空间国际合作进程三位一体，共存共生，不断进化合作。在空间开发与利用的实践中，逐步制定、完善保护空间资源与环境的国际条约，实行空间天体资源的国际开发制度。“具体的制度要以自然资源开发权为核心予以建立，并包括自然资源勘探权、矿藏的技术标准、开发后自然资源的所有权、矿藏附属天体地表和地下的排他使用权以及可能产生的环境保护责任”①。由于国际上对空间资源的开发和利用，其动机、目的和技术水平、国内政策有极大的差别，其中更含有政治、军事等因素的影响。由此可以预见，需要国际社会在施动者—结构—进程互动磨合中达成共识，这样才能使国际合作机

① 贾海龙：《外层空间自然资源开发制度的缺陷和展望》，《北京航空航天大学学报》（社会科学版）2010 年第 6 期。

制发展完善。①

例如，卫星频轨是指卫星电台使用的频率和卫星所处的空间轨道位置，是随着卫星技术的发明而开始被人类开发利用的自然资源，是所有卫星系统建立的前提和基础，也是卫星系统建成后能否正常工作的必要条件。卫星频率主要指无线电频谱用于空间无线电业务的部分。不同的频段传播损耗不同，其中在0.3—10GHz频段间损耗最少，被称为“无线电窗口”；在30GHz附近频段损耗相对较小，通常被称为“半透明无线电窗口”。目前，各类卫星应用也主要使用这些频段，其他频段相对损耗较大。因此，卫星电台常用频段只占无线电频谱的小部分。随着空间技术的发展和卫星应用的大量增加，卫星频率资源日益紧张。同时，卫星在运行过程中又必须使用空间的某个轨道位置，卫星运行的轨道位置有位于赤道上空、距地面高度为35786公里的地球静止轨道，也有距地面几百到1000公里左右的低轨道位置和距地面10000公里左右的中轨道位置。不管是地球静止轨道位置还是其他轨道位置，资源都是有限的。以地球静止轨道位置资源为例，受天线接收能力的限制，同一频段、覆盖区域相同或部分重叠的对地静止卫星只有间隔一定的距离，地球站才能区分开不同卫星的信号，实现正常的工作。因此，两颗卫星之间需要在经度上间隔不小于2度，在整个地球静止轨道上的同频段卫星通常不会超过150个，静止卫星轨道数量已远不能满足世界各国的需求。

对频轨资源进行管理的国际电信联盟及其《无线电规则》作为一种制度性权力结构，对各国行为具有约束作用。根据国际电信联盟的规定，一国对特定轨道位置的使用权不能转让给其他国家，一国可以获得轨道位置的使用权，但是必须遵守国际电信联盟设定的规则。如果因为债务人将空间资产的占有和控制权交给了外国的债权人而导致一国不再使用该轨道位置，那么根据国际电信联盟的规则，该轨道位置将由其他国家获得，而不一定由债权人所在国获得。② ……根据《国际电信联盟宪章》第四十四条，各成员国均认为无线电频率和对地静止卫星轨道是有限的自然资源，必须依照《无线电规则》的规定合理而有效率地节省使用；而国际电信

① 徐祥民、王岩：《外空资源利用与外空环境保护法律制度的完善》，《中国人口·资源与环境》2007年第4期。

② “*Comments on the Alternative Text Submitted by the Government of Canada*,” 载于UNIDROIT 2009C. G. E. / Space Pr. /3/ W. P. 13.

联盟有关程序规则规定禁止在未通知该组织的情况下转让卫星档案、轨道位置以及频率资源，即便转让，也必须遵守有关规定。因此，国际电信联盟认为，频率资源和轨道位置只能用来认定空间资产，而不能被视为空间资产因素的组成部分[①]而加以转让。[②]

另一方面，“地球静止轨道是一种有限的自然资源，其利用不仅应该合理，还应向所有国家开放，不管其目前的技术能力如何。这将使各国能够在公平条件下利用该轨道，特别是要牢记发展中国家的需要和利益以及某些国家的地理位置，并考虑到国际电信联盟的程序以及联合国的相关准则和决定。各个国家间旨在利用地球静止轨道的协调都应以合理、公平的方式进行，并应符合国际电信联盟[③]的《无线电规则》[④]。‘先到者先接受服务原则’就轨道位置的利用而言是不可接受的，该原则对那些希望享有空间技术效益但尚未具备必要能力的国家造成歧视。对地球静止轨道问题的讨论应着眼于寻找确保为所有国家的利益利用该轨道的方式。”[⑤] 从多路径实现国际安全合作这样一个更为宏观的层面来看，由于频率轨道资源是一种有限的、不可再生的自然资源，而且卫星轨道位于世界各国共处的宇宙空间，是全人类共有的国际资源。[⑥] 因此，频率轨道资源的获取不能完全机械地执行“先到者先接受服务原则”，必须考虑随着空间技术的发展，越来越多的逐步踏入空间的发展中国家的利益，因此，这种宏观结构的压力施动于国际电信联盟及其《无线电规则》，意味着国际电信联盟制定的规则也有一个与时俱进，不断改革完善的过程。

空间安全机制的演化发展是物质与观念的复合结构，以及塑造这种结构的外部环境共同变化与互动的结果。冷战时期，美苏之间的空间军事竞

---

① 参见“*Statement Made by the International Telecommunication Union*,” 载于 UNIDROIT 2009C. G. E. / Space Pr. /3/ W. P. 16.

② 夏春利：《论空间资产特定问题的法律框架——〈空间资产特定问题议定书〉草案的进展、争议焦点及前景》，《北京航空航天大学学报》（社会科学版）2011 年第 24 卷第 5 期。

③ 国际电信联盟（ITU）是联合国负责国际电信事务的专门机构，其职责包括采用国际规则和协议来管理无线电频谱和卫星轨道位置的分享，这些有限的自然资源被大量的设备所使用，包括电视、广播、移动电话、卫星通信系统、航空和航海导航安全系统等。

④ 该规则作为一项国际协定，对所有成员国具有法律约束力。

⑤《联合国和平利用外层空间委员会的报告》第五十三届会议，大会正式记录，第六十五届会议补编第 20 号（2010 年 6 月 9 日至 18 日），第 23 页。

⑥ 欧孝昆、李勇、张日军：《卫星频轨资源极为紧张，美俄已占 80% 黄金导航频段》，《解放军报》2010 年 5 月 7 日。

赛一度使空间物质权力结构达到了某种“脆弱的平衡”，尽管以相互威慑为基础的身份建构本质上是一种消极的政治认同，但空间技术的低扩散度与权力结构的相对稳定，使得美苏建立起了一系列旨在维持空间两极霸权格局的双边和多边机制。然而，这些机制安排缺乏切实有效的规范认同，随着技术的变革与扩散，这些机制逐渐难以为继。正如莫尔茨所说，“由于行为体数量日益增长，而近地空间资源有限性愈发凸显”，以空间军备竞赛为实质的“冷战式”国际安全机制的“运转越来越失灵”[①]。冷战后空间国际安全领域出现低政治认同度与低暴力受控度的结合，从而导致“效率竞争型社会化”，在此结构下空间行为体极易优先选择那些增强其自身安全的规范，对生存竞争的追逐将使体系趋向冲突化。因此，空间的军事化困境日益深化，构建国际安全合作机制的努力举步维艰。从本论著的分析框架中可以看出，探讨空间安全困境的化解之道应当考虑物质与观念两者如何“耦合”、“互构”的问题。到实践中找答案，就是要从可操作层面把握机遇，通过空间信任措施先行，增进聚合性认同，形成较高认同度与低受控度耦合的“原则竞争型社会化”。进一步构建空间国际安全机制，必须着眼于空间技术变革与发展的基本特点，积极探索控制体系暴力、凝聚政治认同以及推动施动者—结构—进程正向互动模式的可行方式。更为重要的是，这些机制建构的努力无疑将需要中国、美国、俄罗斯与欧盟等主要空间行为体消弭分歧、建立共识，通过切实行动维护与增强空间安全。从客观上看，空间安全将成为中国与其他国家建构和发展新型大国关系的重要课题。

---

① James Clay Moltz, *Asia's Space Race*: *National Motivations*, *Regional Rivalries*, *and International Risks* (New York: Columbia University Press, 2012), p. 218.

参考文献

江泽民：《在庆祝中国共产党成立八十周年上的讲话》，人民出版社 2001 年版。

《江泽民论有中国特色的社会主义》，中央文献出版社 2002 年版。

江泽民：《全面建设小康社会，开创中国特色社会主义事业新局面》，人民出版社 2002 年版。

亚里士多德：《政治学》，中国人民大学出版社 2003 年版。

亚里士多德：《尼各马科伦理学》，《亚里士多德全集》第 8 卷，中国人民大学出版社 1990 年版。

燕继荣：《政治学十五讲》，北京大学出版社 2004 年版。

艾尔福特·加德纳：《在贫瘠土壤上播种：空间力量理论难于成长之谜》，杨乐平、彭望琼编译：《空间力量理论与战略研究文集》，国防科技大学出版社 2013 年版。

杨乐平：《国际外空安全与外空武器化评述》，《2006：国际军备控制与裁军报告》，世界知识出版社 2006 年版。

朱阳明主编：《国际安全战略论》，军事科学出版社 2000 年版。

任晓主编：《国际关系理论新视野》，长征出版社 2001 年版。

美国战略与国际问题研究中心（CSIS）：《沉寂的外太空——21 世纪外空探索的全球准则》，《载人航天探索计划报告》，2005 年 2 月 15—16 日于布鲁塞尔发布。

孙关宏、胡雨春、任军锋主编：《政治学概论》，复旦大学出版社 2003 年版。

［美］汉斯·摩根索：《国家间政治——权力斗争与和平》，［美］肯尼思·汤普森、戴维·克林顿修订，徐昕、郝望、李保平译，王缉思校，北京大学出版社 2006 年版。

詹姆斯·N. 罗西瑙：《没有政府的治理》，江西人民出版社 2001 年版。

［美］丹尼尔·格雷厄姆：《高边疆——新的国家战略》，张健志、马俊才、傅家祯译，军事科学出版社 1988 年版。

张钧：《当代中国的航天事业》，中国社会科学出版社 1986 年版。

仪名海、马丽丽：《外空非军事化的意义》，《2009：国际军备控制与裁军报告》，世界知识出版社 2009 年版。

中俄联合工作文件：《防止在外空部署武器、对外空物体使用或威胁使用武力国际法律文书要点（草案）》，中华人民共和国外交部网站（http：// www. fmprc. gov. cn/chn/pds/ziliao/tytj/zcwj/t4803. htm）。

张泽：《外空安全战略研究——兼论中国外空安全战略框架设计》，外交学院 2009 年博士学位论文。

马新民：《国际外空法的现状及发展趋势》，赵海峰主编：《空间法评论》第 2、3 卷，哈尔滨工业大学出版社 2009 年版。

程浩于联合国纽约总部报道《外空探索促进人类安全——专访联合国外层空间事务办公室主任》，联合国电台网站（http：//www. unmultimedia. org/radio/chinese/archives/173602/），2012 年 10 月 4 日。

中国国家航天局：《2011 年中国的航天》白皮书，http：//www. cnsa. gov. cn/n1081/n7529/n308593/426809. html。

陶平、王振国、陈小前：《论空间安全》，国防科技大学出版社 2007 年版。

《中国代表团团长胡小笛大使在第 60 届联大一委关于空间问题的专题发言》，《2006：国际军备控制与裁军报告》，世界知识出版社 2006 年版。

李彬：《军备控制理论与分析》，国防工业出版社 2006 年版。

［美］安德鲁·M. 赛斯勒（研究小组组长）等：《NMD 与反制 NMD》（原名：《反制措施》），卢胜利、米建军译，国防大学出版社 2001 年版。

军事科学院世界军事研究部译：《美国国防部 2006 年四年防务审查报告》，军事科学出版社 2006 年版。

《各国对空间碎片、核动力源空间物体的安全以及这些物体与空间碎片的碰撞问题的研究》，联合国文件编号 A/AC. 105/770。

尹玉海：《国际空间立法概览》，中国民主法制出版社 2005 年版。

贺其治：《外层空间法》，法律出版社 1992 年版。

《联合国和平利用外层空间委员会的报告》第五十三届会议，大会正式记录，第六十五届会议补编第20号（2010年6月9—18日）。

［美］萨莉·马丁、贝思·西蒙斯编：《国际制度》，黄仁伟、蔡鹏鸿等译，上海人民出版社2006年版。

徐海玉主编：《美军空天对抗理论与技术研究》上册，哈尔滨工业大学出版社2002年版。

张羽：《论联合战斗》，国防大学出版社2003年版。

董青岭：《复合建构主义——进化冲突与进化合作》，时事出版社2012年版。

滕建群：《外空实力竞争与限制外空武器化》，《2009：国际军备控制与裁军报告》，世界知识出版社2009年版。

李彬、吴日强主编：《国际战略与国家安全——科学技术的视角》，中国传媒大学出版社2008年版。

罗伯特·基欧汉、约瑟夫·奈：《权力与相互依赖》，门洪华译，北京大学出版社2002年版。

徐能武：《外层空间国际关系研究》，中国社会科学出版社2010年版。

唐永胜、徐弃郁：《寻求复杂的平衡——国际安全机制与主权国家的参与》，世界知识出版社2004年版。

陈宏、王震雷：《外空战争风云录》，中国友谊出版社2003年版。

田曾佩主编：《改革开放以来的中国外交》，世界知识出版社1993年版。

刘华秋等：《军备控制与裁军手册》，国防工业出版社2000年版 。

滕建群：《2008年国际军控与裁军形势综述》，《2009：国际军备控制与裁军报告》，世界知识出版社2009年版。

黎弘、滕建群、武天富等：《2010：国际军备控制与裁军》，世界知识出版社2010年版。

［美］罗伯特·基欧汉：《霸权之后——世界政治经济中的合作与纷争》，上海人民出版社2001年版。

［美］斯蒂芬·D. 克拉斯纳：《结构冲突：第三世界对抗全球自由主义》，浙江人民出版社2001年版。

［美］詹姆斯·德·代元主编：《国际关系理论批判》，秦治来译，浙江人民出版社2003年版。

［美］琼·约翰逊—弗里泽：《空间战争》，叶海林、李颖译，国际文化出

版公司 2008 年版。

［美］曼瑟尔·奥尔森：《集体行动的逻辑》，陈郁、郭宇峰、李崇新译，上海三联书店 1995 年版。

美国卡内基国际和平基金会研究报告：《普遍履约：全新的核安全战略》，中国军控与裁军协会译，世界知识出版社 2005 年版。

［俄］切尔托克·鲍里斯·叶夫谢耶维奇：《21 世纪航天：2101 年前的发展预测》，张玉梅、杨敬荣译，国防工业出版社 2014 年版。

《中国、俄罗斯代表团联合向裁军谈判会议提交的关于“防止外空军备竞赛的核查”的工作文件（CD/1781）》，中华人民共和国外交部网站（http：//www. fmprc. gov. cn/mfa_ chn/ziliao_ 611306/tytj_ 611312/zcwj_ 611316/t309185. shtml）。

中华人民共和国驻联合国日内瓦办事处和瑞士其他国际组织代表团，Conference Report Safeguarding Space Security：Prevention of an Arms Race in Outer Space，http：//www. china－un. ch/chn/cjjk/backgrouders2/t203790. htm .

《中国、俄罗斯代表团联合向裁军谈判会议提交的关于“外空活动透明和建立信任措施与防止在外空部署武器”的工作文件》（CD/1778），中国外交部网站（http：//www. fmprc. gov. cn/mfa_ chn/ziliao_ 611306/tytj_ 611312/zcwj_ 611316/t309185. shtml）。

《黄惠康在联合国外空委阐述我利用外层空间新主张》，中国外交部网站，2011 年 6 月 7 日（http：//www. fmprc. gov. cn/mfa_ chn/ziliao_ 611306/tytj_ 611312/zcwj_ 611316/t309185. shtml）。

《联合国与外层空间有关的条约和原则》，纽约，联合国出版物 2002 年版。

戴维·鲍德温主编：《新现实主义和新自由主义》，肖欢容译，浙江人民出版社 2001 年版。

《21 世纪的空间政治学和航天发展预测》，党政、宋尧译，《载人航天信息》2013 年第 4 期。

王岳川：《空间文明时代的中国文化身份》，《学术月刊》2006 年第 7 期。

黄解放：《空间法的“共同利益”原则——〈外空条约〉第一条第一款再探讨》，《中国国际法年刊》1987 年卷。

李燕妙：《试析人类共同继承财产的概念与基本内涵》，《中山大学学报论丛》2004 年第 2 期。

秦晓程:《外层空间商业化活动的国际法问题》,《中国国际法年刊》1993年卷。

王铁崖:《论人类共同继承遗产的概念》,《中国国际法年刊》1984年卷。

陈峰君:《两种不同的安全概念与安全战略》,《世界经济与政治》1997年第11期。

董青岭:《现实建构主义与自由建构主义:一种研究纲领内部的分化》,《世界经济与政治》2008年第12期。

徐治立、殷优优:《航天科技对人类社会的影响》,《科学学研究》2006年第24卷增刊。

慕建峰:《新秩序,还是老制度——〈制度、战略约束和美国战后秩序的持续〉评介》,《美国研究》2002年第1期。

焦兵:《现实建构主义:国际政治的权力建构》,《世界经济与政治》2008年第4期。

仪名海:《外层空间国际关系研究的意义及其体系的构建》,《中国海洋大学学报》(社会科学版)2006年第3期。

孙来燕:《中国航天的发展战略和重点领域》,《中国工程科学》2006年第8期。

何奇松:《脆弱的高边疆:后冷战时代美国太空威慑的战略困境》,《中国社会科学》2012年第4期。

秦立新、李大光:《航天飞机将谢幕,空天飞行器欲登台》,《解放军报》2011年7月21日。

袁易:《重新思考外层空间安全:一个中国建构安全规范之解析》,《中国大陆研究》2009年第52卷第2期。

雷怀:《俄计划外空复兴 反卫星武器可打两千公里高卫星》,《青年参考》2006年11月27日。

田野:《国际协议自我实施的机理分析:一种交易成本的视角》,《世界经济与政治》2004年第12期。

赵海峰:《外空武器化与国际法治》,《学习与探索》2011年第2期。

潘菊生、陈银娣:《空间国际条约及军备控制情况》,《外国军事学术》2005年第3期。

匡兴华、朱启超、张志勇:《美国新型战略武器发展综述》,《国防科技》2008年第1期。

苏晓辉:《美国外空战略的新动向及其发展前景》,《国际问题研究》2008年第4期。

赵秀敏:《论外层空间法对空军发展战略的影响》,《西安政治学院学报》2009年第5期。

赵秀兰、刘汉宗:《美、俄的外空战准备》,《现代防御技术》2004年第1期。

方勇:《美国推进快速全球打击计划》,《新时代国防》2010年第8期。

吴勤、高雁翎:《美国的空间对抗装备技术》(上),《中国航天》2007年第7期。

薄守省:《从美俄卫星相撞看外空活动的国际法规制》,《北京航空航天大学学报》2010年第1期。

丁树范:《中美关于外空、导弹防卫与核武政策争议之研究》,《中国大陆研究》2010年第53卷第1期。

黎弘:《复杂多元化的全球核安全环境》,《和平与发展》2010年第3期。

李滨:《国际裁军实践中的外空非武器化问题分析》,《国际观察》2010年第5期。

聂资鲁:《外层空间军备控制与国际法》,《甘肃政法学院学报》2007年第4期。

赵海峰:《欧洲外空法律政策及其对中国与亚洲的影响》,《北京航空航天大学学报》2011年第1期。

牛姗姗:《外层空间非军事化法律制度构建思考》,《江苏警官学院学报》2009年第24卷第6期。

袁俊:《前苏联发展反卫星武器的回顾》,《现代防御技术》2000年第5期。

熊小龙、李荣刚、由大德、张世燎:《夺取制太空权》,《飞航导弹》2005年第10期。

李寿平:《外层空间的军事化利用及其法律规制》,《法商研究》2007年第3期。

郑道光:《外空军事对抗与国家安全》,《军事学术》2002年第3期。

耿艳栋、肖建军:《关于空天一体化的初步研究》,《装备指挥技术学院学报》2004年第6期。

税世鹏:《新世纪初军用卫星技术及市场发展评析》,《中国航天》2000

年第3期。

蔡翠红:《试论网络对当代国际政治的影响》,《世界经济与政治》2001年第9期。

秦亚青、亚历山大·温特:《建构主义的发展空间》,《世界经济与政治》2005年第1期。

戴旭:《太空:战争最后的高地》,《当代军事文摘》2007年第3期。

李彬、聂宏毅:《中美战略稳定性的考察》,《世界经济与政治》2008年第2期。

张明、李锁库:《空间信息作战与国际空间法》,《装备指挥技术学院学报》2003年第2期。

朱文奇:《国际法与外空军事化问题研究》,《领导者》2008年总第22期。

中国国际战略学会军控与裁军研究中心:《国际军控与裁军形势分析及展望》,《求是》2008年第19期。

樊晨:《美国一体化弹道导弹防御系统传感器发展综述》,《系统工程》2007年第2期。

陈超、张剑云、刘春生、游志刚:《美国国家导弹防御系统发展分析》,《雷达与电子战》2007年第2期。

中国科学院国家科学图书馆:《天基预警有效载荷技术综述》,《科学研究动态监测快报——空间光电科技专辑》2008年第6期。

金伟新:《战略导弹反制NMD效能分析模型与反制对策研究》,《系统工程理论与实践》2002年第11期。

李寿平:《外空的军事化利用及其法律规制》,《法商研究》2007年第3期。

李志刚:《攻防理论及其评价》,《国际论坛》2004年第6期。

王友利、伍赣湘:《美国空间对抗体系及典型装备发展研究》,黎弘主编:《2012:国际军备控制与裁军》,世界知识出版社2012年版。

邹明皓、李彬:《美国军事转型对国际安全的影响——攻防理论的视角》,《国际政治科学》2005年第3期。

程群、何奇松:《美国国家安全外空战略评析》,《现代国际关系》2011年第3期。

谭显裕:《21世纪美军外空战发展的武器装备研究》,《航天电子对抗》

2004 年第 1 期。

特蕾莎·希钦斯（Theresa Hitchens）：《外空大战离我们还有多远?》，郭凯声译，《环球科学》2008 年第 4 期。

李小军：《导弹扩散治理机制的困境及其出路》，《国际问题论坛》（上海）2006 年第 42 期。

徐能武：《论技术性级差空租与外层空间安全机制的成长》，《东南亚纵横》2008 年第 5 期。

徐能武：《论外层空间军备控制权力建构的实质》，《南京航空航天大学学报》2010 年第 4 期。

熊光楷：《江主席“七·一”重要讲话对国际战略思想的新发展》，《国际政治研究》2002 年第 3 期。

何奇松：《外空透明与信任建设机制刍议》，《社会科学》2012 年第 12 期。

张浩：《外空军控的机制设计——以建立信任措施为例》，《国际问题论坛》2007 年夏季号（总第 47 期）。

聂资鲁：《联合国和平利用外层空间委员会与国际法》，《法学杂志》2008 年第 6 期。

马新民：《国际外空立法的发展与我国的空间政策和立法》，《中国航天》2008 年第 2 期。

盛红生、曹莉、曾蕾：《国际裁军与裁军初探》，《武汉大学学报》（哲学社会科学版）1995 年第 1 期。

王君：《防止外空武器化问题及前景评估》，《现代国际关系》2002 年第 12 期。

贺其治：《加强制止外空军备竞赛的法律措施》，《国际问题研究》1984 年第 4 期。

侯权峰：《国际外空法的基本原则》，《问题与研究》2003 年第 42 卷第 5 期。

胡大平：《马克思主义理论中的空间问题谱系研究》，《哲学文摘》2012 年第 2 期。

仪名海、马丽丽：《推进外层空间军备控制发展的必要途径》，《中国海洋大学学报》（社会科学版）2008 年第 6 期。

王孔祥：《国际外层空间法和国内外层空间法的关系》，《中国航天》2006

年第11期。

王孔祥:《外空军备竞赛对外层空间法的挑战》,《武汉大学学报》(哲学社会科学版)2005年第5期。

李滨:《美俄卫星相撞事件中的国际法问题探析》,《北京航空航天大学学报》(社会科学版)2011年第4期。

贾海龙:《外层空间自然资源开发制度的缺陷和展望》,《北京航空航天大学学报》(社会科学版)2010年第6期。

徐祥民、王岩:《外空资源利用与外空环境保护法律制度的完善》,《中国人口·资源与环境》2007年第4期。

Everett Dolman. *Astropolitik*: *Classical Geopolitics in the Space Age.* London: Frank Cass, 2002.

Fraser MacDonald. "*Anti-Astropolitik—Outer Apace and the Orbit of Geography.*" *Progress in Human Geography*, 31 (5) (2007).

Stephen D. Krasner. "Structural Causes and Regime Consequences: Regimes as Intervening Variables." in Stephen Krasner (ed.). *International Regimes.* Ithaca: Cornell University Press, 1983.

Stephen D. Krasner. "Global Communications and National Power: Life on the Pareto Frontier." *World Politics*, Vol. 43, 1991.

Oran R. Young and Marc A. Levy. "The Effectiveness of International Environmental Regimes." in Oran Young (ed.). *The Effectiveness of International Environmental Regimes*: *Causal Connections and Behavioral Mechanisms*, 1999.

Andreas Hasenclever, Peter Mayer and Volker Rittberger. *Theories of International Regimes.* London: Cambridge University Press, 1997.

Janice Mattern. "Power in Realist Constructivism Research." *International Studies Review*, Vol. 6, No. 2, 2004.

Michael Barnett and Raymond Duvall. "Power in International Politics." *International Organization*, Vol. 59, No. 1, 2005.

Jeffrey Legro and Andrew Moravcsik. "Is Anybody a Realist?" *International Security*, Vol. 24, No. 2, Fall 1999.

Departments of Defense and State. *Final Report to Congress Section* 1248 *of the National Defense Authorization Act for Fiscal Year* 2010 (*Public Law* 111-84), p. 4, http://www.defense.gov/home/features/2011/0111_nsss/

docs/1248_ Report_ Space_ Export_ Control. pdf.

Abraham M. Denmark and James Mulvenon. *Contested Commons: The Future of American Power in a Multipolar World*. Washington, D. C. : Center for a New American Security, 2010.

Conference on Disarmament CD/1693/Rev. 1. 5September2003: Initiative of the Ambassadors Dembri, Lint, Reyes, Salander and Vega, Proposal of a Programme of Work, revised at the 932nd plenary meeting on Thursday, 26 June 2003. http: // www. reaching criticalwill. org/political/cd/A5.

Bao Shixiu. "Deterrence Revisited: Outer Space." *China Security*, Winter 2007.

J. Samuel Barkin. "Realist Constructivism." *International Studies Review*, No. 5, 2003.

Michael Krepon. *Space Assurance or Space Dominance: The Case against Weaponizing Space*. Henry L. Stimson Center, 2003.

Roger Handberg and Zhen Li. *Chinese Space Policy: A Study in Domestic and International Politics*. Routledge, New York, 2007.

Kevin Whitelaw. "The Problem of Space Debris." (4 December, 2007), *U. S. News and World Report*, online: http: //www. usnews. com/articles/news/2007/12/04/the-problem-of-space-debris. html.

Jeremy Singer, "Space-Based Missile Interceptors Could Pose Debris Threat." *Space News* , 13 September 2004.

Statement by Theresa Hitchens, before the Subcommittee on National Security and Foreign Affairs, Committee on Oversight and Government Reform, U. S. House of Representatives, May 23, 2007, URL.

"Outer Space Militarization, Weaponization, and the Prevention of an Arms Race." Reaching Critical Will, http: //www. reachingcriticalwill. org/legal/paros/parosindex. html.

Jing-dong Yuan. "Culture Matters: Chinese Approaches to Arms Control and Disarmament." in Keith R. Krause ed. *Culture and Security: Multilateralism, Arms Control and Security Building*, London: Frank Cass, 1999.

Bates Gill. *Rising Star: China's New Security Diplomacy*. Brookings Institution Press , March 2007.

Rhianna Tyson. "Advancing a Cooperative Security Regime in Outer Space."

Policy Brief, May 2007, http: //www. gsinstitute. org/gsi/pubs/05-07-space-brief.

M. J. Peterson. *International Regimes for the Final Frontier*. New York: State University of New York, 2005.

W. Henry Lambright. *Space Policy in the Twenty-First Century*. Baltimore: Johns Hopkins University Press, 2002.

Guy B. Roberts. *This Arms Control Dog Won' t Hunt*: *The Proposed Fissile Material Cut-off Treaty at the Conference of Disarmament* (Colorado Spring. Colo. : USAF Institute for National Security Studies, 2001.

United Nations. Official Documents System of the United Nations, http: //daccessdds. un. org/doc/UNDOC/GEN/N06/498/93/PDF/N0649893. pdf? OpenElement.

Oran R. Young. "Regime Dynamics: The Rise and Fall of International Regimes." in Stephen krasner (ed.). *International Regimes*. Ithaca: Cornell University Press, 1983.

Robert G. Joseph. Remarks on the President's National Space Policy-Assuring America's Vital Interests, Remarks to Center for Space and Defense Forum, Jan 11, 2007, URL.

James Clay Moltz. *The Politics of Space Security*. Stanford University Press, Stanford, California, 2008.

Waltz. *Theory of International Politics*. Reading, Mass. : Addison-Wesley, 1979.

"Bridging the Gap: Toward A Realist-Constructivist Dialogue." *International Studies Review*, Vol. 6, No. 6, 2004.

Brent Steele. "Liberal-Idealism: A Constructivist Critique." *International Studies Review*, Vol. 9, No. 1. 2007.

Henry Kissinger. *Does America Need a Foreign Policy*? New York: Simon & Schuster, 2001.

Committee on International Security and Arms Control, National Academy of Sciences. *The Future of US Nuclear Weapons Policy*. National Academy Press, Washington, CD, 1997.

Gwendolyn M. Hall, John T. Capello, Stephen R. Lambert. "A Post-Cold War Nuclear Strategy Model." USAF Institute for National Security Studies,

Colorado, July, 1998.

Paul. D. Brown. *U. S. Nuclear Deterrence Policy: Do We Have It Right?* U. S. Army War College, March 15, 2008.

The International Wideband Global SATCOM (WGS) Program, https://www.defenseindustrydaily.com/americas-wideband-gapfiller-satellite-program-02733/.

Marcia S. Smith. "Military and Civilian Satellites in Support of Allied Forces in the Persian Gulf War." Congressional Research Service Report for Congress, February 27, 1991.

Gulf War 20th: Some Lessons Learned from the Land War, Defense Media Network, http://www.defensemedianetwork.com/stories/gulf-war-20th-some-lessons-learned-from-the-land-war/.

The airforce association, Gulf war II-Air and space power led the way [EB/0L]. http//: www.saf.org/media/reports/gulfwar.pdf. 2004/02/10.

Space and Missile Systems Center. *Space Based Space Surveillance: Revolutionizing Space Awareness.* Space and Missile Systems Center. 2010.

Space Based Space Surveillance Makes Headway [SBSS], Defense Industry Daily. http://www.defenseindustrydaily.com/preventing-a-space-pearl-harbor-sbss-program-to-monitor-the-heavens-06106/

Forrest E. Morgan. *Deterrence and First-Strike Stability in Space: A Preliminary Assessment.* RAND, 2010.

The Physics of Space Security (2005). Union of Connected Scientists. http://www.ucsusa.org/nuclear_weapons_and_global_security/solutions/space-weapons/the-physics-of-space-security.html.

David Wright, Laura Grego and Lisbeth Gronlund. *Space Security Physics, Reference Book.* Massachusetts: Cambridge: The American Academy of Arts and Sciences, 2005, p. 4, http://www.amacad.org/projects/science.aspx.

Amy F. Woolf. "Conventional Prompt Global Strike and Long-Range Ballistic Missiles: Background and Issues." *Congressional Research Service*, May 5, 2014.

Barry D. Watts. *The Case for Long Range Strike: 21st Century Scenarios.* Center for Strategic and Budgetary Assessments (CSBA), Washington, 2008. 12.

Keith Payne, Thomas Scheber, Mark Schneider, David Trachtenberg, Kurt Guthe. *Conventional Prompt Global Strike: A Fresh Perspective.* National Institute Press, June 2012.

Robert P. Merges, Glenn H. Reynolds. "Rules of the Road for Space: Satellite Collisions and the Inadequacy of Current Space Law." *The Environmental Law Reporter (ELR) News & Analysis*, Volume 40. Issue1, 2010. 01.

William J. Lynn, III. "A Military Strategy for the New Space Environment." *The Washington Quarterly*, Summer 2011, 34: 3.

Budget Busters: The USA's SBRIRS-High Missile Warning Satellites, Defense Industry Daily. June 26. 2014, http: //www. defenseindustrydaily. com/cat/projects/project-management/feed/.

Jana Honkova. "The Russian Federation's Approach to Military Space and Its Military Space Capabilities." George C. Marshall Institute, November 2013.

National Security Space Strategy Unclassified Summary, U. S. Department of Defense and Office of the Director of National Intelligence, 2011.

UNIDIR, Space Security 2009: Moving towards a Safer Space Environment-Conference Report, 15-16 June. New York: United Nations, 2009.

National Research on Space Debris, Safety of Space Objects with Nuclear Power Sources on Board and Problems Relating to Their Collision with Space Debris, Committee on the Peaceful Uses of Outer Space, November 30, 2001, A/AC. 105/770.

David Koplow. "International Safe Standards and the Weaponization of Space." *Space: The Next Generation-Conference Report*, 31March-1April 2008, Geneva: UNIDIR, 2008.

Robert G. Joseph. *Remarks on the President's National Space Policy-Assuring America's Vital Interests, Remarks to Center for Space and Defense Forum*, Jan. 11, 2007, URL.

James Andrew Lewis. "Galileo and GPS: From Competition to Cooperation." Center for Strategic and International Studies, June 2004.

Charles L. Glaser and Chaim Kaufmann. "What Is the Offense Defense Balance and Can We Measure It?" *International Security*, Vol. 22, No. 4, Spring 1998.

Robert Jervis. "Cooperation under the Security Dilemma." *World Politics*, Vol. 30, No. 2, January 1978.

United States Department of Defense. "Secretary Rumsfeld Announces Major National Security Space Management and Organizational Initiative." *News Release*, No. 201-01, May 8, 2001, http: //www. defenselink. mil/news/May2001/b05082001_ bt201-01. html.

Jack S. Levy. "The Offensive Defensive Balance of Military Technology: A Theoretical Analysis." *International Studies Quarterly*, Vol. 38, No. 2, June 1984.

Paul Mann. "Bush Team Rethinks Strategic Doctrine." *Aviation Weekly & Space Technology*, Vol. 154, No. 4, January 22, 2001.

Robert Gilpin. *War and Change in World Politics.* New York: Cambridge University Press, 1981.

John Mohanco. Russia Concerned About Space Weapons Deployment -Putin, *Moscow News*, November 9, 2006. http: //www. mosnews. com/news/2006/11/09/spacewar. shtml〉.

Chris Pocock, "Germany's SAR-Lupe constellation puts Europe ahead." *Defense News*, November 6, 2006. http: //www. defensenews. com/worldnews/2006/11/06/Europeannews. shtml〉.

Min-Hua Huang. "Constructive Realism: An Integrated IR Theory of Idea, Strategy, and Structure." paper prepared for presentation at the Annual Conference of the Midwest Political Science Association, Chicago, April, 2003.

Wingfield, Thomas C. Legal Aspects of Offensive Information Operations in Space. *Journal of Legal Studies* (*USAFA*), 1998/1999, (9).

Roger Zane George. "The Economics of Arms Control." *International Security* Winter 1978, (3).

U. S. President George W. Bush. "The Assurance of Freedom." *New York Time*, September 12, 2002.

The White House. "The National Security Strategy of the United States." September 20, 2002, http: //www. whitehouse. gov/nsc/.

James Clay Moltz. *Asia's Space Race: National Motivations, Regional Rivalries, and International Risks*, New York: Columbia University Press, 2012.

Helen Caldicott and Craig Eisendrath. *War in Heaven*: *The Arms Race in Outer Space*, New Press, 2007.

Vishnu Anantatmula. "U. S. Initiative to Place Weapons in Space: The Catalyst for a Space-Based Arms Race with China and Russia." *Astropolitics*: *The International Journal of Space Politics & Policy*, Vol. 11, No. 3.

D. M. Johnston and Ronald S. T. Macdonald eds. *The Structure and Process of International Law*. Leiden, NL.: Kluwer Law International, 1983.

Shannon K. Orr. " An International Regime Analysis of Outer Space." in *International Journal of Politics and Ethics*, op. cit., chapter 10. 16pgs.

"United Nations Office for Outer Space Affairs, United Nations Committee on the Peaceful Uses of OuterSpace: Member." United Nations, Office for Outer Space Affairs, http://www.unoosa.org/oosa/COPUOS/members.html.

Bhupendra Jasani ed. *Peaceful and Non-peaceful Uses of Space*: *Problems of Definition for the Prevention of An Arms Race*. New York: Taylor & Francis, 1991.

Alexander Kelle, Kathryn Nixdorff and Malcolm Dando. *Controlling Biochemical Weapons*: *Adapting Multilateral Arms Control for the 21th Century*. New York: Palgrave Macmillam, 2006.

Zou Yunhua. "China and the CTBT Negotiations." Center for International Security Cooperation, Stanford University, December 1998, http://www.ciaonet.org/wps/yuzol/index.html.

William S. W. Chang. "China and the Comprehensive Test Ban Treaty Negotiations." *Stanford Journal of East Asian Affairs*, Vol. 1 (Spring 2001), http://www.stanford.edu/group/sjeaa/journal1/china3.pdf.

Harold W. Bashor, Jr. *The Moon Treaty Paradox*. Philadelphia, PA.: Xlibris Corporation, 2004.

Wendy Frieman. *China*, *Arms Control*, *and Nonproliferation*. London: Routledge, 2004.

Jean du Preez. A Ban on Fissile Material as an Objective of the NPT, http://cns.miis.edu/search97cgi/s97_cgi? action = View&VdkVgwKey = ..%2F..%2Fcnsweb%2Fhtdocs%2Fpubs%2Fionp%2Ffissban.htm&queryzip = FMCT&Collection = CNS + Web + Site.

Hui Zhang. "Action/Reaction: U. S. Space Weaponization and China." *Arms Control Today*, December 2005, http://www.armscontrol.org/act/2005_12/Dec-cvr.asp.

Hui Zhang. "FMCT and PAROS: A Chinese Perspective." *International Network of Engineers and Scientists against Proliferation Bulletin*, No. 20, http://www.inesap.org/bulletin20/bul20art06.htm.

Frank A. Rose. "Challenges in Europe: Remarks at the 6th International Conferenceon Missile Defense." http://www.state.gov/t/vci/rls/137991.htm.

Glenn H. Reynolds and Robert P. Merges. *Outer Space: Problems of Law and Policy*, 2nd ed. Boulder, CO.: Westview Press, 1997.

David P. Barash. *The Arms Race and Nuclear War*. Belmont, CA.: Wadsworth Publishing Co., 1987.

Walter A. McDougall. The *Heavens and the Earth: A Political History of the Space Age*. Baltimore: Johns Hopkins University Press, 1985, 1997.

Friedrich V. Kratochwi. *Rules, Norms, and Decisions: On the Conditions of Practical and Legal Reasoning in International Relations and Domestic Affairs*. Cambridge: Cambridge University Press, 1989.

"Treaty on Principles Governing the Activities of States in the Exploration and Use of Outer Space, includingthe Moon and Other Celestial Bodies." United Nations, Office for Outer Space Affairs, http://www.unoosa.org/oosa/en/SpaceLaw/outerspt.html.

Thomas Graham, Jr. and Damien J. LaVera. *Cornerstones of Security: Arms Control Treaties in the Nuclear Era*. Seattle: University of Washington Press, 2003.

Bin Cheng. *Studies in International Space Law*. Oxford: Clearendon Press, 1997.

"Agreement on the Rescue of Astronauts, the Return of Astronauts and the Return of Objects Launched into Outer Space." United Nations Office for Outer Space Affairs, http://www.unoosa.org/oosa/en/SpaceLaw/rescue.html.

"Convention on International Liability for Damage Caused by Space Objects." United Nations Office for Outer Space Affairs, http://www.unoosa.org/oosa/en/SpaceLaw/liability.html.

"Convention on Registration of Objects Launched into Outer Space." United Nations Office for Outer SpaceAffairs, http://www.unoosa.org/oosa/en/SORegister/regist.html.

"Agreement Governing the Activities of States on the Moon and Other Celestial Bodies." United NationsOffice for Outer Space Affairs, http://www.unoosa.org/oosa/en/SpaceLaw/moon.html.

United Nations, Official Documents System of the United Nations, http://daccessdds.un.org/doc/UNDOC/GEN/N00/231/83/PDF/N0023183.pdf?OpenElement, http://daccessdds.un.org/doc/UNDOC/GEN/N00/561/37/PDF/N0056137.pdf?OpenElement.

Rudra Sil and Peter Katzenstein (2010) *Beyond Paradigms: Analytic Eclecticism in the Study of World Politics*, Palgrave Macmillan.

Jeffrey T. Checkel. "The Constructivist Turn in International Relations Theory." *World Politics*, Vol. 50, No. 2 (1998).

David Dessler and John Owen. "Constructivism and the Problem of Explanation: A Review Article." *Perspectives on Politics*, Vol. 3, No. 3 (2005).

Chris Brown. "Realism: Rational or Reasonable?" *International Affairs*, Vol. 88, No. 4 (2012).

Geoffrey Herrera. *Technology and International Transformation: The Railroad, the Atom Bomb, and the Politics of Technological Change.* Albany, NY: State University of New York Press, 2006.

Jack Levy. "The Causes of War and the Conditions of Peace." *Annual Review of Political Science*, Vol. 1, 1998.

Alison J. Williams. "Beyond the Sovereign Realm: The Geopolitics and Power Relations in and of Outer Space." *Geopolitics*, Vol. 15, 2010, pp. 785-793.

James S. Ormrod. "Beyond World Risk Society? A Critique of Ulrich Beck's World Risk Society Thesis as a Framework for Understanding Risk Associated with Human Activity in Outer Space." *Society and Space*, Vol. 31, 2013, pp. 727-744.

Rosita Dellios. "China and Outer Space." in Emilian Kavalski (ed.). *Ashgate Research Companion on Chinese Foreign Policy*. London, 2012.

Amy F. Woolf. *Conventional Prompt Global Strike and Long-Range Ballistic Mis-*

siles: *Background and Issues*. Congressional Research Service, August 26, 2014.

Everett C. Dolman. *Geostrategy in the Space Age*: *An Astropolitical Analysis*, *Journal of Strategic Studies*. Vol. 22, No. 2-3 (1999).

Scott J. Shackelford. "Governing the Final Frontier: A Polycentric Approach to Managing Space Weaponization and Debris." *American Business Law Journal*, Summer, 2014.

Hugo L. E. Meijer. "Reflections on Politics, Strategy and Norms in Outer Space." *Defense & Security Analysis*, Vol. 25, No. 1, March 2009.

Fraser Macdonald. "*Space and the Atom*: *On the Popular Geopolitics of Cold War Rocketry*." *Geopolitics*, Vol. 13, 2008.

Efstathios T. Fakiolasa and Tassos E. Fakiolas. "*Space Control and Global Hegemony*." *The Korean Journal of Defense Analysis*, Vol. 21, No. 2, June 2009.

James Andrew Lewis. *Space Exploration in a Changing International Environment*, the Center of Strategic and International Studies, July 2014.

Raymond Duvall and Jonathan Havercroft. "Taking Sovereignty out of this World: Space Weapons and Empire of the Future." *Review of International Studies*, Vol. 34, No. 4, October 2008.

David Grondin. *The* (*Power*) *Politics of Space*: *The US Astropolitical Discourse of Global Dominance in the War on Terror*. San Diego, the ISA Convention, March 25, 2006.

Slava Gerovitch. "Why Are We Telling Lies? The Creation of Soviet Space History Myths." *The Russian Review*, No. 70, July 2011.

Luncedo Ngcofe and Keith Gottschalk. "The Growth of Space Science in African Countries for Earth Observation in the 21st Century." *South African Journal of Science*, Vol. 109, No. 1/2, January/February 2013.

Peter Dickens. "The Humanization of the Cosmos—To What End?" *Monthly Review*, November 2012.

Sheng-Chih Wang. "The Making of New 'Space': Cases of Transatlantic Astropolitics." *Geopolitics*, Vol. 14, 2009.

Matthew J. Von Bencke. *The Politics of Space*: *A History of U. S. -Soviet/Russian*

Competition and Cooperation in Space, Colorado: Westview Press, 1997.

Charles D. Lutes, Peter L. Hays, Vincent A. Manzo, Lisa M. Yambrick and M. Elaine Bunn (ed.). *Toward a Theory of Spacepower*: *Selected Essays*. Washington, DC: National Defense University Press, 2011.

Cenan Al-Ekabi, Blandina Baranes, Peter Hulsroj and Arne Lahcen (ed.). *Yearbook on Space Policy* 2011/2012. New York: Springer Wien Heidelberg, 2014.

后 记

大凡一个人选择特定的问题领域进行研究和思考，并以此作为人生的旨趣，必然不是一时兴起，而是在成长过程中多种因素综合作用的结果。我的童年和少年是在有蓝墨水之称的汨罗江源头的一个山村度过的。山野沃土，堪称物华天宝；自然造化，誉为福地洞天。可恰恰就是在这样一个“山自青青水自流”的大山深处，民重教化，致历来文风鼎蔚；人多自奋，累世不乏豪杰之士。回想起那曾经的青葱岁月，年少不更事之际，常听乡亲长辈讲述革命怒涛，势盖五岳的家国往事。于是乎，对于“修齐治平”之学的兴趣，与日俱增，竟致长大后以研习政治学为乐。

结束负笈求学的过程，毫无他念地选择以教政治学为自身终生职业。杏坛执教，过着自囿而清贫的日子，龙泉万卷，跋涉于亚氏所谓最大最高学问的源头江底；站在先贤的肩膀上，试图寻找学术研究的生长点。当今之世，科学技术发展日新月异，全球化浪潮席卷五洲。现实表明，人类社会活动扩展到哪里，政治学研究就应该跟踪到哪里。当人类生产力达到征服、改造部分空间之际，政治学也需要继从国内到国际的步伐之后，拓展到涵盖空间权力互动的“空间政治学”（Astropolitics）领域。

由此，我从复合建构主义视域，沿着“空间国际关系—空间安全战略—空间威慑与战略稳定性—空间军备控制—空间国际安全合作”的研究思路，不断深化对“空间政治学”相关问题的思考，写出系列拙文。其一，通过对空间国际关系形成的研究，揭示其实质和基本矛盾，指出推动空间国际关系演变的根本动力，从而建构起空间政治学的基础理论部分。其二，论述了进入空间的各国如何制定维护空间安全和合法权益的战略问题，并初步提出构建中国特色空间安全战略框架体系的思路。其三，论及主要空间国家安全互动中空间威慑的作用日益凸显，特别是冷战结束以来，美国战略威慑体系调整进程中不断推进空间武器化和军备竞赛，降低了大国间的战略稳定性，对国际安全构成潜在威胁和挑战。其四，直面空间权力严重失衡所带来的威胁，强调国际社会应运用多样化的权力，千方百计推进联合国主导的空间军备控制。其五，论述了渐进稳妥、多措并举地促进空间国际安全合作的关键性社会条件和行动步骤问题。以此研究中的一批阶段性成果为基础，试图集结成著，虽因系统性不够而略显粗糙，但每单独一节，确为“孺子牛”式的真心书写。愚意管见，立等雅教；瞽言刍议，伏待斧钺。

筚路蓝缕，停辛伫苦，一路走来，疲惫中不乏温暖。在此，谨向国防科技大学人文与社会科学学院各位领导、同仁，对我的学习、研究提供的诸多鼓励和帮助表示诚挚谢意！

基于文责自负的原则，书中所有观点概由作者本人负责。空间政治学研究是一项颇具挑战性的工作，难度很大，由于本人学术水平有限，难免存在偏颇或错误之处，敬请专家和同行批评指正。

在书稿写作和修改过程中，借鉴了大量国内外同行的相关研究成果，并参考了诸多文献，特表示感谢。如有疏漏而未列出之处，敬请谅解。

徐能武

2015 年 5 月 1 日定稿于长沙科大佳园